汽车服务工程概论

主　编　陈佩江

副主编　密　晓

参　编　武历颖　刘富胜

北京理工大学出版社
BEIJING INSTITUTE OF TECHNOLOGY PRESS

内 容 简 介

《汽车服务工程概论》从工程和应用的角度出发，系统地阐述了汽车服务领域的主要内容，包括汽车营销服务、汽车消费信贷服务、汽车售后服务、汽车维修服务、汽车美容与改装、二手车服务、汽车回收再生服务、汽车物流服务等内容。

本书是基于我国汽车工业快速发展、汽车保有量持续增加、对汽车服务不断提出新要求的现实条件，根据当前汽车服务领域应用型人才培养要求而编写的。本书内容新颖、翔实，实用性和针对性强。

本书可作为汽车服务工程、车辆工程和交通运输相关专业的本科生教材或汽车类专科生教材，也可供汽车服务领域的从业人员参考。

版权专有　侵权必究

图书在版编目(CIP)数据

汽车服务工程概论/陈佩江主编. ——北京：北京理工大学出版社，2018.12（2024.1重印）
ISBN 978 - 7 - 5682 - 6422 - 8

Ⅰ.①汽… Ⅱ.①陈… Ⅲ.①汽车工业-销售管理-商业服务-教材 Ⅳ.①F407.471.5

中国版本图书馆 CIP 数据核字(2018)第 234206 号

责任编辑：封　雪	文案编辑：党选丽
责任校对：杜　枝	责任印制：李志强

出版发行 / 北京理工大学出版社有限责任公司
社　　址 / 北京市丰台区四合庄路 6 号
邮　　编 / 100070
电　　话 / (010) 68914026（教材售后服务热线）
　　　　　 (010) 68944437（课件资源服务热线）
网　　址 / http://www.bitpress.com.cn
版 印 次 / 2024 年 1 月第 1 版第 3 次印刷
印　　刷 / 北京富达印务有限公司
开　　本 / 787 mm×1092 mm　1/16
印　　张 / 15.5
字　　数 / 382 千字
定　　价 / 44.00 元

图书出现印装质量问题，请拨打售后服务热线，负责调换

前　言

自 20 世纪 90 年代中后期以来，我国汽车产业得到迅猛发展，产、销旺盛，已经成为支柱产业。中国汽车工业协会的统计数据显示，2016 年中国汽车产、销量双双突破 2 800 万辆，连续 8 年位居世界第一，且创全球历史新高。预测今年汽车产业增速将趋于平缓，但总体来说中国的汽车领域还有很大的发展空间，前景很好。

汽车市场需求增大，汽车保有量持续增长，随之而来的汽车后市场的新车销售、汽车维修、零部件供应、金融服务、保险服务、附件销售、二手车销售、交通驾驶教育的市场空间增大。同时，随着现代人民生活节奏的加快，众多 4S 店等应运而生。如今，汽车服务已经成为汽车市场竞争的重要手段之一。一般而言，汽车售后服务市场是汽车产业链中最稳定的利润来源，特别在国内有很大的发展潜力。

《汽车服务工程概论》从工程和应用的角度出发，系统地阐述了汽车服务领域的主要内容，包括汽车营销服务、汽车消费信贷服务、汽车售后服务、汽车维修服务、汽车美容与改装、二手车服务、汽车回收再生服务、汽车物流服务等各类汽车服务。

本书是基于我国汽车工业快速发展、汽车保有量持续增加、对汽车服务不断提出新要求的现实条件，根据当前汽车服务领域应用型人才培养要求，结合临沂大学校级精品课程"汽车服务工程概论"的各种教学资料，充分参考已出版的、较为优秀的各种教材而编写的。本书内容新颖、翔实，信息量较大，有较强的实用性和针对性。本书可作为汽车服务工程、车辆工程和交通运输相关专业的本科生教材或汽车类专科生教材，也可供汽车服务领域的从业人员参考。

本书共 10 章，第 1~3 章由陈佩江编写，第 4~6 章由密晓编写，第 7、8 章由武历颖编写，第 9、10 章由刘富胜编写。全书由陈佩江统稿。

本书在编写过程中，课程组老师和部分学生提出了宝贵的意见和建议，同时本书的编写参考了一些教材和文献，在此一并表示感谢！

由于编者水平有限，书中难免存在疏漏和不足之处，欢迎广大读者批评指正，编者将认真对待，加以改进。

编　者

目 录

第1章 绪论 ……………………………………………………………………………… 001
- 1.1 汽车服务工程概述 …………………………………………………………… 002
  - 1.1.1 汽车服务工程的概念 …………………………………………………… 002
  - 1.1.2 汽车服务的主要特征 …………………………………………………… 003
- 1.2 汽车服务工程的基本内容与分类 …………………………………………… 004
  - 1.2.1 汽车服务工程的基本内容 ……………………………………………… 004
  - 1.2.2 汽车服务工程的分类 …………………………………………………… 009
- 1.3 汽车服务业的形成与发展 …………………………………………………… 010
  - 1.3.1 国际汽车服务业的形成与发展 ………………………………………… 010
  - 1.3.2 国内汽车服务业的形成与发展 ………………………………………… 014

第2章 汽车营销服务 ………………………………………………………………… 021
- 2.1 汽车营销概述 ………………………………………………………………… 023
  - 2.1.1 汽车营销的概念 ………………………………………………………… 023
  - 2.1.2 汽车营销服务的内容 …………………………………………………… 025
  - 2.1.3 汽车营销的发展 ………………………………………………………… 025
- 2.2 汽车营销人员的基本要求 …………………………………………………… 027
  - 2.2.1 汽车营销人员的主要职能 ……………………………………………… 028
  - 2.2.2 汽车营销人员的品德素质要求 ………………………………………… 028
  - 2.2.3 汽车营销人员的职业形象要求 ………………………………………… 030
  - 2.2.4 汽车营销人员的销售能力要求 ………………………………………… 032
  - 2.2.5 汽车营销人员的业务知识要求 ………………………………………… 033
- 2.3 汽车市场调查 ………………………………………………………………… 034
  - 2.3.1 汽车市场调查的概念及作用 …………………………………………… 035
  - 2.3.2 汽车市场调查的内容 …………………………………………………… 035
  - 2.3.3 汽车市场调查的方法 …………………………………………………… 037
  - 2.3.4 汽车市场调查的工作流程 ……………………………………………… 039

目录

2.4 汽车市场分析 ········· 040
- 2.4.1 汽车市场营销环境分析 ········· 040
- 2.4.2 汽车消费者购买行为分析 ········· 044
- 2.4.3 汽车行业竞争者分析 ········· 048

2.5 汽车市场营销策略 ········· 049
- 2.5.1 汽车市场营销产品策略 ········· 049
- 2.5.2 汽车市场营销定价策略 ········· 054
- 2.5.3 汽车市场营销分销策略 ········· 058
- 2.5.4 汽车市场营销促销策略 ········· 059

2.6 汽车销售流程 ········· 060
- 2.6.1 客户开发 ········· 061
- 2.6.2 客户接待 ········· 062
- 2.6.3 客户需求分析 ········· 063
- 2.6.4 汽车产品介绍 ········· 064
- 2.6.5 试乘试驾 ········· 065
- 2.6.6 顾客异议处理 ········· 066
- 2.6.7 签约成交 ········· 067
- 2.6.8 交车服务 ········· 069
- 2.6.9 售后跟踪服务 ········· 069

2.7 汽车电子商务与网络营销 ········· 070
- 2.7.1 汽车电子商务 ········· 071
- 2.7.2 汽车网络营销 ········· 073

第3章 汽车消费信贷服务 ········· 079

3.1 汽车消费信贷概述 ········· 080
- 3.1.1 汽车金融服务 ········· 080
- 3.1.2 汽车消费信贷的概念 ········· 083
- 3.1.3 汽车消费信贷的特点 ········· 083
- 3.1.4 汽车消费信贷的发展 ········· 084

3.2 汽车消费信贷的模式 ········· 086

目录

- 3.2.1 美国汽车消费信贷的模式 ·· 086
- 3.2.2 日本汽车消费信贷的模式 ·· 088
- 3.2.3 中国汽车消费信贷的模式 ·· 089
- 3.3 汽车消费信贷风险分析 ··· 091
  - 3.3.1 汽车消费信贷风险的含义与分类 ·· 091
  - 3.3.2 汽车消费信贷风险的结构分析 ··· 092
  - 3.3.3 汽车消费信贷风险的管理 ··· 094
  - 3.3.4 汽车消费信贷风险的防范 ··· 095
- 3.4 汽车消费信贷实务 ·· 097
  - 3.4.1 汽车消费信贷的主要流程 ··· 097
  - 3.4.2 以银行为主体的汽车消费信贷操作实务 ······························· 098
  - 3.4.3 以汽车经销商为主体的汽车消费信贷操作实务 ······················ 101
  - 3.4.4 以非银行机构为主体的汽车消费信贷操作实务 ······················ 102

第 4 章 汽车售后服务 ··· 106

- 4.1 汽车售后服务概述 ·· 106
  - 4.1.1 汽车售后服务的概念 ··· 106
  - 4.1.2 汽车售后服务的意义 ··· 107
- 4.2 汽车售后服务的基本内容与流程 ·· 108
  - 4.2.1 汽车售后服务的基本内容 ··· 108
  - 4.2.2 汽车售后服务的流程 ··· 114
- 4.3 汽车售后服务业的现状与发展 ··· 118

第 5 章 汽车维修服务 ··· 120

- 5.1 汽车维修服务概述 ·· 120
  - 5.1.1 汽车维修服务的概念 ··· 120
  - 5.1.2 汽车维修企业的开业条件 ··· 121
- 5.2 汽车维修服务管理 ·· 135
  - 5.2.1 汽车维修服务管理的规范 ··· 135
  - 5.2.2 汽车维修服务质量管理 ·· 137

目录

第6章 汽车美容与改装 ... 141

6.1 汽车美容 ... 142
- 6.1.1 汽车美容概述 ... 142
- 6.1.2 汽车美容市场分析 ... 142

6.2 汽车美容的分类与典型作业 ... 144
- 6.2.1 汽车美容的分类 ... 144
- 6.2.2 汽车美容的典型作业 ... 145

6.3 汽车改装 ... 153

第7章 二手车服务 ... 155

7.1 二手车服务概述 ... 156
- 7.1.1 二手车的定义 ... 156
- 7.1.2 二手车市场的现状和发展趋势 ... 157
- 7.1.3 二手车服务的工作内容 ... 160

7.2 二手车鉴定评估 ... 160
- 7.2.1 二手车鉴定评估的基础 ... 160
- 7.2.2 二手车技术状况鉴定 ... 163
- 7.2.3 二手车的价值评估 ... 166
- 7.2.4 二手车鉴定评估的发展前景 ... 168

7.3 二手车置换 ... 169
- 7.3.1 二手车置换的方式 ... 169
- 7.3.2 二手车置换的流程 ... 170

7.4 二手车拍卖 ... 171
- 7.4.1 二手车拍卖的方式 ... 171
- 7.4.2 二手车现场拍卖的流程 ... 171
- 7.4.3 二手车网上拍卖 ... 172

7.5 二手车交易 ... 173
- 7.5.1 二手车交易的模式 ... 173
- 7.5.2 二手车交易的流程 ... 173

第8章 汽车回收再生服务 ·········· 178

8.1 汽车回收再生服务概述 ·········· 179
8.1.1 汽车回收再生服务的概念 ·········· 179
8.1.2 汽车回收再生服务的工作内容 ·········· 179
8.1.3 汽车回收再生服务的现状与发展趋势 ·········· 180

8.2 汽车报废与回收 ·········· 183
8.2.1 汽车报废 ·········· 183
8.2.2 汽车回收 ·········· 185

8.3 汽车拆解 ·········· 189
8.3.1 汽车拆解的工作内容 ·········· 189
8.3.2 汽车拆解的方式 ·········· 190
8.3.3 汽车拆解的工艺流程 ·········· 191

8.4 废旧汽车资源化 ·········· 195
8.4.1 废旧汽车资源化概述 ·········· 195
8.4.2 汽车再生资源利用技术分析 ·········· 202
8.4.3 汽车再生资源利用效益分析 ·········· 203

第9章 汽车物流服务 ·········· 206

9.1 汽车物流概述 ·········· 207
9.1.1 汽车物流的概念与类型 ·········· 207
9.1.2 汽车物流的配送模式与特点 ·········· 208
9.1.3 汽车物流的现状与发展趋势 ·········· 208

9.2 汽车物流实务 ·········· 210
9.2.1 汽车物流的基本环节 ·········· 210
9.2.2 汽车物流的活动 ·········· 211
9.2.3 汽车物流的信息模式 ·········· 212
9.2.4 汽车物流的信息管理 ·········· 213

第10章 其他汽车服务 ·········· 216

10.1 汽车驾驶培训服务 ·········· 217

目 录

　　10.1.1　汽车驾驶执照 ······ 217
　　10.1.2　机动车驾驶证申请的基本条件 ······ 218
　　10.1.3　申请报考机动车驾驶证的注意事项 ······ 219
　　10.1.4　汽车驾驶培训的流程 ······ 219
　　10.1.5　汽车驾驶培训的内容 ······ 219
10.2　汽车租赁服务 ······ 222
　　10.2.1　汽车租赁的定义与分类 ······ 222
　　10.2.2　汽车租赁的经营模式 ······ 223
　　10.2.3　汽车租赁的业务流程 ······ 223
10.3　汽车俱乐部服务 ······ 224
　　10.3.1　汽车俱乐部的类型 ······ 225
　　10.3.2　汽车俱乐部的服务项目 ······ 225
10.4　汽车广告与展览服务 ······ 227
　　10.4.1　汽车广告服务 ······ 227
　　10.4.2　汽车展览服务 ······ 228
10.5　汽车救援服务 ······ 230
　　10.5.1　汽车救援的现状 ······ 230
　　10.5.2　汽车救援体系的建立 ······ 231
10.6　汽车智能交通服务 ······ 233
　　10.6.1　汽车智能交通系统的概念、特点和组成 ······ 233
　　10.6.2　汽车智能交通系统的现状与发展趋势 ······ 234

参考文献 ······ 237

第 1 章 绪 论

本章知识点

本章主要介绍汽车服务与汽车服务工程的基本概念；阐述汽车服务的主要特征、汽车服务工程的基本内容与分类；探讨汽车服务业在国内外的形成与发展情况。

教学要求

理解汽车服务工程的基本概念和汽车服务的主要特征；
理解汽车服务工程的基本内容与分类；
了解主要发达国家汽车服务业的形成与发展过程，了解国内汽车服务业的形成与发展过程、存在的问题及发展趋势。

引入案例

改革开放以来，我国汽车工业发展取得了重大成绩，成为最具规模的产业之一。1978 年，我国汽车产量不足 15 万辆，在世界汽车产业中占的比例微不足道；2000 年，我国汽车产量为 207 万辆，占世界汽车市场份额的 3.6%；2009 年，我国汽车工业一举突破产、销千万辆大关，跃居世界第一；2016 年，中国汽车产、销总量再创历史新高，均超过 2 800 万辆，相当于美国、德国和日本 3 个国家的总和，连续 8 年蝉联全球第一。中国汽车工业成为世界汽车工业的重要组成部分，从根本上改变了世界汽车产业的格局。中国汽车工业及关联产业就业人数超过 4 000 万人，占全国城镇劳动人口的比例约为 10%，汽车消费占全社会消费品零售总额的比例高达 11%，汽车关联产业工业增加值占 GDP 的比例达到 8.7%，确立了支柱产业的地位。

汽车保有量的持续增长，随之而来的汽车后市场的新车销售、汽车维修、零部件供应、金融服务、保险服务、附件销售、二手车销售、交通驾驶教育的市场空间增大。一般而言，汽车售后服务市场是汽车产业链中最稳定的利润来源，可占据总利润的 60% ~ 70%。相对于整车销售的利润缩水，中国的汽车售后服务市场利润率高达 40%，而且有较大的发展潜力。

汽车服务市场需要大量的从业人员，未来相当长的时间内，涉及汽车后市场的汽车企业业务管理、汽车技术服务与贸易、汽车保险与理赔等内容的企业市场行为越来越多，也急需懂得汽车专业知识的专门人才。但同时人员素质远远满足不了行业发展的需要，经过系统学习的高素质专业人才供不应求，特别是掌握多种专业知识和技能的复合型人才仍然非常紧缺。

汽车服务工程专业主要培养具有扎实的汽车技术和汽车服务理论基础，掌握一定的现代信息技术和经营管理知识，熟悉相关法律法规，具备"懂技术、擅经营、会服务"的综合素质，能够适应汽车技术服务、贸易服务、金融服务等汽车服务领域工作的高级工程人才。

1.1 汽车服务工程概述

1.1.1 汽车服务工程的概念

1. 汽车服务

提起汽车服务，人们首先想到的是汽车售后服务，特别是汽车维修服务。其实，汽车服务涉及的内容非常广泛，而且随着汽车工业的发展及人们对汽车要求的提高，汽车服务的内容与工作要求也不断更新与发展。

服务是由一系列具有无形特征的活动构成的一个过程，是在顾客与员工等有形资源的互动作用中进行的，这些有形资源是作为顾客问题的解决方案而提供的。在表现形式上，这些有形资源是由无形服务和有形产品共同组成的整体；在本质上，汽车服务是一个过程，是在互动过程中进行的。

汽车服务是指将与汽车相关的要素同顾客（客户）进行交互作用或由顾客对其占有活动的集合。根据汽车在使用过程中服务范围的不同，可将其分为狭义的汽车服务和广义的汽车服务。

狭义的汽车服务是指从新车进入流通领域，直至其使用后回收报废各个环节涉及的技术性和非技术性的各类服务，包括广告宣传、销售咨询、贷款与保险等营销服务，以及整车售后与汽车使用相关的各种服务（维修保养、装饰或改装、金融服务、保险与索赔、事故救援、汽车文化、二手车转让和回收利用等）。

广义的汽车服务除前述的各类服务以外，还延伸至汽车生产领域和使用环节的其他相关服务，如市场调研与分析、产品研发、原材料供应、产品外包设计、产品测试、产品质量认证、汽车运输服务和汽车出租服务等。

狭义的汽车服务和广义的汽车服务之间的关系如图1-1所示。

2. 汽车服务工程

无论是技术性汽车服务还是非技术性汽车服务，都具有明显的工程特色。技术性汽车服务的大多数工作内容本身属于机械电子工程领域，而非技术性汽车服务的工作内容属于管理工程的领域。汽车自出厂进入流通、销售、购买、使用直至报废回收各环节的各类服务的工作内容相互联系，构成了一个有机服务体系，称为汽车服务工程。由此可见，汽车服务工程涉及的主要是服务性工作，以服务产品为其基本特征，因此属于第三产业的范畴。

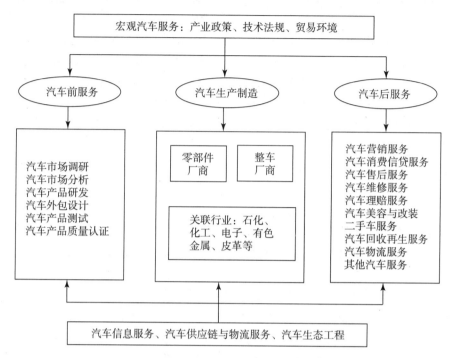

图1-1 狭义的汽车服务和广义的汽车服务之间的关系

1.1.2 汽车服务的主要特征

汽车本身结构非常复杂，汽车服务涉及的工作内容也非常多，其主要特征有以下几点。

1. 系统性

汽车是一个复杂的系统，汽车服务的一个主要特点就是系统性。汽车服务主要包括原材料和配件供应、物流配送、整车销售、售后服务、维修检测、美容装饰、回收报废、智能交通、汽车文化等，它们之间相互关联，构成一个有机的整体。人们将系统的思想和现代化的科学管理方法应用于汽车服务，把各方的利益联系在一起，组成了各种汽车服务有机结合的系统工程。

2. 广泛性

汽车服务的工作内容非常多，更是涉及多个学科领域，包括机械工程、材料科学与工程、交通运输工程、应用经济、工商管理、法学、环境科学与工程等。从时间关系上看，包括规划、拟定、分析和运筹等阶段；从逻辑学上看，包括系统设计、综合、优化和最优决策等因素。

3. 经济性

从国际市场来看，汽车工业特别是销售和售后服务的利润都较高。著名的麦肯锡咨询公司的调查结果表明，在国外成熟的汽车市场销售额中，制造商只占21%，而售后服务所占的比例很大（33%），接近配件所占的比例（39%），剩余的7%为零售业。在美国，汽车售后服务被誉为"黄金产品"，相关从业人员多达350万人，年产值达1 400亿美元。其中，汽车维修业的利润占到27%，汽车服务业的利润成为汽车产业可持续发展的重要保证。市场研究报告显示，2016年中国汽车后市场规模已超过万亿元。中国汽车后市场正在由"汽车制造和汽车消费"向"汽车服务"转型，汽车服务产业链各个细分市场的增长均将提速，利润争夺战将更加激烈。

4. 后进性

自汽车诞生之后，汽车服务活动就会发生，因此汽车服务活动已存在很长时间了，但汽车服务工程这一有机体系的形成只有几十年的历史。汽车服务技术的发展滞后于汽车制造技术的发展，汽车服务工程的产生滞后于汽车的制造与运用，这一现象称为汽车服务的后进性。

这一现象的产生主要有以下两个方面的原因。

（1）只有生产技术发展到一定水平之后，为适应社会经济的需要才产生汽车服务工程，这是汽车服务后进性的根本原因。随着科技水平和生产技术的进步，汽车服务的水平和能力也不断向前发展。例如，在汽车故障检测领域，由初始阶段的依靠人工经验发展为使用智能化的仪器设备，这虽然提高了故障检测水平，但故障检测的从属地位并没有发生本质的改变。只有当科学技术进一步发展，产品更为丰富，服务成本上升为突出矛盾之后，人们才认识到汽车服务工程这一系统的重要性。

（2）汽车服务工程涉及多个学科和领域，它的形成和发展依赖于这些领域的发展和支持。例如，信息技术、技术经济学、系统工程这些都是汽车服务工程学科形成的重要基础，只有当相关学科有了一定的发展，并将其应用到汽车服务业，汽车服务工程才能形成，并对汽车服务实践起到指导作用。

1.2 汽车服务工程的基本内容与分类

1.2.1 汽车服务工程的基本内容

随着技术的进步和汽车工业的发展，以及人民生活水平的不断提高，对汽车服务提出了更多的要求，汽车服务工程是一个内容覆盖面宽广的领域，其基本内容包括以下几个方面。

1. 汽车销售服务

汽车销售服务是指在汽车购买过程中，由汽车营销部门的销售人员为顾客提供的各种服务性工作。汽车销售服务的主要工作内容有：根据顾客需求，向其做汽车产品介绍；为顾客代办各种手续，包括购买手续、提车手续、保险手续和行车手续等。目前采用比较多的汽车销售模式主要有汽车4S店、汽车超市、连锁专卖店等。

2. 汽车售后服务

汽车售后服务是指汽车生产厂家为了让顾客使用好自己生产的汽车而为用户提供的，以产品质量保修为核心的各项服务。汽车售后服务的主要工作内容有：服务网点建设与管理、汽车质量保修、技术咨询与培训、汽车保养与维护、故障诊断与维修、配件供应、产品改装、信息反馈和客户关系管理等。提供汽车售后服务的主体有以汽车厂商的售后服务部门为龙头的服务体系，以及加入该体系的各类服务代理商或特约维修站等。

3. 汽车维修服务

汽车维修服务是指汽车售后服务体系以外的社会机构独立提供的汽车技术服务。根据企业条件和服务资质，汽车维修服务企业可以为用户提供综合性的维修服务，如汽车整车大修；也可以只为用户提供单项的维修服务，如车身维修、发动机修理、汽车电器维修、汽车轮胎维修等。汽车用户可以根据自身和汽车的需求，选择相应的汽车维修服务企业。

4. 汽车检测服务

汽车检测服务是为确定汽车技术状况或工作能力而进行的检查性技术服务。汽车检测主要包括两个方面的服务：一方面是为了对汽车进行维修而执行的汽车故障检测和维修质量的检测，这类汽车检测服务是构成汽车维修服务的必要组成部分，其可由汽车维修企业提供；另一方面是为了保证在用汽车的行车安全而按期进行的安全检测，这类服务可由具有汽车检测资质的独立机构提供。

5. 汽车美容与装饰服务

汽车美容与装饰服务是指根据汽车用户需求，在汽车基本使用性能保持不变的前提下，对汽车进行的美容、装饰和装潢等服务。汽车美容即汽车漆面保养，主要的服务项目有打蜡、镀膜、划痕处理和沥青处理等；汽车装饰是增加附属物品以提高汽车表面和内室的美观性，根据装饰部位，可分为汽车外部装饰和汽车室内装饰。汽车外部装饰主要是对汽车顶盖、车窗、车身周围和车轮等部位进行装饰；汽车室内装饰主要是对汽车驾驶室和乘客室进行装饰。

6. 汽车配件与用品服务

汽车配件与用品服务是指汽车生产厂家售后服务配件供应体系以外的汽车配件、相关产品与汽车用品的销售与安装等服务。汽车相关产品有润滑油、润滑脂及相关化工产品等。汽车用品包括汽车养护用品及汽车装饰、装潢用品等。提供汽车配件与用品服务的主体有社会上独立存在的销售服务机构或个人，分为批发和零售两种类型。汽车配件和相关产品的经营模式主要有汽配超市、汽配城和零售点。此外，为汽车实现正常运行补充燃油料服务的加油站也是汽车配件与用品服务的重要组成部分。

7. 汽车物流与配送服务

汽车物流与配送服务是指汽车生产厂家为了分销自己的产品而建立的区域性的、全国性的，甚至全球性的产品销售网络和物流配送网络。汽车物流与配送服务的主要工作内容有：汽车与配件的包装、装卸、搬运、运输、配送，汽车原材料的配送和物流信息的管理等。汽车物流与配送服务主要由以汽车生产厂家的销售管理部门为主导的销售渠道负责，以及加入此体系的各类中间商（包括分销商、经销商、代理商和服务商）和提供仓储、运输、配送与保管养护服务的物流服务提供者。

8. 二手车交易服务

二手车交易服务是指为汽车车主和对二手汽车有需求的顾客提供方便，以二手汽车置换和交易为服务内容的各种服务。二手车交易服务的主要工作内容有：二手车源收购、二手车出售、购买代理、二手车信息服务、交易中介、汽车价值评估、二手车手续办理、车况检测和维修服务等。二手车交易服务的提供者可以是机构或个人。前者通常是设置在二手车交易市场内外的，具有经营资质和专业能力的二手车交易服务商、汽车经销商；后者通常为不具有经营主体资格，但可以为二手车交易提供信息的经纪人。

9. 汽车回收解体服务

汽车回收解体服务是指根据国家对汽车报废的相关管理和规定，对达到报废要求的汽车，从用户处回收、拆解，并把拆解的废旧零件进行分类和做无害化处理，属于绿色环保服务。汽车回收解体服务的主要工作内容有：废旧汽车回收、废旧汽车拆卸和废旧零件分类。将尚有价值的旧配件回收，重复利用；而将不能重复利用的废弃物资移送至不同企业进行处理，按国家规定向用户支付回收费用、相关的保管物流服务等。汽车回收解体服务的提供者可以是从事这些环节的机构或个人，他们通过提供汽车回收与解体服务，在防止报废车辆和报废零件的再使用、防止环境污染、杜绝资源浪费、保证交通安全等方面对提高社会效益和经济效益等都有着现实的意义。

10. 汽车保险服务

汽车保险服务是指向众多的汽车用户提供设计合理的汽车保险产品，为车主提供相应的金融保险服务。汽车保险服务的主要工作内容有：设计符合用户需求的保险品种、保险产品的推销、保险合同的拟定、保险费用的收取等。当前的主要汽车保险品种有数十个，包括交强险、第三者责任险、车辆损失险、车上人员责任险、全车盗抢险和自燃损失险等。汽车保险服务主要出现在汽车的使用环节，提供者主要是设计各种保险的金融服务公司（即保险公司）。

11. 汽车定损与理赔服务

汽车定损与理赔服务是指汽车发生事故后所提供的现场勘查、事故车定损和理赔服务。汽车定损与理赔服务的主要工作内容有：事故现场勘查、事故损失、责任鉴定和理赔手续办理等。汽车定损与理赔服务的提供者主要有保险公司、汽车事故鉴定机构和公估公司等。

12. 汽车金融服务

汽车金融服务是指向众多汽车购买用户提供的金融支持的服务。汽车金融服务的主要工作内容有：对汽车客户进行资信调查与评估、协助客户选择适合的金融服务产品、根据用户情况制定贷款担保的方式和方案、拟订贷款合同和还款计划、按计划发放消费贷款和在一定范围内承担合理的金融风险。汽车金融服务的提供者既包括金融机构，也包括非金融机构。前者主要有商业银行、信贷联盟和信托公司等，后者主要是各大汽车厂家自己组建的财务公司。

13. 汽车租赁服务

汽车租赁服务是指为汽车用户临时或短期地提供可使用的车辆，并按计时或计程的方法收取相应租金的服务。汽车租赁服务的主要工作内容有：要求汽车租赁用户提供资信凭证并进行审查、拟定租赁合同、向租赁用户提供技术状况完好的汽车、提供汽车上路所必需的相关证照，以及为用户提供其他合理的服务。汽车租赁服务提供者通常是专业的汽车租赁公司、具有汽车租赁业务的汽车经销商或汽车金融服务机构、具有租赁经济实体并可为会员提供汽车租赁业务的汽车俱乐部等。

14. 汽车驾驶培训服务

汽车驾驶培训服务是指向汽车爱好者提供汽车驾驶教学，帮助用户提高汽车驾驶技术、通过汽车驾驶考试和领取驾驶执照的服务。汽车驾驶培训服务的主要工作内容有：提供必要的驾驶场地、驾驶培训车辆和驾驶教练，教授用户驾驶技术和汽车驾驶经验，培训用户必要的汽车常识和交通管理法规，甚至代办驾驶执照及其年审手续等。汽车驾驶培训服务的提供者主要是各类汽车驾驶学校或培训中心。

15. 汽车代驾服务

汽车代驾服务是指当某些车主不方便甚至不能自己驾驶汽车的情况下，由专业人士代替车主来驾驶汽车的服务。汽车代驾服务主要有酒后代驾、旅游代驾和商务代驾等几种类型。汽车代驾服务的提供者主要是各种类型的汽车代驾公司。

16. 汽车停车服务

汽车停车服务是指把停车所需要的场地、场所及其建筑物作为核心经营内容，向汽车个人消费者、汽车服务商或汽车厂商有偿提供使用场地或场所的服务。汽车停车服务的主要工作内容有：用户入场资格审查、提车服务、服务场所的物业管理、车辆看管、疏导场内交通服务、必要的辅助交易服务、代收代缴有关费用等。汽车停车服务的主体是提供有偿使用场地或场所的停车服务机构。

17. 汽车信息服务

汽车信息服务是指向汽车个人消费者提供汽车购买、置换或其他咨询服务和向各类汽车服务商提供行业咨询的服务。汽车信息服务的主要工作内容有：汽车市场调查和分析、汽车

行业动态跟踪、统计分析和信息加工、汽车产品竞争力评价、政策法规宣传与咨询、汽车导购等。汽车信息服务的提供者主要是各类汽车信息咨询服务机构或个人。

18. 汽车救援服务

汽车救援服务是指当用户驾驶的汽车因为突发的事故而不能正常行驶时，实施的紧急救助服务。汽车救援服务的主要工作内容有：汽车因燃油耗尽而不能行驶的临时加油服务、汽车电源没电无法起动时的电源充电服务、汽车发生常见的技术故障导致停车的现场故障诊断和抢修服务、汽车发生不能现场排除的故障而实施的拖车服务、不使用救援工具而是指导被困车辆脱离困境的现场救援指导服务、因汽车发生交通肇事的交通事故报案和协助公安交通管理机关处理交通事故的服务等。汽车救援服务的提供者主要是各种类型的汽车救援服务机构或个人，通常是汽车俱乐部或其他汽车服务商。

19. 汽车广告与展览服务

汽车广告与展览服务是指把产品和服务的市场推广作为核心，培养客户的忠诚度，向汽车生产经营者提供的广告服务和产品展示服务。汽车广告与展览服务的主要工作内容有：企业信息咨询与策划、产品或服务企业形象设计、广告设计与创作、广告代理与制作、大众传媒、展会组织与服务、产品或服务市场推介和汽车知识服务等。汽车广告与展览服务的提供者为专门的机构和个人，主要有各种企业策划机构、广告创意人、广告制作人、广告代理商、会展服务商、展览馆、大众传媒等。汽车广告与展览服务的对象主要是汽车生产厂家、汽车经营者和各类汽车服务商。

20. 汽车智能交通服务

汽车智能交通服务是指向众多汽车驾驶者提供的，其服务中心是交通导航，提高汽车用户出行效率和准确率的服务。智能交通系统可有效缓解交通拥挤，改善交通条件，降低交通事故，提高驾驶者的方便性与舒适度。汽车智能交通服务的主要工作内容有：显示地图、地面交通信息，寻址服务，用户出发地到目的地的路线生成与选择，天气预报，紧急事故救援等。提供汽车智能交通服务的主体是提供交通导航的各种服务机构。

21. 汽车文化服务

汽车文化服务是指向众多汽车爱好者提供的以汽车文化消费为主题的各种类型的服务。随着汽车的普及和文化经济的发展，国内汽车文化产业规模在不断扩大。汽车文化服务的主要工作内容有：汽车博物馆、汽车展览、汽车模特、汽车婚庆、汽车书籍、汽车报刊、汽车服饰、汽车娱乐、汽车体育、汽车旅游和汽车影院等。汽车文化服务的主要提供者是相关机构或个人，既包括汽车爱好者俱乐部和汽车传媒，也包括各种专业或非专业的汽车文化产品制作者、汽车文化产品及服务经营者。

22. 汽车俱乐部服务

汽车俱乐部服务是指以会员制加盟的形式，向会员提供其要求的与汽车有关的各种类型的服务。汽车俱乐部服务的主要工作内容有：汽车代驾、汽车文化娱乐、交友谈心以及各项汽车服务。汽车俱乐部服务的提供者就是各种类型的汽车俱乐部，一般属于社团型组织，它们通常是由汽车生产厂家、汽车经营者、汽车爱好者或社会团体组建。汽车俱乐部有多种形式，既有综合性的，也有单一性的，如品牌俱乐部、车迷俱乐部、越野俱乐部、维修俱乐部和救援俱乐部等。

1.2.2 汽车服务工程的分类

根据汽车服务的具体特征，汽车服务工程的分类方式主要有以下几种。

1. 按照技术密集程度分类

按照汽车服务的技术密集程度，汽车服务可以分为技术型汽车服务和非技术型汽车服务。技术型汽车服务主要有生产厂家的售后服务、汽车维修与检测服务、汽车智能交通服务、汽车故障救援服务等，其他汽车服务主要为非技术型汽车服务。

2. 按照知识密集程度分类

按照汽车服务的知识密集程度，汽车服务可以分为知识密集型汽车服务和劳务密集型汽车服务。知识密集型汽车服务主要有生产厂家的售后服务、汽车维修与检测服务、汽车智能交通服务、汽车信息咨询服务、汽车文化服务和汽车广告服务等；劳务密集型汽车服务主要有汽车物流服务、汽车回收解体服务、汽车驾驶培训服务、汽车展览服务、汽车停车服务和代办各种类型服务手续的代理服务等。其他汽车服务则介于知识密集型汽车服务和劳务密集型汽车服务之间。

3. 按照资金密集程度分类

按照汽车服务的资金密集程度，汽车服务可以分为金融类汽车服务和非金融类汽车服务。金融类汽车服务主要有汽车金融服务、汽车保险服务、汽车租赁服务等，其他汽车服务主要为非金融类汽车服务。

4. 按照作业特征分类

按照汽车服务技术的作业特征，汽车服务可以分为生产作业型汽车服务、交易经营型汽车服务和实体（企业）经营型汽车服务。生产作业型汽车服务主要包括生产厂家的售后服务、汽车维修与检测服务、汽车美容与装饰服务、汽车物流服务、汽车回收解体服务、汽车故障救援服务等；交易经营型汽车服务主要有新车销售服务、二手车交易服务、汽车配件营销与汽车用品销售服务等；其他汽车服务为实体（企业）经营型汽车服务。

5. 按照载体特征分类

按照汽车服务的载体特征，汽车服务可以分为物质载体型汽车服务和非物质载体型汽车服务。物质载体型汽车服务主要是指经过特定的物质载体（如实物商品和设备设施）才能完成的服务，包括技术型汽车服务、生产作业型汽车服务、交易经营型汽车服务，以及汽车广告与展览服务、汽车文化服务、汽车租赁服务等。非物质载体型汽车服务是指不需要明确的物质载体就能实现的汽车服务,包括汽车信息咨询服务、汽车金融服务、汽车保险服务和汽车俱乐部服务等。

6. 按照内容特征分类

按照汽车服务的内容特征,汽车服务可以分为汽车销售服务、汽车使用服务、汽车维修服务和汽车延伸服务。汽车销售服务主要包括新车销售、二手车销售和交易服务等;汽车使用服务主要包括汽车维护、汽车美容与装饰服务、汽车信息咨询服务、汽车租赁服务、汽车智能交通服务、汽车保险服务和汽车回收解体服务等;汽车维修服务主要包括汽车维修与检测服务、汽车故障救援服务、汽车配件供应与营销服务等;汽车延伸服务主要包括汽车信贷服务、汽车文化服务和汽车法律服务等。

1.3 汽车服务业的形成与发展

汽车服务工程是由各种类型的汽车服务互相联系而构成的一个有机整体,汽车服务业是由所有的汽车服务提供者组成的产业。汽车服务业的形成和发展,取决于广大汽车用户对汽车服务与日俱增的需求。

汽车服务业最早起源于汽车的售后服务与维修服务,并随着汽车用户和从业者的不断增多,以及不同类型的汽车服务的产生和拓展而不断向前发展,汽车服务市场具有无限的商机,汽车服务业也极富活力。

1.3.1 国际汽车服务业的形成与发展

1. 国际汽车服务业的形成

自1886年汽车诞生以来,汽车技术不断进步,汽车工业不断发展,特别是第二次世界大战以后,汽车工业在全世界得到迅速发展,在很多国家,特别是西方发达国家,成为支柱产业,从而也带动汽车服务业的形成和发展。发达国家早已进入汽车服务时代,汽车服务市场庞大,汽车服务业包括所有与汽车使用有关的业务。二手车交易、汽车金融、汽车租赁、汽车维修等汽车服务业务被称为汽车后市场的黄金产业。

相关数据显示,发达国家的二手车市场交易量非常大,是新车交易量的1.5~3.0倍,已形成规模效应。其中,英国二手车年销量是其新车年销量的3.5倍;美国和德国二手车年销量分别是其新车年销量的2.5倍和2.0倍,日本二手车年销量也连续多年超过其新车年销量,而且二手车销售的利润率要明显高于新车销售的利润率。2000—2015年,美国新车和二手车的销售量如图1-2所示;2013—2016年美国新车和二手车的单车毛利润对比如图1-3所示;美国新车和二手车的销售收入占经销商销售收入的比例如图1-4所示;美国新车和二手车的销售利润占经销商销售利润的比例如图1-5所示。从图中可以看出,在美国,同样是汽车销售,每辆二手车的利润大约是新车利润的2.0倍,且新车利润逐年降低,二手车利润却逐年升高。

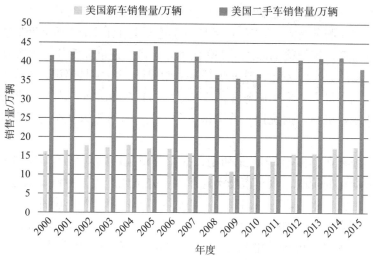

图 1-2　美国新车和二手车的销售量

图 1-3　2013—2016 年美国新车和二手车的单车毛利润对比

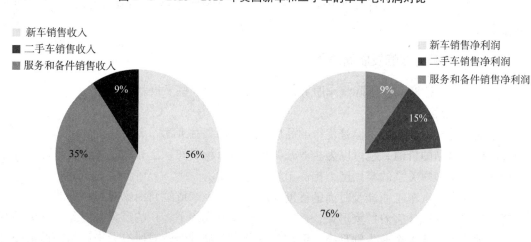

图 1-4　美国新车和二手车的销售收入占经销商销售收入的比例

图 1-5　美国新车和二手车的销售利润占经销商销售利润的比例

汽车租赁市场发展势头也非常迅猛，有上万家公司涉足这个行业，汽车租赁业的增速以很大幅度领先于其他服务行业。2010年世界汽车租赁行业市场规模为762亿美元，而2015年世界汽车租赁行业市场规模已超过1 330亿美元，增长速度非常快。

西方发达国家的汽车服务业，其发展程度非常成熟，特别是美国，汽车普及时间长，用户人数多，汽车保有量大，汽车服务业的规模、服务内容和水平都处于世界领先的水平，而且创造了大量的就业机会。据统计，美国每9个工人中就有1人从事与汽车相关的生产、销售和服务等工作。

美国的汽车服务业诞生于20世纪初期，福特公司生产的新型T型车进入市场，标志着汽车使用进入大众化的阶段，汽车市场迅速扩大，并由此产生了对汽车服务的大量需求。与此相适应，专业的汽车服务商开始出现，主要从事汽车维修、汽车配件和用品的销售以及清洁养护等工作。著名的连锁服务商Pep Boys、Autozone、NAPA等都在此时期开始了创业，并已经成为美国汽车服务市场的中坚力量。Pep Boys拥有500多家大型汽车服务超市，每家面积接近2 000平方米，被赞誉为汽车服务行业的沃尔玛；Autozone拥有3 000多家七八百平方米的一站式汽车服务中心；而NAPA的终端更是超过10 000家，被称为汽车服务行业的7-11便利店。

20世纪70年代，产生了世界石油危机，与此同时，外国汽车特别是日本汽车大量进入美国，在给美国汽车工业带来严峻挑战的同时，也促进美国汽车售后服务业的深入变化。为了在新形势下求得生存和发展，美国汽车服务业开始转向注重服务理念和经营成本的新阶段，经营方式也有明显改变，重视发展新型连锁店和专卖店，特别是充分应用连锁技术成为汽车服务业的重要特征之一。

资料表明，经过近百年的发展，美国的汽车服务业在汽车产业链中占据重要位置，美国的汽车服务业已经成为仅次于餐饮业的第二大服务产业，是骨干服务行业，并连续几十年保持高速增长。

亚洲地区的日本和韩国，在第二次世界大战以后迅速崛起，发展为汽车强国，它们在汽车服务业的发展过程中直接吸收了西方发达国家的先进汽车服务理念，并成功应用到本土之中。其中，代表性的事件有日本于1994年颁布了《产品责任法》和韩国制定了《缺陷物保修责任法》。

2. 国际汽车服务业的发展新趋势

目前及今后一段时间，国际汽车服务市场将会有下面一些发展新趋势。

1）品牌化经营

汽车的交易是一次性的，但是优秀的品牌会让顾客终生信赖，这也是品牌的最大价值。品牌可以提升商品的价值，也可以为企业开辟更大的市场空间，优秀的品牌会提高客户对其的忠诚度，维系客户关系的牢固度，提高市场的稳定度。

在重工业中，汽车工业涉及时尚的程度最高，汽车生产或经营商家对其品牌的经营也至关重要。汽车品牌既代表着厂家形象，也在一定程度上代表了客户的形象，因此，汽车品牌经营是一种艺术，要求企业告别平庸，能够打动顾客。品牌经营对所有者来说是一种耐心的考验，一个优秀品牌的养成需要几年甚至数十年的时间，垮掉却可能由一件小事引起。一家汽车生产公司或一家汽车经销商，每天有很多的机会接触顾客，而每次机会都有可能引起重要的影响。

在欧美发达国家,著名汽车生产厂家的汽车商标同时会作为服务商标,特别是在汽车修理方面。如果某一汽车服务公司挂出汽车公司的商标,则表示所使用的商标是经过该汽车公司允许的,从而表示其所提供的服务也是经过该汽车公司承认的。而在国内,把汽车服务作为品牌的认识还不到位。

2) 电子化和信息化

在汽车工业的发展过程中,电子技术起着重要的推进作用,为汽车工业的发展不断注入新的活力。汽车的电子化、信息化、智能化和网络化是现代汽车发展的重要标志之一。一些汽车已经实现几乎所有的功能都通过计算机控制,如动力系统、制动系统、悬架系统、空调系统、转向系统、座椅系统、灯光系统、主被动安全、车载网络等方面,并呈现出功能多样化、技术一体化、系统集成化和通信网络化的特点。

汽车的电子化水平越来越高,汽车的结构和维修也越来越复杂,大批高科技维修设备和专门的仪器用于现代的汽车维修行业。汽车修理所需要的产品数据也不再需要大量的维修手册来记录,而更多地以光盘、网络的形式提供。汽车厂商和修理商也会利用互联网提供远程咨询,及时迅速地帮助用户解决各种问题。与此同时,随着计算机网络技术的发展,服务企业和客户可以随时在网上获得维修资料、电路图、诊断数据和修理流程等,缩小了不同规模的维修企业在获取技术信息方面的差异。

3) 维护化为主

汽车出现故障就修理是一种汽车服务,但不是完整的服务。真正的服务是要保证用户的正常使用,并通过服务给客户增加使用价值。有的生产厂家在汽车产品制造上提出了"零修理"概念,售后服务的重点也从维修转向了维护,汽车"以养代修""三分修,七分养"的观念开始流行,汽车养护的总次数增加,有效地延长了汽车的使用寿命。

车主也把目光更多地投向那些能够为车辆建立档案,提供定期维护服务,保证汽车维护全过程的维修公司。汽车维修理念的改变也引起了维修市场的变化。20世纪80年代开始,美国汽车维修市场出现萎缩现象,一些汽车修理工厂先后关门,减少了近30万家,但在同一时期,专业的汽车养护中心发展迅速,仅1995年一年就新增3.1万家,这些公司以便捷的服务和过硬的质量而取胜,能使汽车后期的使用质量明显增强,起到了维护汽车厂家品牌的作用。目前,在美国汽车维修行业,养护中心已经占到80%,年均收入达到100亿美元以上。

4) 分散化和规模化同时出现

汽车服务业属于第三产业,其为用户服务的本质决定了汽车服务业的发展趋势是尽可能地靠近消费者,为用户提供方便。因此,汽车服务机构网点的布局要接近用户的分布,也就是在地点上的分散化。但独立的分散的服务机构竞争力弱,利润率低,难以吸引客户;同时,随着汽车服务业的发展,对品牌、技术、人力、设备和规模效应等有着越来越高的要求,这种质量上的高要求会使汽车服务企业采取规模化经营,合理配置资源,但会增加其库存和运营成本。

汽车服务业既要求服务机构在地点上分散化,又要求在经营上规模化,兼具这两者优势与特征的是管理体系共享化的品牌连锁企业。汽车服务连锁机构能发挥大型团队的整体优势,将连锁分散的、较小的区域市场有机结合起来,形成巨大而稳定的消费服务市场。保标快车养护系统在美国本土就有1 000多家加盟店,并在全世界扩展服务网络系统。

经营上的规模化和连锁化也带来了规范化,在同一连锁汽车服务系统内,采用统一的店面设计、服务标识、服务标准、服务价格,进行相同的人员培训和管理培训,中心采用物流配送,减少物资储存和资金占用,既能降低运营成本,又能保证服务质量。

5) 专业化分工

在汽车厂家提供越来越周到的售后服务的同时,汽车的服务行业也出现了细化和专业化的经营趋势。原来由汽车销售商提供的一些细小业务,逐渐被分离出来,并且随着专业化的慢慢提高,这些业务不断成长,甚至发展成新的企业,形成新的市场空间。从汽车售后服务或汽车修理厂演化出来的新的行业有汽车美容、汽车装潢、汽车改装、玻璃专营、润滑油、音响、空调等。

这些经营模式采用专业化的服务和完善的管理网络,有技术水平高、产品规格全、价格比较低等优势。汽车服务市场在不断升级,用户对汽车服务的要求也不断提高,只有提供良好的服务,才能在激烈的市场竞争中保存下来,并不断发展壮大。

6) 个性化消费需求

随着汽车服务市场的日益成熟和消费水平的不断提高,客户开始追求个性化的服务,即汽车服务从早期的满足客户所要求的基本服务,转向满足客户提出的个性化需求。这种日益多样化、个性化的需求决定了汽车服务机构必须有品种丰富的服务项目来支持。但汽车配件价格比较高,所需要的资金、技术和个性化服务对小型汽车服务企业来说是很难达到要求的。因此,只有行业之间加强联系,形成专业优势,才能满足客户的个性化、多样化的全方位服务需求。

1.3.2　国内汽车服务业的形成与发展

1901年,两辆"奥兹莫比尔"牌汽车进入中国,1936年,湖南长沙机械厂试制了25辆"衡阳"牌汽车用于长途运输,初步具备了现代汽车服务的某些特征。但在1949年以前,我国还没有体系完整的汽车工业,也没有真正意义上的汽车服务业。

1956年,我国第一辆"解放牌"货车的成功生产,标志着我国的汽车工业开始起步,从此,汽车用户对以汽车维修为基本内容的汽车服务产生了需求。经过60多年的发展,特别是改革开放以后,伴随着我国汽车工业的迅猛发展和国内汽车市场的持续扩大,我国的汽车服务业也获得了长足的发展,汽车服务从无到有、从小到大,直至建立了比较健全的服务体系,并且大大缩短了与国外发达国家的汽车服务体系之间的差距。

1. 我国汽车服务业的发展历程

据中国汽车工业协会发布的数据,2009年,中国汽车产、销量均突破1 300万辆,成为世界第一汽车生产和消费国。2016年,中国汽车产、销量均超过2 800万辆,连续8年蝉联全球第一,中国汽车保有量已达到1.94亿辆,而且仍有比较大的发展潜力。与之对应的中国汽车服务市场也蓬勃发展,形成了万亿元级别的超大规模"黄金"市场。

我国汽车服务业的发展大体上可以归结为三个阶段。

1）起步阶段

这一阶段是 1956—1984 年，为我国汽车服务业的起步与建设阶段，在此期间，我国的汽车生产、销售和维修服务都是在国家计划经济体制下运行的，各由国有不同的产业部分来分类管理。汽车的生产、流通和维修各项服务职能被人为分开，各自独立运行。各类企业缺乏自主经营权，企业之间也不存在竞争关系。当时的汽车服务主要限制在汽车维修服务这一单一项目，其他类型的服务几乎没有涉及。

这一阶段又大体包括两个历史时期。第一个时期是从 1956 年的汽车国产开始，至 1978 年的改革开放，汽车服务业运行于高度的计划机制中。在汽车整车销售领域，作为国家重要的统配物资，对汽车实行计划分配，国家物资部门统一调拨、销售和供应，汽车的流通问题基本不存在。在汽车配件流通领域，也是按计划分配、供应。在汽车维修服务领域，维修企业设在交通运输部门，也是全社会汽车维修的主要承担者，而其他使用汽车较多的部门也建立了自己的维修机构，但只从事部门内部所属汽车的维修和保养，不对社会用户提供服务。第二个时期是从 1978 年的改革开放开始至 1984 年国家进行的城市经济体制改革。国家严格的计划机制开始出现局部松动，执行以计划经济为主、市场调节为辅的经济运行体制。汽车生产、流通销售和汽车维修等各类经济主体的利益开始得到承认，被赋予一定的自主权利，允许他们在计划范围以外提供部分产品和服务。在汽车销售领域，开始向多层次的销售体系转换，形成了以中央管理为主、地方管理为辅的两层管理体系。汽车生产企业开始建立销售管理机构，自主销售计划外的产品，但厂家自销的比例很小，完善的销售渠道也没有建立起来。在汽车服务方面，汽车生产厂家为了争取更大的市场，满足用户需求，在一些大城市开始建立特约维修服务站点，售后服务模式在我国出现。

在这个阶段，我国的汽车服务业实现了从无到有的建设过程，积累了一定的服务经验，以国家物资部门为代表的整车销售、以交通部门为代表的汽车配件销售和汽车维修等服务机构开始建立。特别是在汽车维修方面，形成了较大规模的维修体系，为以后汽车服务业的发展奠定了基础；在汽车运输方面，形成了较大规模的运输车队，为以后物流业的发展打下了基础。

但由于这一时期的计划体制没有从根本上破除，国家的经济基础还比较薄弱，生产的汽车品种比较单一，数量也比较少，汽车用户也很少，对除了汽车维修之外的其他汽车服务要求也很少，致使我国的汽车服务业在此阶段发展比较缓慢，服务内容也较少。

2）发展阶段

这一阶段是从 1985 年到 1993 年，为我国汽车服务业的发展阶段，在此期间，我国进行城市经济体制改革，开始全面进入市场经济建设时代。国家不断向纵深推进改革开放，彻底打破单一的计划经济体系，市场逐步成为资源配置的主角，市场竞争日益激烈。汽车市场也打开了，私人汽车消费者不断增多，汽车保有量大幅提高。这些改变使汽车服务业进入一个较快的发展时期，汽车服务内容也不断更新。

在汽车流通领域，市场机制的作用不断加大，由政府和市场一起作用的双轨制过渡到以市场为主的单轨制。1988 年，国家指令性计划的汽车生产量只占 20%，1993 年又进一步下降到 10% 以下。汽车流通机制也形成了多元化形式，出现了以汽车生产厂家的销售公司及其联合销售机构为代表的企业自销系统等，拉开了企业独立建设自己的营销体系的序幕，这对我国以后的汽车流通体系的发展有重大影响。

在汽车配件流通领域，国家放权更大，配件市场非常活跃。为了给用户提供方便，各地投资兴建了一批区域性或全国性的汽车配件交易中心，以批发为主、零售为辅，有效地降低了交易成本，受到用户的欢迎。

在汽车售后服务领域，国内汽车生产厂家开始着手建立自己的售后服务体系，并与社会上的汽车维修企业联合起来建立自己的特约维修站点。而特约维修站又反过来增加了汽车维修企业的商机，因为可以得到汽车生产厂家的正品配件供应和强大的技术支持，也提高了汽车维修企业的竞争水平，吸引了更多的维修企业加入到汽车生产厂家的售后服务体系中。

在此期间，其他一些汽车服务项目也开始出现，并不断发展。在销售方式上，出现了汽车消费信贷和分期付款的方式。汽车保险开始出现，品种不断增多。废旧汽车得到回收解体，并出现相关规范。汽车驾驶培训学校大量出现，以培养合格的驾驶员。由于汽车工业本身的发展，汽车保有量的快速增长，汽车市场的迅速增大，我国汽车服务业经历了从小到大的发展历程，一些新型汽车服务内容得以出现和发展，特别是汽车生产厂家的售后服务体系的建立和壮大，更是具有划时代的意义，成为汽车服务业的重要力量。

在汽车服务发展的第二阶段，我国汽车市场总体上还是处于卖方市场，汽车服务领域也较为混乱，特别是产品和服务的价格脱离实际，整车销售及其配件流通的渠道混乱，汽车服务项目的操作不规范。汽车服务的总体内涵不是太健全，服务体系有待进一步发展和完善。

3）全面形成阶段

这一阶段是从 1994 年至今，为我国汽车服务业的全面形成阶段。在此期间，国家的改革开放向纵深发展，市场经济体制进一步健全，经济领域进一步对外开放，国内企业全面参与国际经济体系。我国汽车工业健康快速地发展，轿车进入普通家庭，汽车买方市场大致形成。在此经济背景下，我国汽车服务业也出现了变革，服务内容不断丰富，服务水平持续提高，汽车服务工程体系基本成形，并逐渐与国际汽车服务体系接轨。

这一阶段又大体包括两个历史时期。第一个时期从 1994 年国家颁布的第一个《汽车工业产业政策》这一标志事件开始，至 2001 年加入 WTO[①]，我国汽车工业经历了大发展之后，产品供给能力大幅提高，市场竞争空前激烈，汽车市场形态彻底由卖方市场转向为买方市场。在汽车需求方面，私家车需求迅速上升，原有的汽车服务体系已不能满足新的需求，这为汽车服务体系的变革打下了基础。汽车生产厂家经过多年的积累，在汽车服务领域的影响力和控制力明显增强，积极倡导和推进国外成熟先进的汽车服务方式，促进了我国汽车服务体系的发展，基本上形成了功能较为完善的汽车服务体系。

在这一时期，最为明显的成果是建立了以汽车生产厂家为主导的销售服务体系，引进了国际上流行的品牌专营的区域代理制度，实施品牌经营战略，对原有的汽车销售代理商进行全面整顿，提供整车销售（Sale）、零配件供应（Sparepart）、售后服务（Service）、信息反馈（Survey）"四位一体"的服务体系，即"4S"，推进了销售网络和服务网络的统一进程，提高了服务效率，降低了成本。与此同时，汽车的物流配送、旧车交易、美容装饰、汽车文化、广告会展和汽车俱乐部等多种形式的汽车服务相继出现，我国汽车服务的外延形式与内涵本质都得到了扩展与丰富。

---

① WTO，World Trade Organization，世界贸易组织。

第二个时期从 2002 年开始，我国全面履行加入 WTO 的各项承诺，汽车服务业也更加深入地开放。随着国民经济收入的增加，汽车进入居民消费的进程不断加快，2002 年成为中国汽车的普及元年，私人消费真正占据汽车市场的主导地位，成为推动我国汽车工业发展的主要力量。我国汽车服务业面临与国际汽车服务业的广泛竞争，也有了更好的发展机遇，进一步向纵深区域演变，不断成熟，与国际汽车服务业全面接轨。

在汽车服务的全面形成阶段，经历了从混乱到有序的发展，服务内容丰富、职能齐全的体系已建立起来，以汽车生产厂家为主导的汽车销售服务体系的建设，成为汽车服务业内涵提升的关键，各种形式汽车服务项目的出现，对健全我国汽车服务体系的职能有着重要的意义。

经过几十年的发展，我国汽车服务业取得了重要的成绩，但与汽车用户的要求和国外发达国家的汽车服务业相比，在服务项目的广度、服务内涵的深度和服务质量的水平等方面仍有一定的差距，有待进一步发展和完善。

2. 我国汽车服务业的现状

我国汽车服务业开展了多种类型的项目，已较为全面，基本上形成了体系，但和国外发达国家的汽车服务业相比，还存在一些问题。

1）制度法规不健全

国内汽车行业由于在制造和销售环节的超高利润率存在的时间过长，对售后服务的关注程度存在严重不足的现象，不规范的情况时有发生，这表明我国的汽车售后服务市场不规范和诚信机制没有建立起来，也就是相关制度和法律法规不完善。这主要体现在以下两个方面：一是宏观政策管理法规不健全，有些业务领域还存在着政策盲点。二是缺乏有效的指导服务主体来开展各项汽车服务的行业规范。国家相关部门需要转换政策服务理念，加大对汽车服务政策的研究力度。只有有了制度的保障和规范，汽车服务行业才能真正良好地发展。

2）管理方式落后

我国汽车服务业在服务行业综合管理的宏观层次和服务主体动作管理的微观层次都存在着管理滞后的问题。一是管理方法落后，由于缺乏先进的管理理念和理论的引导，汽车服务管理存在很多传统落后的方法。二是管理技术落后，管理效率较低。由于管理不够规范，没有真正认识到"服务"的内涵，随意性较大，既损害消费者的利益，也对自身的服务品牌带来伤害。

3）从业人员素质较低

提高汽车服务质量取决于从业人员的自身素质和技术水平，而汽车服务行业在起步阶段大多由一些专业服务能力较差的人员从事，没有经过专门的技术培训和接受正规的教育，自身素质和行业的技术力量偏低，难以适应汽车服务行业快速发展的需要；而且相关教育机构，包括高等院校和技能培训学校，对汽车服务人才的培养缺乏远见，偏重于培养技能型人才，对专业的汽车服务人才的培养没有引起足够的重视。特别是随着我国汽车工业的进一步扩张，汽车服务行业整体水平的进一步提升，需要更多高素质的专业从业人员。

4）市场秩序混乱

我国汽车服务业快速发展，但存在着秩序混乱的现象，主要表现在三个方面。一是市场动作混乱，尤其在流通领域，有些汽车生产厂家的销售服务体系没有真正做到有效管理，不能有效监控经销商的动作行为。二是价格体系执行混乱,在流通领域,存在随意加价销售的行为;在维修服务领域,存在乱换件和服务欺诈的现象,服务和价格透明度不高;在汽车保险领域和质量保修环节,存在理赔的随意性;在其他方面也有乱收费的现象。三是市场竞争秩序混乱,由于汽车服务行业门槛低,从业者数量众多,为达到吸引客户的目的,往往采取低价恶性竞争的方法,这也是汽车服务质量不高等诸多问题的重要影响因素。

5) 竞争能力不强

从参与国际竞争的角度来讲,我国汽车服务业比汽车制造业落后,在很多方面处于不利的竞争位置。国内汽车服务业最显著的特点是企业规模不大,持续经营能力较差,品牌优势不突出。与国外连锁化的汽车服务企业巨头相比,我国汽车服务机构普遍缺乏较成熟的服务品牌,竞争能力不强,对企业利用差异化服务来达到可持续发展产生了较为重要的影响。

6) 服务质量不高

随着我国汽车市场的逐渐成熟,消费者对经销商提供的服务要求也越来越多和越来越高。但是在我国汽车服务行业中,路边店仍占有相当大的比例,不能满足汽车客户日益增长的服务需求,汽车服务质量在整体上的水平不高,有待进一步提高。

7) 消费者认可度低

调查表明,目前国内汽车消费者普遍认为,汽车服务企业的操作流程仍有不规范的现象,如服务内容不透明、服务信息不对称、服务诚信度不高。为此,汽车服务企业应把提高服务质量、提升顾客满意度作为重要内容,以提高消费者的认可度,获得顾客的忠诚度。只有这样,才能在汽车服务市场获得竞争优势。

由于存在以上问题,我国的汽车服务业在总体上呈现出效率不高、行业积累能力不强、自我发展能力不足、效益不高等诸多不足。我国汽车服务业应在吸取国外先进经验的基础上,根据国内的实际情况发展,以提高国内汽车服务的总体水平。

3. 我国汽车服务业的发展趋势

在新的历史时期,全球经济一体化的程度持续加深,国民经济面临全面的国际竞争和合作,我国的汽车工业将继续发展壮大,汽车服务业也将逐步完善,缩小与国际先进水平之间的差距。我国汽车服务业的发展趋势主要有以下几点。

1) 管理规范化

随着我国市场经济的日益成熟,借鉴发达国家汽车服务业发展成功的先进经验,充分考虑国内汽车工业和汽车服务业发展的内在需求,政府有关部门制定出台了一系列与汽车服务业有关的重要制度和法规,对汽车服务业的组织形式、纳税、从业人员和质量控制、责任界定等事项都制定了严密科学的法规要求和保障,并且将对其继续完善,这将对我国汽车服务市场的发展产生积极影响,促进我国汽车服务业在规范化的道路上发展。

2) 服务优质化

当前大多数汽车服务业从业人员已认识到提供优质的服务对行业和企业的重要意义,"一切为了顾客"的理念已被普遍认同。许多商家通过自律、树立诚信和提供良好服务的企业形象,这将带动汽车服务业整体形象的建立。

3) 发展规模化

从国内汽车服务业的整体发展状况来看,规模化程度偏低,难以形成规模化优势,目前

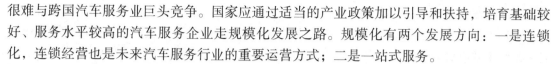

很难与跨国汽车服务业巨头竞争。国家应通过适当的产业政策加以引导和扶持,培育基础较好、服务水平较高的汽车服务企业走规模化发展之路。规模化有两个发展方向:一是连锁化,连锁经营也是未来汽车服务行业的重要运营方式;二是一站式服务。

4)竞争激烈化

我国已加入WTO多年,根据其议定条件,我国将给予外商全面的贸易权和分销权,开放企业营销、物流运输、批发零售、售后服务、修理维护、金融服务等与服务贸易有关的市场。我国汽车服务业将与国际和国内的同业者进行全面的、完全的市场竞争,汽车服务业的竞争十分激烈。当然,汽车服务市场的全面开放,也为国内汽车服务业开展国际合作提供了机遇,通过合资等多种形式的合作,为国内汽车服务业走出国门、参与国际汽车服务业的竞争创造了条件。

随着我国经济的持续发展、汽车工业的壮大、汽车消费需求的扩展、国内外竞争的加剧,我国汽车服务业也会深化改革,发展完善,一定会出现一批集约化程度高、技术含量高、人员素质高、市场占有率高、管理先进程度高的汽车服务企业,成为我国汽车服务市场的骨干,促进汽车工业的进步,为国民经济的发展做出贡献。

本章小结

本章主要介绍了汽车服务工程的基本概念、基本内容与分类,以及在国内外的发展现状,要求重点掌握汽车服务的概念和特征。

汽车服务的概念有狭义和广义之分,区别在于后者还包括汽车生产和使用环节所涉及的有关服务。各种技术性和非技术性的汽车服务构成了汽车服务工程这一有机体系。汽车服务的主要特征有系统性、广泛性、经济性和后进性等。

汽车服务内容广泛,主要包括汽车销售服务、汽车售后服务、汽车维修服务、汽车检测服务、汽车美容与装饰服务、汽车配件与用品服务、汽车物流与配送服务、二手车交易服务、汽车回收解体服务、汽车保险服务、汽车定损与理赔服务、汽车租赁服务、汽车驾驶培训服务、汽车代驾服务、汽车停车服务、汽车信息服务、汽车救援服务、汽车广告与展览服务、汽车智能交通服务、汽车文化服务、汽车俱乐部服务等,而且随着汽车行业的发展,新的汽车服务内容也会形成。

根据汽车服务的具体特征,汽车服务有多种分类方式。按照技术密集程度,汽车服务可以分为技术型汽车服务和非技术型汽车服务;按照知识密集程度,汽车服务可以分为知识密集型汽车服务和劳务密集型汽车服务;按照资金密集程度,汽车服务可以分为金融类汽车服务和非金融类汽车服务;按照作业特征,汽车服务可以分为生产作业型汽车服务、交易经营型汽车服务和实体经营型汽车服务;按照载体特征,汽车服务可以分为物质载体型汽车服务和非物质载体型汽车服务;按照内容特征,汽车服务可以分为汽车销售服务、汽车使用服务、汽车维修服务和汽车延伸服务。

国外发达国家的汽车服务业已非常成熟,利润率相对较高,创造了大量的就业机会。国际汽车服务业的发展新趋势主要有品牌化经营、电子化和信息化、维护化为主、规模化和分散化同时出现、专业化分工、个性化消费需求等。

国内汽车服务业的发展历程主要包括三个阶段:起步阶段、发展阶段和全面形成阶段。

当前国内汽车服务业存在的问题主要有：制度法规不健全、管理方式落后、从业人员素质较低、市场秩序混乱、竞争能力不强、服务质量不高、消费者认可度低等。国内汽车服务业的发展趋势主要有管理规范化、服务优质化、发展规模化和竞争激烈化。

调查当地汽车服务业的发展状况。

一、术语解释

1. 狭义的汽车服务。
2. 广义的汽车服务。
3. 汽车服务工程。

二、简答题

1. 狭义的汽车服务和广义的汽车服务有何区别？
2. 汽车服务工程有哪些特点？
3. 为什么说汽车服务工程具有后进性？
4. 汽车服务工程的基本内容有哪些？
5. 汽车服务工程的分类有哪些？
6. 简述国际汽车服务业的发展过程。
7. 简述国际汽车服务业的发展趋势。
8. 简述国内汽车服务业的发展过程。
9. 简述国内汽车服务业存在的问题。
10. 简述国内汽车服务业的发展趋势。

第 2 章　汽车营销服务

本章主要介绍汽车营销服务的基本概念和服务内容；分析汽车营销人员的主要职能及应该具备的各种条件；介绍汽车市场调查的概念、内容、方法和程序；阐述汽车市场营销的环境分析、汽车消费者购买行为分析和汽车行业分析；探讨汽车市场营销的产品策略、定价策略、分销策略和促销策略；介绍汽车销售的一般流程；分析汽车电子商务和汽车网络营销的基本概念和特点。

教学要求

理解汽车营销服务的基本概念和主要内容，了解汽车营销的发展过程；

理解汽车营销人员的主要职能，理解汽车营销人员在品德素质、职业形象、销售能力和业务知识等方面需要具备的基本条件；

理解汽车市场调查的基本概念和内容，理解汽车市场调查的方法和程序；

理解汽车市场营销的环境分析，理解汽车消费者购买行为分析和汽车行业分析；

理解汽车市场营销的产品策略、定价策略、分销策略和促销策略；

理解汽车销售的一般流程，理解客户开发、客户接待、客户需求分析、汽车产品介绍、试乘试驾、顾客异议处理、签约成交、交车服务、售后跟踪服务等环节的主要工作内容；

理解汽车电子商务的基本概念和功能；

理解汽车网络营销的基本概念和特点。

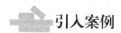引入案例

福特汽车公司的几起几落

福特汽车公司创立于 20 世纪初，凭借创始人亨利·福特的"制造人人都买得起汽车"的梦想和卓越远见，福特汽车公司历经一个世纪的风雨沧桑，成为世界四大汽车集团公司之一。

1896 年，随着福特第一辆试验车的试制成功，汽车成了人们生活中取代马车的主要交

通工具，汽车业也迅速发展起来。当时的汽车制造者一般致力于高档汽车的设计生产，推出的都是价格昂贵的豪华车型，福特汽车公司也推出了八种以字母为标志的高档车型，指望这些豪华车能给公司带来更为火爆的行情，谁料事实正好相反，福特汽车的销量和利润大幅下降。

福特大为震惊，意识到汽车业要大发展，必须满足大多数人的需求，而不是仅仅局限于生产高档汽车。面对市场的选择，他决心进行一次汽车制造业革命，让汽车实用化、大众化，精心设计出一种全新的"T型车"。该款车造型简单，就像是在四个轮子上安装了一个大黑匣子，各部分可装可拆，车身质量减小了，造价也大大降低。1912年，福特汽车公司聘用詹姆斯·库兹恩任总经理，实施了三项决策：第一，对主产品"T型车"做出了降价的决策，将售价从1910年年底的950美元降到850美元；第二，按每辆"T型车"850美元售价的目标，着手改造公司内部的生产线，采用现代化的大规模配件作业线，大幅降低成本；第三，在全世界设立7 000多家代销商，广设销售网点。这三项决策的实施，使"T型车"走向全世界，市场占有率为美国汽车行业之首。

1919年，库兹恩被解雇，福特自任总经理。福特一方面采用低价策略，到1924年，每辆"T型车"售价已降到240美元；另一方面又提出"不管客户需要什么颜色的汽车，我只有一种黑色的""以我为主"的策略，以"黑色车"作为福特汽车公司的特征。到1928年，福特汽车公司的市场占有率才被通用汽车公司超过，退居第二位。

美国通用汽车公司于1908年成立，在1928年前，通用汽车公司是市场占有率远远低于福特汽车公司的一个小公司。1923年，斯隆任通用汽车公司总经理，改造了经营组织，使公司高层领导人主抓经营，抓战略性决策，日常的管理工作由事业部去完成；同时提出"汽车形式多样化"，以满足各阶层消费者需要的经营方针，推出了高级舒适的"凯迪拉克"车、中级的"奥尔茨莫比尔"车和低级的"雪佛兰"车。1923年，该公司市场占有率为12%，远远低于福特汽车公司；1928年市场占有率超过30%，并超过福特汽车公司；1956年市场占有率达53%，成为美国最大的汽车公司。

20世纪40年代初，作为美国汽车行业元老的福特汽车公司渐渐显出老态，许多原有车型和车种都面临被淘汰的危险。

1943年秋，26岁的亨利·福特二世从海军复员，进入福特汽车公司工作，1945年被任命为福特汽车公司的总经理，摆在他面前的是一个每月亏损900万美元濒临破产的公司。亨利·福特二世从引进人才入手，通过成本控制、产品开发，使公司扭亏为盈。

1962年，亚科卡担任福特汽车公司分部总经理。他首先意识到福特原有车型在外观上与潮流不符，人们都偏爱美观新潮的车型，而福特在设计上观念陈旧，忽视外形，一味注重车辆机械性能。在一些细节设计上，也为用户考虑得不够周到，如车上没有行李架，给人们造成不便。另外，第二次世界大战后生育高峰中出生的孩子都已长大成人，这代人追求高档、新潮，原有车型很难满足他们的需求，而他们正是一个巨大的汽车消费群体。

亚科卡组织专业人员，全力设计市场需要的新车型。在车名研讨会上，一位设计人员提到第一次世界大战中所向披靡的"野马"式战斗机，以一种人们熟悉的战斗机为汽车命名，本身就带有一种狂放不羁的意味，"野马"还能让人们产生风驰电掣、不拘一格的感觉，对第二次世界大战后的新一代来说一定具有强烈的吸引力。

设计者们又根据"野马"这一名称对新车的外形做了一些改进。他们将车身涂成白色，却将车轮涂成红色，车尾的保险杠向上弯曲，整辆车看上去仿佛一匹正在昂首阔步向前奔跑的骏马，独特而抢眼。他们还把车的标志设计成狂奔的野马，安装在车前护栅中。这下，新车真的成了一匹不驯的"野马"。

亚科卡在推出新车的同时，关注宣传，用广告攻势抓住人心；着重强调的是那种铺天盖地、不可阻挡的感觉，决定多渠道出击：发动新闻战，让广大消费者了解新产品；向消费者本人直接促销；在最佳时机做广告，实施连续不断的广告攻势，大做户外广告。亚科卡的心血没有白费，"野马"上市第一天，就有400万人涌到福特销售店购买新车。一年内，销售量达到418 812辆，创下了惊人的纪录。

2.1　汽车营销概述

目前，我国汽车市场上的生产厂家、品牌和车型众多，市场需求供大于求，汽车行业正在加快优胜劣汰的进程。如何快速有效地提升企业经营情况，取决于决策者对汽车市场的正确认识，取决于营销策略的科学合理性，也取决于营销人员的执行能力。因此，研究汽车营销理论及其实践问题具有重要的现实意义。

2.1.1　汽车营销的概念

1. 市场营销

市场营销学是市场活动发展到一定阶段以后形成的，以先进的经营思想指导的一种经营方式，它是一门专门研究市场营销活动及其规律的应用学科。市场营销（Marketing）是指个人或集体通过交易其创造的产品或价值，以获得所需之物，达到双赢或多赢的过程。市场营销包括两种含义：一种是动词"销售"，指企业的具体行为或活动；一种是名词"市场"，指研究企业市场营销活动的学科，即市场营销学。

市场营销产生的很长一段时间内，很多人都认为市场营销主要是指推销。其实两者之间有非常大的区别。市场营销最主要的不是推销，推销只是市场营销的一个职能，并不是最重要的。准确地分析客户的需要，开发合适的产品，做好定价、分销和有效的促销活动，就会很容易地把产品销售出去。市场营销研究的对象和主要内容分为四个方面：识别目前未满足的需要和欲望；估量和确定需要量的大小；选择和决定企业能提供最好服务的目标市场；决定适当的产品、劳务和计划（或方案），以便为目标市场服务。也就是说，市场营销的目的在于了解客户的需求，按照其要求设计、制造合适的产品，选择销售渠道，做好定价和促销等事项，从而较为容易地把产品销售出去，甚至使推销成为多余。

据此，美国学者菲利普·科特勒（Philip Kotler）给市场营销下的定义强调了营销的价值导向：市场营销是个人和集体通过创造产品和价值，并同别人进行交换，以获得所需之物的一种社会和管理过程。格隆罗斯对市场营销的定义则强调了营销的目的：在变化的市场环境中，为满足消费需要、实现企业目标的商务活动过程，包括市场调研、选择目标市场、产品开发、产品促销等一系列与市场有关的企业业务经营活动。美国市场营销协会在 2013 年将市场营销定义为：在创造、沟通、传播和交换产品中，为顾客、客户、合作伙伴以及整个社会带来价值的一系列活动、过程和体系。

综上所述，市场营销是一种从市场需要出发的管理过程，它的核心思想是交换，是一种买卖双方互利的交换，即卖方按买方的需求提供产品或服务，使买方能够满足；买方则付出相应的报酬，使卖方也得到回报和实现企业目标，双方各得其所。市场营销的研究对象是企业的营销活动或营销管理，即如何能在最适当的时间、地点，以灵活的方式和合理的价格，把适销对路的产品或服务提供给客户。

2. 汽车营销

简单地说，汽车营销就是把市场营销的概念和理论应用到汽车的营销中去。汽车营销是指汽车相关企业或个人通过调查和预测顾客需求，把满足其需要的商品流和服务流从制造商引向顾客，从而实现其经营目标的一系列活动。

汽车营销学是一门将汽车市场和市场营销结合起来进行研究的、应用性很强的边缘学科，其研究对象是汽车企业的市场营销和营销管理相关的活动，或者是从市场需求出发研究汽车产品营销活动全过程的学科。汽车营销学既是一门学科，也是一门艺术。汽车营销的具体功能如下：

1) **发现和了解客户需求**

现代市场营销观念强调以客户为中心，汽车企业首先要调查和预测客户的需要，针对顾客的需要，决定采用何种产品和服务，只有这样才能实现企业的最终目标。发现和了解客户需求是汽车市场营销的首要任务。

2) **指导制定经营战略决策**

企业战略决策的正确与否是企业成败的关键，企业要想在竞争中取得发展，必须制定正确的经营策略。汽车企业通过市场营销活动，分析所处的外部环境，了解消费者的需求，分析竞争者的现状和发展策略，结合企业自身条件，指导企业在产品、定价、分销、促销和服务等方面做出科学、正确的决策。

3) **稳定和开拓市场**

企业市场营销的一大功能是通过调查和分析消费者现在和潜在的需求，保持和稳定现有的市场，充分把握和捕捉市场机会，积极开发新产品，建立更多的分销渠道，采用更多的促销形式，开拓新市场，以增加销售量。

4) **满足客户需求**

满足客户需求与欲望是企业市场营销的出发点和中心点，也是其基本任务。汽车企业通过市场营销活动，合理地组织人力、物力和财力，为客户提供符合其要求的产品和服务，在售前、售中和售后各个环节，都让客户满意，在完成销售的同时，建立较持久的顾客关系，获得顾客的信赖。

此外，汽车营销的产品包括实质产品和服务产品两部分，而且服务伴随着产品的始终。

2.1.2 汽车营销服务的内容

根据汽车营销运作过程的内容不同，汽车营销服务的内容主要有以下几个。

1. 汽车市场调查

在汽车产品进入市场以前应先对其进行市场调查。掌握市场和消费者的基本情况，是汽车市场营销活动一个必不可少的、最基本的环节。汽车市场调查的内容包括市场调查的方法与程序、市场调查报告的撰写以及市场预测。

2. 汽车市场分析

汽车企业通过对汽车市场各要素进行分析，可以发现市场机会，实现营销目标。汽车市场分析的内容包括市场环境、顾客、竞争者、产品和价格等。

3. 汽车销售策略

汽车目标市场确定以后，企业就要根据目标市场的需要开发和生产汽车产品。企业要利用合理的汽车产品组合，根据汽车产品在市场上的寿命状况，运用各种营销策略，以使产品受到消费者的欢迎，取得良好的效益。销售策略的内容主要包括产品的定价策略、分销策略和促销策略等。

4. 汽车销售技巧

在从汽车制造厂家出发，到实现销售，进而使顾客满意的全过程中，汽车营销人员需要具有一定的专业素质和专业知识，掌握一定的销售技巧，以提高销售技能。

5. 客户服务

在汽车营销中，服务质量对其起着重要的影响。为提升汽车产品品牌，营销人员需要对汽车售前、售中和售后各环节的服务形式进行分析，从而提高服务质量和客户的满意度。

2.1.3 汽车营销的发展

从历史的发展过程来看，市场营销观念的思想演变经历了从"以产品为中心"到"以客户为中心"、从"以产定销"到"以销定产"的转变。汽车营销的观念是随着汽车市场的形成而产生的，它的发展大体上经历了以下几个阶段。

1. 汽车生产观念

生产观念是工业革命以来指导销售者行为的最早的观念之一，汽车生产观念产生于20世纪20年代。此观念产生于卖方市场条件下，在工业化初期以及第一次世界大战末期和战后一段时间内，物资短缺，产品供不应求，经营者关心的不是销售而是生产，基本策略就是"以产定销，降低成本"，生产观念成为企业指导生产和销售的核心理念。

管理机构的职能就是生产管理，以生产为中心，通过提高生产效率和产量来降低成本，增加利润。美国福特汽车公司所宣称的"不管客户需要什么颜色的汽车，我只有一种黑色的"就是这种生产观念下的典型表现。以此思想为指导的企业，只有在市场上的产品质量基本相等的情况下才有一定的竞争力。随着现代社会的进步，生产力的提高，市场上的商品丰富多彩起来，消费者对产品有了不同层次的要求，企业就必须应用新的观念来指导产品的生产。

2. 汽车产品观念

随着商品经济的发展，生产力水平不断提高，供不应求的现象得到缓解，企业为了提高市场竞争力，开始重视产品质量，以质取胜，产品观念应运而生。汽车产品观念认为，高质量、多功能和具有创新特色的产品总能引起客户的青睐。汽车企业应注重生产优质产品，并不断改进其质量。

但实际上，这种观念和生产观念一样，仍无视客户需求。企业管理者只注重自己产品的质量，而不注重市场需求的变化，产品上市之前也不征求消费者的意愿。美国通用汽车公司的总裁曾说："在消费者见到汽车以前，他们怎么明白需要哪种汽车呢？"这种思想严重影响了通用汽车公司与日本汽车生产厂家之间的竞争，使其陷入困境。

一个新的或改进后的汽车产品，如果没有价格、分销、广告和其他功能的配合，也是不可能获得成功的。

3. 汽车推销观念

20世纪30年代以来，科技的进步使产品质量不断提高，产品数量迅速增加，由"卖方市场"过渡到"买方市场"，激烈的市场竞争引起了商品积压问题。汽车生产企业开始把注意力转移到如何刺激客户的购买意愿上，认为企业必须善于挖掘潜在的购买者，突出产品的优点，积极进行汽车推销。

在推销观念的指导下，汽车企业采取的措施主要是加强销售部门的力量，如培训推销人员、加强广告宣传、完善销售网络、采取灵活多样的促销手段等。此观念被大量用于推销那些非渴求产品。推销观念是企业营销的一大进步，企业开始重视广告和推销，强调产品的销售环节，促进了产品价值的实现。但其实质仍然是以生产为中心，没有逾越"以产定销"的思想，没有研究市场的变化情况，消费者的需求还是没有成为产品设计和生产过程的基础。

4. 汽车市场营销观念

第二次世界大战以后，新的科技在生产领域广泛应用，企业生产效率不断提高，市场竞争更加激烈，而由于经济的发展，消费者收入的增加，购买要求更加苛刻。在竞争中，许多企业开始注意消费者的需求和欲望，并研究其购买行为，由此来决定企业的产品生产。20世纪50年代以后，市场营销开始由"以产定销"观念向"以销定产"观念转变，由此进入了市场营销观念阶段。

与推销观念相比，市场营销观念有几个重要变化：一是出发点不同，推销观念以企业为中心，推销已有产品，而市场营销以市场为中心，经营的起点是客户需求；二是市场导向不同，前者是以产品为导向，后者是以客户需求为导向；三是营销手段不同，前者强调业务人员的推销，后者强调整体协调营销；四是目标不同，推销以赢利为目的，市场营销有短期利润目标和长远发展目标。福特汽车公司的一位经理曾说过："如果我们不是以客户为导向的，那我们生产的汽车不可能令客户满意。"

以客户为导向的市场营销观念是一次质的飞跃，使市场营销学发生了一次变革，对现代企业和世界经济都产生了深远的影响。其核心内容在于能够正确地确定目标的需求和欲望，并能比竞争对手更有效地满足客户的需求和欲望。

5. 汽车社会市场营销观念

20 世纪 70 年代，当出现资源短缺、环境污染、人口数量激增等一系列社会问题时，一些企业家认为，企业不仅要满足客户需求，还必须符合社会公众的长远利益，以维护全社会的公共利益作为企业经营的根本责任，逐步形成了社会市场营销的观念，是对市场营销观念的修改和补充。

汽车社会市场营销观念认为，汽车企业的任务是确定目标市场的需求和利益，并以保护或提高消费者和社会福利的方式，比竞争者更有效地向目标市场提供能满足其需求的物品或服务。汽车企业考虑各种社会团体的诉求，比如消费者协会、环境保护组织、绿色和平组织等，要求在企业利润、客户需求和社会利益三方面之间进行平衡。

汽车企业把社会市场营销看作改善其名誉、提升品牌知名度、增加客户忠诚度、增加销售额的机会，消费者也倾向于选择既能提供满足其需求的产品，又具备良好社会形象的企业。

6. 汽车后市场营销观念

20 世纪 80 年代后期，资讯科技发展迅猛，高科技形成了新的产业链，产品生产非常丰富，市场竞争日趋激烈。当建立在资讯科技平台基础上的虚拟营销模式出现之后，市场经营理论发生了重要变化，促生了后市场营销观念。其中，最为典型的是绿色营销和网络营销。

网络营销是数字经济时代的一种营销理论，其显著特点是在市场营销过程中，全面利用信息技术，重新组织和调整传统的市场营销系统。市场不再是空间有限的有形市场，而是虚拟化的、空间无限的无形市场。当然，计算机网络系统本身的特点也会增加市场营销的风险，因此市场风险控制和管理能力的提升成为新时期汽车企业需要面对的问题。

2.2　汽车营销人员的基本要求

汽车营销人员也指销售顾问，是指为客户提供顾问式的专业汽车消费咨询和导购服务的汽车销售服务人员。其工作内容就是从事汽车销售工作，但其立足点是以客户的需求和利益为出发点，向客户提供符合客户需求和利益的产品销售服务。

2.2.1 汽车营销人员的主要职能

1. 搜集市场情报

专业的汽车营销人员是推广汽车产品的一线尖兵,他们直接和消费者接触,通过观察、访问和了解消费者的反应来分析本公司的产品或服务是否能够满足消费者的需求,是否受到欢迎,此外,也可以了解其他竞争对手和竞争产品的情况。

2. 信息反馈

汽车营销人员在销售汽车产品或服务的过程中,起到信息传播和反馈的作用,把企业和产品的情况告知客户,同时把客户对产品的意见或建议向生产厂家反映,以便于产品的改进或升级换代。

3. 开发新市场

企业要想在竞争中生存发展下去,汽车营销人员在稳定现有客户的基础上,必须不断地发现新客户,提高销售额。

4. 产品销售

汽车产品的销售分为直接销售和间接销售,二者都是汽车销售的重要途径。汽车营销人员要懂得推销艺术,与客户接洽,报价,回答客户的疑问,最终达成交易。

5. 了解客户信用状态

对汽车产品来说,销售额度一般较大,所以汽车营销人员应对客户进行调查,了解其财务状况和信用情况,从而尽可能地减少坏账和呆账。

6. 货款或分期付款催收

在当前的汽车销售中,贷款或分期付款占的比例越来越高,为快速实现货款回笼,提高公司利润,及时收取或催收贷款和分期付款也是汽车营销的重要环节之一。

7. 树立公司形象

汽车营销人员直接面对客户,对企业形象有重要的影响。他们应实地了解企业产品的市场占有率,分析产品的定位与定价是否适当,为客户提供优质的服务,建立良好的人际关系,赢得客户的信任,提高客户的品牌忠诚度,树立公司良好的形象。

2.2.2 汽车营销人员的品德素质要求

汽车营销人员在品德素质方面应具有如下条件:

1. 良好的职业道德

良好的职业道德是每一位员工都必须具备的基本品质。职业道德是指从事一定职业的人，在其履行职业职责的过程中应遵循的特定的职业思想、行为准则和规范，是与之相适应的道德观念、道德意识、道德活动的总和，是一般社会道德在特定的职业活动中的体现。

汽车作为高档的大件商品，对汽车营销人员提出了较高的职业道德要求。汽车营销人员要通过自己优质的服务，塑造良好的形象，扩大汽车生产商和销售商的知名度、认可度，从而达到社会效益与经济效益的统一。汽车营销人员的主要职业道德可以概括为实事求是、真诚可信、公正无私、光明磊落、勤奋努力、精益求精。

2. 积极向上的心态

积极向上的心态是汽车营销人员最基本的素质。汽车销售行业正处于一个竞争相对激烈的时期，要正视失败，在汽车营销中，积极向上的心态起到决定性的作用。

积极向上的心态能够激发人的工作激情，不仅能使自己充满奋斗的力量，而且能够影响客户。在汽车销售遇到困难时，要学会用积极向上的心态去面对。

3. 谦卑的态度

谦卑的态度是汽车营销的基石。由于汽车行业发展迅速，新车型层出不穷，汽车营销是一个不断面临新问题和新面孔的行业。这就要求汽车营销人员必须注重新知识和新技术。

无论在什么情况下，都需要以谦虚谨慎的态度去面对变化多端的市场。而且对汽车营销人员来说，保持一个谦卑的心态更容易得到大家的认可，更有利于与客户的沟通与交流，更有利于与同事的相处，从而也有助于赢得更大的发展空间。

4. 坚持不懈的决心

坚持不懈的决心是汽车营销工作的行动保证。成功的销售是从被拒绝开始的，特别是对于汽车这种大件商品来说，在销售过程中遇到拒绝是必然的。但如果遇到拒绝就放弃推销，就会失去大多数成功销售的机会。

在销售过程中，客户若提出疑问，则说明在与客户的沟通上出现了问题，这时应该分析客户拒绝的原因，并对出现的问题进行分析，只有这样才会有成功的销售。当遇到困难时，不轻言放弃，坚持到底，是汽车营销人员的必备素质之一。

5. 善于总结

在汽车营销过程中，每天都会面临各种各样的新情况和新问题，这就需要有正确处理问题的方法。因此，要养成良好的工作习惯，对过去发生的事情要善于分析，从中取得经验或教训，学会在不断的总结中提升自己。

对汽车营销人员来说，学会总结，可以让自己避免犯同样的错误，取得更快的进步。而且，总结是一个梳理和提高的过程，会逐渐形成自己对汽车营销的操作体会和感悟，最终形成自己的观点和理念，从而成为专家型营销人员。

6. 真诚合作的态度

合作的态度是汽车营销的组织保证。当前，我们正处在一个竞争非常激烈的汽车市场中，仅凭个人能力，很难处理各种形式的新问题或复杂问题，因此需要有真诚合作的态度，只有这样才能形成合力，组织更强的营销团队。

在汽车营销中，合作是较难掌握的能力之一，它具有多个要素：一是有共同的目标，这样才能得到统一的意见；二是有领导核心，便于发现团队的优缺点，形成正合力；三是有公平、公正的原则，能够对个人作用进行正确的评价；四是有灵活的态度，能根据面临的问题和团队、个人情况来合理地调整团队。

2.2.3　汽车营销人员的职业形象要求

汽车销售工作主要是和客户打交道，营销人员与汽车产品处在同样重要的位置上。消费者在选择汽车时，经常会受到营销人员的外在形象、言谈举止等多方面的影响。相当一部分消费者购买某款汽车是由于对营销人员的信任和尊重。因此，汽车营销人员首先要做的是"推销"自己，让客户能够接纳自己，能够认真听自己介绍和讲解汽车产品，这样，在双方接触和交流的过程中，才能够创造机会销售汽车。

当与客户初次接触时，营销人员良好的外在形象和表现会在客户头脑中留下较好的第一印象，为此汽车营销人员要特别注意自己的服饰、仪表和言谈举止。

1. 仪容美

仪容是指人的外观、容貌和气质。在人际交往中，个人仪容会引起交往对象的特别关注，也会让对方对自己的整体评价产生影响。汽车营销人员注重个人仪容是自尊自爱的表现，也是一项基本素质，既反映了企业的管理水平和服务质量，也是对客户的尊重。

汽车营销人员的仪容美包括三个方面：一是自然美，指仪容的先天条件好；二是修饰美，指依照规范与个人条件，对仪容进行必要的修饰，扬长避短，塑造美好的个人形象；三是内在美，指通过努力学习，不断提高个人的文化素养和道德水准，培养高雅的气质与美好的心灵。

真正意义上的仪容美是三个方面的高度统一，忽略其中任何一个方面，都有失偏颇。在这三个方面中，仪容的内在美是最高的境界，仪容的自然美是人们的心愿，仪容的修饰美则是仪容礼仪关注的重点，其基本规则是美观、整洁、卫生、得体。

2. 仪态美

仪态是指人在行为中的姿势和风度。姿势是指身体呈现的样子，风度是气质方面的表露。仪态也是个人涵养的表现，不同的仪态显示了不同的精神状态和文化教养，传递了不同的信息。仪态也被称为体态语。

仪态美有四个标准：一是仪态文明，要有修养，讲礼貌；二是仪态自然，要规则庄重，表现得大方实在；三是仪态美观，要求优雅脱俗，美观耐看；四是仪态敬人，力禁失敬于人的仪态，通过良好的仪态体现出敬人之意。

仪态是一种不说话的"语言",从容潇洒的动作给人以清新明快的感觉,端庄含蓄的行为给人以深沉稳健的印象,而矫揉造作的举止行为有损个人形象。汽车营销人员需要进行专门的训练,提高个人仪态与风度。

特别需要注意的仪态有站姿、坐姿、走姿等。例如,站姿的基本要求有头正目平、嘴唇微闭、面带微笑、双肩放松、双臂自然下垂、躯干挺直、挺胸收腹、双腿直立、双腿并拢等。

3. 仪表美

仪表是指人的外表,服饰对人的仪表起到修饰作用。古今中外,着装都体现着社会文化,也是一个人的文化修养和审美情趣的外在表现,是一个人的身份、气质、内在素质的无言介绍信。服饰是一门艺术,它所能传达的情感与意蕴甚至是语言无法替代的,注重服饰礼仪也是事业成功者的基本素养。

汽车营销人员如果着装得体、适度,能体现自身的仪表美,给人留下良好的印象,也有助于增加交际魅力,使人愿意与其深入交往,有助于汽车销售工作的开展;如果穿着不当,则会降低其身份,甚至损害企业形象。因此,一个成功的汽车企业,应努力塑造出色的员工形象。

4. 良好的谈吐修养

养成良好的谈吐举止,可以体现一个人的自我修养水平。汽车营销人员的谈吐修养也非常重要,说话就如同经营企业,时刻都要注重自己的形象。如何说好话是智慧的积累,是决定汽车营销人员事业成功的关键。

就汽车营销人员的言谈而言,有以下几个原则:一是保持语言的准确性,应尽量避免用"可能""大概"等含糊不清的言辞;二是注意语言的规范化,尽可能讲普通话;三是要发音清晰,音调高低、快慢应适当,要有一定的力度。

汽车营销人员应在自我介绍、介绍他人、名片交换、称呼礼仪、语言技巧等方面进行系统训练,做到谈吐得体、落落大方。

1)介绍礼仪

自我介绍时,主要内容有姓名的全称、供职单位、担负的具体工作等。在介绍时,态度一定要亲切、自然、友好、自信,眼睛看着对方,要善于用眼神、微笑和自然亲切的面部表情来表达友谊之情。

为他人做介绍时,应先向身份高者介绍身份低者,先向年长者介绍年幼者,先向女士介绍男士。当双方年龄相当、地位相当又是同性时,可向先在场者介绍后到者。

2)握手礼仪

与客户握手时,要主动热情、面带微笑、双目注视客户、身体稍微向前倾斜,表明对客户的真诚和尊重。一般情况下,握手要用右手,时间一般以 1~3 秒为宜,不要用力过猛。握手时必须是上下摆动,不能左右摇动。多人同时握手时,注意不要交叉,应等别人握完手后再伸手。

3)名片使用礼仪

当汽车营销人员和客户交谈时,如是初次见面,要以亲切的态度打招呼,报上企业和自己的名字，然后双手将名片递给对方。

名片应装在上衣口袋或手提包等安全、不易拢皱的地方。递名片时，要用双手的大拇指和食指拿住名片上端的两个角，名片的正面应对着对方，名字要向着客户，让客户易于接收。

客户回递名片时，要双手去接，并点头致谢，不要立即把名片收起来，而要认真阅读，注意对方的姓名、单位、职务或职称，轻轻读出表示敬重，然后把名片放入自己上衣口袋或手提包等安全的地方。

2.2.4 汽车营销人员的销售能力要求

汽车营销人员应当具备一定的销售能力，而这些能力是可以通过后天训练出来的。

1. 善于观察市场

当今的汽车工业高度发达，新车型不断上市，汽车销售市场竞争日益激烈，早已进入买方市场，如果坐等客户上门，则必然会丢失很多销售机会。汽车营销人员必须主动开拓新市场，发现新商机。

为此，汽车营销人员要具备较强的市场观察能力，能从看似杂乱的信息中敏锐地发现销售机会，并能合理有序地进行开发。另外，要注意观察汽车在各种行业的应用方式，以能更好地与不同行业的客户交流，满足不同的需求。最后，还要随时了解汽车行业的各种信息与动态，如价格变动和最新车型等，更好地把握住稍纵即逝的销售机会。

2. 确立客户利益

现代市场营销的观念是以客户为中心，要求汽车营销人员重视客户的利益。许多汽车产品都有与竞争对手相区别的特点，强调这些卖点与客户之间的利益关系，让消费者对其产生兴趣，是汽车营销活动的重点。

典型的方法是产品的"利益陈述法"，也称为"开门见山法"，要求陈述出产品的特征及优点，让客户认识到该汽车产品能够满足其需求。因此，汽车营销人员需要确认客户对汽车的需求，然后根据其需求有针对性地对汽车产品进行介绍。例如，一个客户从事的行业为长途运输，那么汽车营销人员需要有针对性地介绍发动机的省油特征，还要介绍座位的舒适性、方向盘的可控性以及高速路上的加速超车性。

汽车营销人员要确保客户所选择的汽车可以满足其需求，可以为客户带来所需要的利益，这是一种汽车营销技能，也是取得客户信任的有效方法。从获得客户好感入手，逐步建立起信任，直至建立可靠的关系，这才是营销的最终目标。

3. 树立顾问形象

汽车营销人员不仅要关注客户从事的行业，也要了解客户的需求和利益，从为客户提供建议的角度来介绍汽车。销售顾问的作用主要是提供参考信息和建议，要使客户采纳其意见，汽车营销人员要做到以下几点。

（1）充分了解汽车产品及其销售流程。

(2) 具有丰富的知识，了解不同行业的客户在汽车使用过程中容易发生的问题。

(3) 要全方位了解产品知识，能根据客户需求提出有效的解决办法，树立顾问形象。

例如，向有丰富驾驶经验的司机介绍四轮驱动时，如果说"您有较长的驾龄，一定可以理解在较差的路面上四轮驱动的通过性能是如何体现的吧"，表面上是介绍汽车的驱动特点，而实际上表现了营销人员对客户的了解，这也是一种顾问形象的展示。

4. 具有沟通技能

任何营销都非常重视沟通技能，良好的沟通技能不仅能明显地促进营销的实现，还能明显地改善对周围的人际关系。汽车营销中沟通的目的在于有效传递汽车产品知识，满足客户需求。专业的营销沟通要注意的问题有以下几个。

(1) 具有较强的表达能力，能够准确地介绍汽车产品特点。

(2) 学会赞美客户，销售的目的在于为客户解决问题，承认客户的观点比争辩更有利于获得信任。

(3) 学会倾听，让客户讲话，销售的过程就是为了了解客户的需求，倾听和发问的技巧比良好的口才更加重要。

另外，在与客户的沟通过程中要掌握两个原则：一是要真诚；二是要有事实依据。

5. 建立良好的顾客关系

对于汽车营销业务来说，维持长久的客户关系是非常重要的，不仅可以提升客户的忠诚度，让客户终身成为品牌的消费者，而且还会不断介绍新客户。其实与客户建立良好的关系也是一种营销手段。

销售过程中的客户关系包括三个层次：一是客户的亲朋好友；二是客户周围的同事；三是客户的商业伙伴。

在购买汽车这样较为贵重的物品时，大多数消费者都不是单独做最后决策，而是会收集相关的信息资料，咨询家庭成员的意见，还要征求同事的看法等。因此，作为一名汽车营销人员，如果让消费者周围的人支持所销售的汽车产品，那么销售成功的可能性将大大增加，这就是客户周围关系的价值。

汽车营销人员必须学会如何与客户周围的这些人建立有效的关系，通过这些关系对采购者发挥影响力，使营销朝着有利于自己的方向发展。以客户为中心的汽车营销要求，营销人员由管理产品转变为管理客户，可以从以下几个方面着手：一是要会建立客户档案；二是要会利用客户资源发现潜在客户；三是要经常与客户沟通，从而维持长久且有效的客户关系。

2.2.5 汽车营销人员的业务知识要求

汽车营销工作有比较强的技术性，要求从业人员懂技术、懂营销、懂管理。

1. 熟悉汽车专业知识

为了更好地向客户推荐汽车产品，一个优秀的汽车营销人员要具有宽广的汽车专业基础，能基本掌握所售汽车产品的内部配置和各项性能指标，并能向客户介绍公司的基本情况，所售汽车的规格、型号、用途、结构特点和优缺点等信息。例如，对汽车发动机而言，要了解其型号和主要技术参数，比如发动机排量、缸数、每缸的气门数、最大功率、最大转矩、是否涡轮增压、排放标准等；对于变速器，要了解是手动换挡、自动换挡还是无级变速，还要知道其差价有多少，各有什么优缺点等。

由于汽车结构复杂，而且技术进步非常快，特别是先进的电子技术不断应用到汽车上，因此，汽车的专业知识涉及的面很广，要求汽车营销人员能够系统地学习相关的专业知识，具备一定的专业水平，这是汽车营销人员的基本专业素质要求。如果汽车营销人员能够表现出比较强的专业性，能熟练运用专业知识，具有比较丰富的业内经验，则对于销售来说，往往会起到事半功倍的效果。所以，优秀的汽车营销人员应该善于学习专业知识，使自身的素质得到不断的提高。

营销人员的介绍越专业，越容易赢得客户的信任与好感。销售人员要当好客户的"参谋"，帮助客户根据需求挑选汽车，回答提出的各种问题，消除客户的各种疑虑，尽可能达成交易。

2. 熟悉汽车销售工作

汽车营销人员要清楚汽车销售工作的程序，熟知每个工作环节，包括进货、验收、运输、存储、定价、广告促销、销售等，以及与客户进行洽谈、办理签订合同、开票出库等手续，熟悉汽车售后服务的内容，如加油、办理临时牌照、工商验证等，并能进行信息采集与反馈。

3. 熟悉交易市场

一个优秀的汽车营销人员还要了解当前的汽车市场行情，汽车定价，付款方式，汽车贷款手续、利息，汽车购置费等一系列业务政策的规定以及市场营销基本知识，以便更快达成交易和方便实施管理。

4. 熟悉交易手续及核算方法

汽车交易的最后手续是结算，要求能够准确、迅速地做到收付两清，对涉及汽车货物的进、销、存，涉及货款的贷、收、付以及费用中包括的进货费、利息、洽谈费、差旅费等各种消耗都要明白；懂得承包部门的经济核算，随时了解本部门的经济效益，及时采取措施和对策，确保营销任务的完成。

2.3　汽车市场调查

市场营销面对的是市场，而市场是时刻变化的，竞争无处不在。企业的每一个决策都会对企业的发展产生重要影响，因此，在做出正确的决策前，必须对市场信息有准确的了解和把握，才能发现市场、开辟市场、占有市场，使企业有更好的发展。因此，对每一位汽车营销人员来说，掌握汽车市场调查的方法、获得准确的信息、寻找营销机会，是必不可少的基本技能。

2.3.1　汽车市场调查的概念及作用

1. 市场调查

市场调查是指运用科学的方法，有计划、有目的、系统客观地收集、整理和分析与市场营销有关的信息，找出市场变化的规律和趋势，分析企业存在的问题，发现市场机会，为市场预测和企业的营销决策提供科学依据。

2. 汽车市场调查

汽车市场调查是指汽车企业对客户及其购买力、购买对象、购买习惯、未来购买动向以及同行业的情况等多个方面进行全部或局部的了解。

汽车企业的市场调查可以由自身的调研部门来进行，也可以委托专业的调研机构来进行。无论采取哪种方式，都要求汽车营销人员与调查人员密切配合，有计划、有步骤地完成市场调查任务。

3. 汽车市场调查的作用

汽车生产厂家要使产品受到客户欢迎，取得比较理想的销售成绩，必须了解客户的需求，因此，汽车市场调查的作用十分重要。

（1）只有进行市场调查，才能明确客户需求，设计生产满足其需求的产品，才能使企业获得满意的销售量和利润，因此，市场调查是汽车企业取得良好效益的保证。

（2）市场是瞬息万变的，客户的需求也是不断变化的，经过市场调查，才有可能发掘新的机会和需求，从而设计满足这些需求的新产品。

（3）任何企业产品和经营活动都会有不足之处，通过市场调查可以发现这些不足，及时进行纠正，使企业在市场竞争中保持优势。

（4）汽车市场是充分竞争的市场，通过市场调研可以及时掌握竞争对手的情况，了解其竞争策略，及时调整和改进自己的工作。

（5）汽车市场受国家政策法规和整体经济环境的影响非常明显，通过市场调查，可以了解这些宏观环境的变化，预测对汽车市场的影响，从而能抓住一些新的发展机会，及时采取适当的应变措施，减少损失或占领先机。

2.3.2　汽车市场调查的内容

为了制定正确的营销策略，汽车营销人员需要广泛收集所需资料或信息，并进行认真分析。在调查时，不仅需要注意资料来源的广泛性，还要关注内容的完整性和全面性。一般地，汽车市场调查通常涉及汽车市场环境调查、汽车目标消费者情况调查、汽车企业竞争对手调查、汽车企业营销组合要素调查和汽车售后服务水平调查等几个方面。

1. 汽车市场环境调查

汽车市场营销环境包括宏观环境和微观环境，这里主要指的是对宏观环境调查，一般在汽车企业投资决策阶段展开。汽车市场宏观环境的各个因素是不以企业的意志而转移的。

通过对企业所处的人口环境、经济发展环境、政策法律环境和文化环境等不可控因素进行充分的了解，避免在汽车产品生产、营销过程中出现与环境相冲突的情况，并尽量利用环境中有利于企业发展的各个因素，从而尽可能地保证经营活动的顺利开展。

2. 汽车目标消费者情况调查

汽车目标消费者所构成的群体复杂多变，目标消费者情况调查是汽车市场调查中的核心内容，其目的在于了解消费者在某段时间内，对某种车型的需求量、购买欲望等情况，从而决定以什么方式进入市场，取得理想的销售业绩。

汽车目标消费者情况调查的主要内容有以下几个方面：

（1）汽车消费需求量调查。消费需求量决定了市场规模的大小，影响需求量的因素主要有货币收入及适应目标消费人群两个方面。

（2）消费结构调查。它是指消费者将货币收入用于购买不同商品的占比，它表示消费者的消费取向。

（3）消费者行为调查。它是指汽车营销人员能积极主动地去影响消费者的消费过程。

（4）潜在市场的调查。它是指通过对驾驶学校、已有用户、目标群体、汽修场所等进行调查，寻找潜在消费者。

3. 汽车企业竞争对手调查

汽车企业在制定市场营销策略以前，需要认真调查和分析有哪些竞争对手，有哪些现实竞争者和潜在竞争者，这些竞争对手可能做出的反应，并需要时刻注意他们的动向。

汽车企业竞争对手调查的内容包括竞争企业的数量、规模、形象、市场占有率，他们的经营目标、经营水平、经营方式、经营战略和竞争对策等。

4. 汽车企业营销组合要素调查

汽车企业营销组合要素是基本的 4P 要素，即产品（Product）、定价（Price）、渠道（Place）和促销（Promotion）。

汽车企业营销组合要素调查是汽车经营企业的周期性调查项目，主要是为了了解和掌握产品是否适合客户需求、目标定位是否准确、价格是否有竞争力、分销渠道是否恰当、促销方式是否得当、产品营销效果是否达到预期等。

5. 汽车售后服务水平的调查

汽车售后服务水平的调查是为了了解客户的满意度，目的是通过调查发现需要改进的地方和努力的方向，规范售后服务机构的行为，致力于打造良好的企业形象。

汽车售后服务水平的调查内容主要包括对服务企业维修能力、服务质量的调查，对企业管理水平与管理能力的调查，对维系客户方式的调查，以及客户对企业的评价调查等。

2.3.3　汽车市场调查的方法

汽车市场调查的资料来源主要有两种途径：一是第一手资料，是指企业通过实际市场调查，直接从客户、生产企业、营销商和竞争对手等处搜集得到的最初的信息资料；二是第二手资料，是指企业通过查阅一些公开的出版物、报纸、杂志、网络、有关行业提供的统计信息资料得到的资料。

按照获取资料的方式，汽车市场调查的方法主要有间接调查法和直接调查法两种。

1. 间接调查法

汽车市场的间接调查法也称为文案调查法，是指通过收集各种历史和现实的第二手资料，从中选择与汽车市场调查课题有关的资料，从而进行统计分析的调查方法。这种市场调查方法主要是通过调查人员向有关方面索取资料，或通过剪报、摘录，或从网络中搜索等方式获取。

第二手资料按其来源渠道可以分为企业内部资料和企业外部资料。

1）企业内部资料

企业内部资料是指企业各部门所记录的各类资料，可以由企业内部各部门的相关人员提供，可能是口头形式，也可能是书面报告，获取的关键在于日常的积累。其主要包括以会计统计为主的报告系统资料、内部信息系统档案资料等。报告系统资料主要包括业务报表、财务分析、财务报表等；内部信息系统档案资料主要包括会议记录、回访记录、电话记录、合同、计划书、人事档案等。

2）企业外部资料

企业外部资料是指通过各种渠道收集的外部企业资料，来源主要有政府部门的定期出版物，如各种统计报告、统计年鉴、调查报告等；各类行业协会的报告和定期出版物；各类报纸和专业刊物；专业的市场咨询公司所撰写的研究报告；在因特网上搜索得到的各类资料。

间接调查法的特点是时间短、费用少，不受时空限制，也不受调查人员和被调查人员主观因素的影响，客观性、真实性较高；但是时效性较差，准确性需要甄别，很难与调查目标一致，有时需要进一步加工处理。因此，汽车企业在实际市场调查中较少采用此类方法，一般是作为辅助手段。

2. 直接调查法

汽车市场的直接调查法也称为实地调查法，是指通过各种形式的实地调查收集资料、获取信息，以获得第一手资料为主。此类方法针对性和时效性都比较强，能更好地反映当前市场的实际情况，在汽车市场调查中经常运用。

汽车市场的直接调查方法主要有访谈法、观察法和实验法三种类型。

1）访谈法

访谈法是指根据调查的目的和需要，设计好调查问题，通过被调查人员直接或间接等各种形式回答问题的方式来收集信息的方法。此方法是汽车市场调查中常用的方法，其关键是所设计的问题是否合理，是否有针对性。访谈法具体的方式有面谈调查、电话调查、邮件调查、问卷调查和日记调查等。

（1）面谈调查。面谈调查是调查者根据特定目的事先设计好问题，然后与被调查人员面对面地进行谈话，从而获得有用信息的一种调查方法。此方法可以是个人访谈，也可以是小组讨论。按照访谈地点，可以是入户访谈，也可是拦截访谈。面谈调查法是当面听取对方的意见，并观察其反应，具有全面、灵活、真实性强的优点，但是在人力、时间和费用等方面代价较高，也有可能出现调查人员理解错误，被调查人员不易约定和中途拒绝访谈等情况。

（2）电话调查。电话调查是指市场调查人员利用电话向被访者询问问题、搜集有用信息的调查方法。调查人员用一份问卷和一张答题纸，在电话访问过程中随时记下回答，适用于样本数量多、调查内容简单、让人容易接受的调查。这种方法的优点是可在短时间内调查众多样本，成本低；但访问很难深入，只能得到简单的资料，难以辨别回答的真假。

（3）邮件调查。邮件调查是指把设计好的调查问卷邮寄给被访者，按要求填写完后再邮寄回的一种调查方法。这种方法可以根据需要选择被调查样本的人群，且不受地域限制，成本低，调研程序也简单；但其缺点是调查问卷的回收费时费力，回收率偏低，双方无法直接沟通，调查内容有可能被误解。

（4）问卷调查。问卷调查是指被调查人员把设计好的调查问卷送交给被访者，等填写完后，再由调查人员定期收回，从而获取信息的方法。此方法介于面谈调查和邮件调查之间，调查人员可以当面向被访者进行解说，被访者也有充分的时间独立思考调查问题，提高调查质量，但其缺点是调查问卷的回收时间较长，回收率偏低。

（5）日记调查。日记调查是指对固定样本进行连续调查，向被访者发放登记簿或账本，后者逐日逐项记录，调查人员对其定期加以整理汇总的一种调查方法。此方法能如实反映被访者的活动情况，搜集的资料较为系统可靠，可以对不同单位、不同时期的情况对比分析，但调查时间长，样本有限。

2）观察法

观察法是指汽车市场调查人员在现场进行观察和记录，从而取得有用资料的调查方法。在进行观察时，汽车市场调查人员可以耳闻目睹直接观察现场情况，也可以通过摄像机、照相机、录音笔等设备间接观察现场情况。观察法具体的实现方法有以下三种形式。

（1）直接观察法。直接观察法是指到出售有关产品的商场、展销会或消费者家中，观察并记录商品的实际销售情况，同类产品的相关情况，如性能、用途、外观和价格等。

（2）痕迹观察法。痕迹观察法是指对某种行为留下的实际痕迹进行观察来取得信息。例如，目前的4S店既销售汽车，又进行汽车维修和售后服务，对来4S店维修的汽车进行观察，记录收音机停放在哪个频道上，可以知道汽车用户最常听哪个电台，从而可以判断在哪个电台做汽车广告的效果更好。

（3）行为记录法。行为记录法是指用录像机、录音笔等各种仪器把被调查对象在一定时间内的行为记录下来，再从记录中找出所需的信息。

观察法的优点是调查人员与被调查对象不发生直接接触，被调查者处于自然状态，行为真实，调查结果更为真实。但由于这种方法只能观察表面现象，对其内心活动无法涉及，很难深层次地了解客户的需求。因此,这种方法最好与其他调查方式结合起来使用,才能获得更细致和必需的资料。

3) 实验法

实验法是指在汽车市场调查中,先在一个较小的范围内进行实验,然后对实验结果进行分析判断,做出决策。其具体做法是:从影响调查对象的多个因素中选出一个或几个作为实验因素,在其他条件不变的情况下,了解实验因素变化的影响。对于汽车产品来说,在设计、价格、广告、陈列方法、品质等因素改变时可选用本方法,做小规模的实验来研究客户反应。实验法的优点是科学、客观,但实验时间较长,成本高。

2.3.4 汽车市场调查的工作流程

汽车市场调查是为了给企业决策人员制定策略提供依据,一般可以把市场调查的程序分为三个阶段、七个步骤,如图2-1所示。其中,汽车市场调查准备阶段包括分析调查背景和确定调查问题两个步骤;调查实施阶段包括设计调查方案和收集所需资料两个步骤;调查分析阶段包括信息处理分析、撰写调查报告和总结反馈三个步骤。

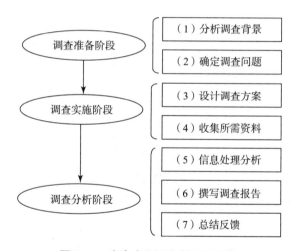

图2-1 汽车市场调查的工作流程

1. 分析调查背景

明确汽车企业当前在管理决策方面所面对的决策问题,即认识调查的背景情况。这是调查的基础,只有把调查背景和目标正确地理解和表述出来才能顺利进行。

2. 确定调查问题

把企业管理的决策问题转化为市场调研问题,即明确调查问题。管理决策问题是企业领导层要做的决策,而调查问题是为决策提供依据的细化。调查问题的设计决定了调查数据是否精确有效。

3. 设计调查方案

汽车企业调查人员要预估调查信息的价值，确定提供信息的精度，从而确定资料收集的方法，根据调查方法明确调查地点、对象和抽样规则等，并且选择好数据分析处理和报告提交方法，明确调查时间、费用和人员安排，完成调查方案。

4. 收集所需资料

根据调查方案，采集所需要的各种资料，包括一手资料和二手资料。调查资料的收集是花费时间多而且容易失误的阶段，在实施时尽量按计划完成。调查现场可以是商业区、被访者家中，也可以是所在公司，以及其他合适的地点，要求调查人员应具备一定的素质。

5. 信息处理分析

数据采集阶段所获取的资料很多是杂乱无章的，无法直接利用，市场调查人员需要按照调查目标的要求，对信息进行统计分析，发现那些有助于汽车企业营销决策的有效信息，剔除不必要的，排除不可靠的资料。

6. 撰写调查报告

资料经过处理分析之后，调查人员要得到结论，并以调查报告的形式汇总提出。汽车市场调查报告按其内容可分为专题性报告和一般性报告。前者是供专门人员进行深入研究的，而后者重视市场调查的成果，提出结论及建议，供企业决策人员参考。一般来说，市场调查报告应包括引言、摘要、正文和附录等内容。

7. 总结反馈

调查结束时，要进行总结与反馈，分析此次市场调查是否达到了调查的真正目的，并要认真听取各方面对调查的意见和建议，进一步提高调查效果。

2.4 汽车市场分析

营销不是纯粹的商品交易，它处于市场环境之中，受到多种因素的影响。通过分析市场环境的各个要素，可以洞悉消费者的购买动机，从中尽可能地发现市场机会，进而实现企业的营销目标。

汽车市场分析包括汽车市场营销环境分析、汽车消费者购买行为分析、汽车行业竞争者分析和汽车产品分析等工作内容。

2.4.1 汽车市场营销环境分析

汽车市场营销活动是在不断发展变化的环境中进行的，这个环境既影响着汽车市场，也制约着汽车营销。汽车市场营销环境既包括宏观因素，也包括微观因素。

1. 汽车市场营销环境的概念

汽车企业是整个社会经济生活的有机组成部分,在能源、原材料、生产、销售、资金等诸多方面与社会存在着千丝万缕的联系。汽车企业的营销活动不可避免地受到企业内、外部因素的影响,这些因素共同构成市场营销活动的环境。

汽车市场营销环境是指那些对汽车企业的营销活动产生重要影响的所有因素。按照对企业营销活动的影响不同,汽车市场营销环境可以分为汽车市场营销宏观环境和汽车市场营销微观环境,它们与企业营销活动之间的关系如图2-2所示。

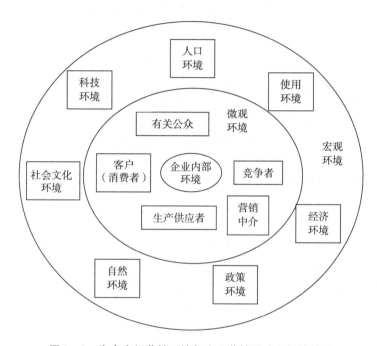

图2-2 汽车市场营销环境与企业营销活动之间的关系

市场宏观环境是指那些对企业营销活动有着重要影响而又不被企业的营销职能所能改变的所有因素,主要有政治环境、经济环境、自然环境、社会文化环境、科技环境、人口环境和使用环境等。市场微观环境是指企业的内部因素和企业外部活动者等因素,前者是指那些对于企业来说是内在的、可以控制的因素,如企业的经济实力、企业文化等;后者主要有竞争者、客户(消费者)、生产供应者和有关公众等。一般来说,企业对大部分宏观环境因素无法去改变,但可以去适应,甚至是利用,但对各种微观因素却可以有着不同程度的影响。

2. 汽车市场营销环境的特点

1)客观性

汽车市场营销环境是与市场营销活动有关的企业内部和外部因素的总和,是客观存在的,是不以企业意志为转移的。营销管理就是要以企业可以控制的组合因素去适应不可控制的外部环境,满足客户的需求,实现企业的营销目标。

2）多变性

一切事物都处于变化之中，构成汽车企业市场营销环境的多个因素也是不断变化的，只是变化有强弱、快慢的区别。总的来说，当今汽车市场营销环境的变化速度是呈加快趋势的。例如，科技因素的变化是日新月异的，企业要制定行之有效的应对方法；而社会文化和自然环境的变化是缓慢的，是相对稳定的因素。

3）差异性

不同国家或地区的汽车市场营销环境是不同的。例如，中、美两国的国家政策、经济发展水平、消费结构、风俗习惯和价值观念等都有区别，即使在同一国家或地区，在不同时期，市场环境也会不一样。另外，同一市场营销环境对不同的企业也会产生不同的影响，这就要求各个企业要认真分析所处的环境，结合自身特点，制定符合实际要求的市场营销策略。

4）相关性

构成汽车市场营销环境的各个因素是相互影响、相互制约的，某一因素的变化会引起其他因素的变化，由此形成新的营销环境。例如，国家税收政策、原材料的供应等因素的变化都会导致汽车产品价格的调整。这种相关性使市场营销活动的开展更加复杂。

5）不可控性

影响汽车市场营销环境的因素是多方面的，也是复杂的，特别是在宏观环境方面，表现出企业对它的不可控性。

6）可利用性

虽然汽车市场营销环境的变化是客观的，不以企业的意志而转移，但企业可以充分研究环境对企业市场活动的影响，主动调节市场营销策略，甚至可以通过众多的联合力量冲破环境的制约，这样企业就有可能抓住有利的市场机会，得到更好的发展。

3. 汽车市场营销宏观环境

汽车市场营销宏观环境是企业生存的总体的综合环境，对微观环境也有控制作用，对企业的发展起着重要的影响。

1）政策环境

政府出台的汽车行业政策及法律法规对企业有显著的影响。行业政策是指对汽车产品的营销活动产生明显影响的政府相关方法、政策的统称。法律法规是指由国家及地方立法机关制定的更为科学和稳定的政策。

例如，1994年7月，国务院出台了《汽车工业产业政策》，鼓励个人汽车消费的策略，支持汽车企业按国际标准自行建立销售和售后服务体系，对中国汽车工业的健康发展起到了很大的作用。为了加强对汽车消费者权益的保护，制定了汽车召回制度，要求对缺陷汽车进行严格的管理。

2）经济环境

经济环境是指企业市场营销活动所面临的社会经济条件、运行状况及发展趋势。经济环境主要包括购买力水平、消费者收入状况、收入分配结构、支出模式等几个方面。

经济环境的宽松与否直接影响到汽车产品市场需求的大小，对汽车企业的市场营销有着重要且直接的影响。各企业应加强对经济环境的研究，分析并制定与之相适应的营销政策。

3）自然环境

自然环境是指影响社会生产的自然因素，主要有自然资源和生态。

对汽车企业市场营销活动的影响主要有两个方面：一是汽车生产和使用需要大量的燃油需求，而自然资源的变化趋势是日益减少的，这对汽车企业市场营销活动是一个长期制约；二是汽车的使用会产生环境污染，环保方面对汽车性能提出越来越高的要求，这对企业开发和市场营销也产生重要的影响。

4）使用环境

使用环境是指影响汽车使用的各种客观条件，主要有地理因素、自然气候、公路交通情况、城市道路和车用燃油等。

例如，气候条件对汽车使用时的冷却、润滑、起动和制动多个性能，以及汽车各部件的正常工作和使用寿命都有影响。汽车企业在市场营销中，应向客户介绍适合当地特点的车型，做好售后服务，并解决用户使用时遇到的困难。

5）社会文化环境

社会文化环境是指一个国家、地区或民族的传统文化。社会文化环境包括核心文化和亚文化。前者是人们持久不变、世代相传的信仰和价值观，并由社会机构给以强化，具有不易改变的特点。后者是指按民族、经济、职业、性别、教育等因素界定的特定人群所具有的文化现象。后者根植于前者，容易变化。

例如，在西方发达国家，作为代步工具的汽车被称为"乘用车"，而在中国通常称为"轿车"，隐含了一种身份与权势，这种观念也影响着国内的汽车产品结构特点和营销方式——人们更喜欢三厢车，认为这种车型更显气派。

6）科技环境

科技环境是指一个国家和地区整体科技水平的现状及其变化。当今世界，各个国家竞争的实质在于科技，科技竞争的目标是提高国家的综合国力，经济的发展为企业带来更大的市场和机会。

新科技应用在汽车生产中，改善了产品性能，降低了成本，提高了市场竞争力，增加了汽车企业的市场营销机会。科技进步也促进了市场营销手段的现代化和营销方式的变革，提高了市场营销的能力。例如，现代通信技术和办公自动化技术提高了企业市场营销的工作效率和效果。

7）人口环境

人口环境是指一个国家和地区的人口数量、人口质量、家庭结构、人口年龄分布及地域分布等因素的现状及其变化趋势。人口环境对企业的市场需求规模，产品的品种结构、档次，以及用户的购买行为等市场特征具有决定性影响。

例如，我国人口老龄化现象日益严重，而老年人购买汽车更注重汽车的安全性、操纵方便性，因而在设计老年人使用的汽车时，就应在安全、方便和舒适性上更加重视；而且，适合老年人的汽车市场规模也会越来越大，这些都会对汽车的设计制造和市场营销产生影响。

4. 汽车市场营销微观环境

汽车市场营销微观环境是指在市场营销活动中企业可以掌控或可以影响的因素。它们与汽车企业紧密相连，直接影响市场营销的能力。

1）企业内部环境

企业内部环境是指企业的类型、组织模式、组织机构和企业文化等因素。其中，企业的组织机构，即企业的职能分配、部门设置及其各部门之间的关系，是企业内部环境中最有影响力的因素。

汽车企业营销部门要和其他部门精诚合作，想客户所想，协调一致地提供让客户满意的服务。由于企业内部环境的质量对市场营销的工作效率和效果起着十分重要的影响，因此管理者应强化企业管理，为市场营销创造优良的内部环境。

2）客户（消费者）

汽车产品的最终客户是消费者，随着汽车技术的不断发展，市场化进程的不断加深，消费者心态的日趋成熟，消费者开始注重汽车产品的服务与特色。企业市场营销的起点和终点都是为了满足客户的需求，因此汽车企业必须研究汽车用户的需求及其变化趋势，考虑产品的发展方向。

3）竞争者

任何一个企业的市场营销活动都会有竞争者及其挑战。由于竞争者有不同的类型，因此任何汽车企业都要充分了解竞争者，并根据不同竞争者的营销状况和发展趋势，制定相应的对策，掌握竞争主动权。

4）生产供应者

生产供应者是指对企业提供生产经营所需的各种资源的组织或个人。生产供应者对市场营销有着实质性影响，直接关系着产品的质量和成本。汽车企业的零部件供应特别重要，汽车企业应认真规划自己的供应链体系，按照双赢的原则来发展。

5）营销中介

营销中介是指协助汽车企业从事市场营销的组织或个人，它包括中间商、实体分配公司、营销服务企业和财务中间机构等。营销中介对企业市场影响很大，如关系到企业的市场覆盖面、营销效率、经营风险和资金融通等。企业应重视营销中介的作用，获得他们的助力，弥补企业市场营销能力的不足，改善企业财务状况。

6）有关公众

有关公众是指对企业营销活动有实际的潜在利害关系和影响力的团体和个人，它包括新闻媒体、政府机关、社会组织、融资机构以及一般群众。有关公众会关注、监督、推进或制约企业的营销活动，对企业的生存和发展产生巨大的影响。企业市场营销活动不仅要针对目标顾客，还要考虑有关公众的利益，采取适当措施，与各种公众建立并保持良好的关系，适时开展正确的公共关系活动，树立良好的企业形象，有利于企业品牌的形成和发展。

2.4.2 汽车消费者购买行为分析

在激烈竞争的环境下，汽车营销人员单凭个人经验来判断目标客户的真实需求，会导致很多目标客户流失。营销人员需要分析汽车消费者的购买行为和购买模式，了解客户的购买动机，有效地为企业更好地进行汽车营销提供帮助。

1. 汽车消费市场的特点

汽车消费市场是一个特殊的市场，与其他消费品市场相比，有着一些自身的特点。

1）市场容量大

根据发达国家的汽车业发展历程和经验，以及我国近几年的国家政策和汽车销售情况来看，我国私人汽车消费市场仍然在扩大，已成为我国汽车消费的主要市场，市场容量极大。

2）市场需求多样性

汽车消费者市场范围广，人数多，每个消费者在年龄、性别、教育、职业、收入、社会地位、家庭结构等方面都存在不同，在汽车需求上也会不同，因此，汽车消费者个体的购买需求有着多样性。汽车企业在组织生产和货源时，必须对整个市场进行合理细分。

3）汽车属高档耐用品

消费者在挑选和购买此类产品时，会特别关注产品的可靠性、安全性、价格和外形等。汽车消费者会在多个汽车销售企业对其品质、价格、售后等进行比较。同时，汽车购买多属单件交易。

4）汽车需求具有时代性

消费者对汽车产品的需求随着科技的进步、人民生活水平的提高而不断变化。汽车需求也会受到时代精神、环境、风尚等影响，如石油价格上升时，低油耗的经济型汽车会更受消费者的欢迎。

5）汽车消费具有连带效应

许多商品具有互补的作用，也有的可以互相替代。互补型商品"一荣俱荣，一损俱损"，而互相替代型商品处于竞争状态，一种销量上升，另一种则会下降。例如，汽车销售情况较好时，汽车装饰、维修保养等业务量也会提升。

6）汽车市场非专业购买

大多数汽车消费者不具备汽车专业知识，很难判断产品质量或其价值和价格之间是否相符，很容易受广告或其他促销活动的影响。汽车企业要十分重视汽车产品的广告和其他促销工作，建立良好的品牌信誉。

2. 汽车消费者购买行为

汽车消费者是指为了消费而购买和使用汽车商品的人。消费者购买行为是指消费者为满足个人或家庭生活而发生的购买商品的决策过程。消费者购买行为研究是分析人们如何做出一系列决策的过程。

消费者购买行为是非常复杂的，购买行为的产生受到内在和外在因素的相互促进、交互影响。汽车企业的市场营销可以通过研究消费者的购买过程，掌握消费者购买行为的规律，制定行之有效的市场营销策略，达到企业营销的目的。

3. 汽车消费者购买行为的特征

1）购买行为的复杂性

汽车是一种价格昂贵、品牌差异比较大的商品，汽车消费是一种非经常性的购买活动。消费者在购买汽车的过程中，投入时间较长，参与水平较高，影响消费者决策的因素也较多。而且，汽车购买过程结束之后，消费者容易怀疑购买决策的正确性，会重新评价本次的汽车购买行为。

2）购买行为的理智性

由于消费者在汽车购买的过程准备充分、选择慎重、决策过程比较长，故其消费行为一般是成熟的、理智的。

3）购买行为的派生性

汽车是一种结构复杂、技术含量高的商品，消费者在购买汽车以后，会衍生出多种新的需求，如汽车美容装饰、维护保养等。

4. 影响汽车消费者购买行为的主要因素

影响汽车消费者购买行为的因素有很多，涉及文化、社会、心理和个人等多个方面，如图2-3所示。这些因素之间错综复杂，它们共同作用，一起影响着消费者的购买行为。

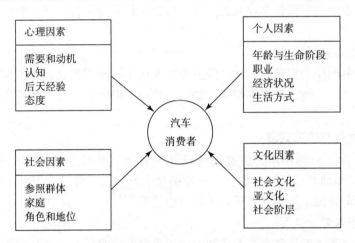

图2-3 影响汽车消费者购买行为的主要因素

5. 汽车消费者购买行为的参与者

对许多产品来说，识别购买者是比较容易的。但对汽车来说，即使是现场销售人员，也可能需要经过一段时间的观察才能确定谁在汽车购买的过程中占主导地位。在一个比较复杂的汽车购买行为的决策过程中，可能会有以下五种角色。

（1）发起者，是指首先提出或想购买汽车产品的人。

（2）影响者，是指其看法或建议对最终购买决策有一定影响的人。

（3）决策者，是指在汽车购买决策中起决定性作用的人。

（4）购买者，是指实际上的购买人。

（5）使用者，是指实际使用购买汽车产品的人。

汽车营销人员需要认真进行观察、分析，判断客户中的关键人员。

6. 汽车消费者购买行为的决策过程

汽车消费者的购买行为来自需求，继而产生购买动机，然后转化为购买行为，因此，购买商品的过程就是解决问题的过程。汽车的购买是一种复杂的行为，消费者在选购汽车之前，会先了解汽车的品牌、价格及性能，并对各个品牌进行评价比较。汽车购买的决策过程可以分为如下几个阶段。

1）确立需求

消费者在发生购买行为之前要先确认自己的需要，即购买的动机。所有购买行为都是由动机决定的，而动机又是由需要引起的，因此消费者的需求是购买过程的起始点。汽车营销人员应当进行详细的市场调查，了解消费者的真正需求，提供合适的汽车产品。

2）信息收集

消费者的需要一旦确认，而且有满足此需求的能力，就会通过各种渠道了解解决问题的方法和途径。根据问题的重要程度，收集信息所需要的时间也会有所不同。

3）方案评估

消费者在收集信息的过程中，对其进行分析整理，形成一个或多个备选方案，然后对这些方案进行细分、对比和综合评价，从而确定解决问题的方案。大多数消费者的评估选择是把实际的汽车产品与理想的汽车产品做比较。

4）购买决策

购买决策是指消费者根据评估结果得到最终方案，进行购买完成交易的达成。做出购买决定和完成购买，是购买决策过程的中心环节。但在购买阶段还有因素会影响消费者的购买决定，选择范围广的车型，变数也大，反之则不同。

5）购后评价

消费者购买之后的行为主要表现在购后的满意程度和有关活动。这种购后感受和对汽车产品使用情况的评价对企业的市场营销有着重要的意义，会影响其以后的消费行为及其他相关消费群体。

7. 汽车消费者购买决策的内容

对汽车消费者的购买行为进行分析，有利于汽车营销人员在各个环节加强对消费者行为的影响和引导。在汽车消费者购买决策的整个过程中，主要考虑的问题有如下几个。

1）谁来买（Who）

确定购买的主体，是汽车市场营销的前提。汽车企业要充分了解市场，弄清楚消费市场由哪些构成，要明确谁是企业产品的潜在客户，谁是购买的发起者，谁有购买决策权，谁使用所购产品，谁影响购买决策等。

2）买什么（What）

确定购买对象，这是决策的核心和首要问题。汽车企业必须了解客户的真正需求。消费者在决定购买目标时，不会只停留在一般类别上。营销人员要弄清楚客户需求的具体对象及具体内容，包括汽车的类型、生产厂家、品牌、款式、规格和价格等。

3）为什么买（Why）

确定消费者购买汽车的动机。客户购买汽车的动机是多种多样的，同样是买一辆车，有人是为了节约上下班的时间，而有人是为了出行方便。汽车营销人员还要了解消费者购买或不购买汽车的真正原因，选择或不选择某一品牌、型号的原因。

4）在哪里买（Where）

确定购买地点。消费者购买汽车产品的地点取决于多种因素，如路途远近、可挑选的品种和数量、产品价格、售后服务条件等。购买地点的决定与消费者愿意付出的成本等因素有关。

5）何时买（When）

确定购买时间，也是购买决策的重要内容。购买时间与消费者购买动机的迫切性有关。在多种购买动机中，一般由需要强度高的动机来确定购买时间的先后、缓急。此外，购买时间也取决于市场供应状况、营业时间、交通情况和消费者可利用的时间等因素。

6）如何买（How）

确定购买方式。汽车是一种大额不常消费的商品，消费者由于资金等问题，可选择多种付款方式。汽车营销人员也要了解消费者如何决定购买行为、以何种方式付款，与客户进行交流沟通，提高用户的满意度。

2.4.3 汽车行业竞争者分析

汽车行业竞争激烈，一个企业想要健康发展，首先要明白企业在竞争环境中所处的位置，结合企业的特点和发展目标，分析竞争者的相关情况，制定出适合企业发展的竞争战略。

1. 汽车行业竞争者分析

汽车行业竞争者分析是指汽车企业通过某种分析方法识别出竞争者，并对他们的目标、资源、市场力量和当前采取战略等各个要素进行评价。汽车销售企业必须经常将自己的产品、价格、分销渠道、促销策略等与竞争者进行分析比较，得到竞争者的优劣势，使企业能够发动更为准确的进攻，或者当受到竞争者攻击时能及时做出正确的防卫。

对竞争者分析的具体内容主要有以下几个方面：识别企业的竞争者、识别竞争者的战略、判别竞争者的目标、评估竞争者的优势和劣势、评估竞争者的反应模式、选择竞争者以便进攻和回避。

企业参与市场竞争，既要了解谁是目标客户，也要明白谁是竞争者。由于需求的复杂性和易变性，技术的快速发展和进步，市场竞争中的企业面临复杂的竞争形势，企业必须密切关注环境变化，了解自己的竞争地位及优劣势。从行业的角度来看，企业的竞争者有以下三种类型。

1）现有厂商

它是指本行业内现有的与企业生产同样产品的其他厂家，这些厂家是企业的直接竞争者。

2）潜在加入者

当某一行业前景较好、利润丰厚时，会引来新的竞争企业，增加新的生产能力，使市场份额重新分配。此外，一些多元化经营的大型企业也常利用资源优势进入新的行业。新企业的加入，可能导致产品价格下降，利润降低。

3）替代品厂商

与某一产品具有相同功能、能满足同样需求不同性质的其他产品就是替代品。随着科技水平的进步,替代品越来越多,行业竞争越来越激烈。

2. 汽车行业竞争者分析的方法

在汽车市场营销中,分析竞争者,可以了解他们可能采取的战略行动和可能做出的反应,使企业在经营过程中处于有利的竞争态势。汽车行业竞争者分析的流程如图2-4所示。

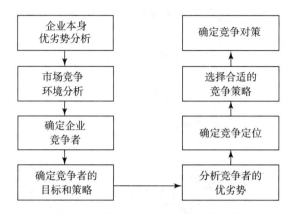

图2-4 汽车行业竞争者分析的流程

2.5 汽车市场营销策略

在生产经营过程中,汽车企业所面对的市场极其复杂,变幻莫测,且汽车市场中的消费者由于年龄、职业、收入、生活习惯和社会地位都有所不同,对汽车产品及其服务的需求也很不相同。

1967年,美国学者菲利普·科特勒提出以"4Ps"为核心的营销组合方法。一次完整的市场营销活动是以适当的产品、适当的价格、适当的渠道和适当的促销手段,把适当的产品和服务投放在特定的市场的行为。汽车企业在市场营销中,根据客户需求、企业所处的环境和本身特点,需要制定合适的市场营销策略,即产品策略、定价策略、分销策略和促销策略。

2.5.1 汽车市场营销产品策略

汽车产品是汽车市场营销的物质基础,是汽车市场营销中最重要的因素,其他因素都必须以它为中心来制定,汽车产品不只是一个技术问题,更是一个市场营销的问题。

1. 汽车产品的整体概念

产品的本质是满足消费者需求的一种载体,或是满足消费者需求的一种手段。服务是产品的一种形式,这是因为消费者需求满足方式有多样性,因此,产品由实体和服务构成,即产品=实体+服务。

一般意义上所说的汽车产品,是狭义的理解,仅指汽车产品实体本身。从市场营销角度的理解是广义的汽车产品,包括汽车实体产品、汽车品牌、汽车保险和汽车服务等,即汽车产品=汽车实体+汽车服务。

汽车产品的整体概念是由广义上的汽车产品概念引申得到的。汽车消费需求的不断扩展和变化使汽车产品的内涵和外延都不断扩大。汽车产品的整体概念，是由汽车企业提供的能够满足人们生活和生产需求的实体和实质、内容和形式、有形和无形等多个因素的综合体。汽车产品的整体概念示意如图2-5所示。这一概念体现了以客户为中心的现代市场营销理念，要求企业在制定营销策略的过程中从产品整体概念出发，全面考虑问题。

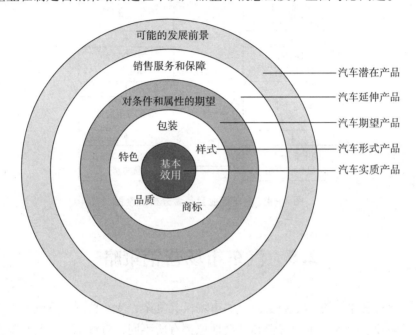

图2-5　汽车产品的整体概念示意

汽车产品的整体概念可分为如下五个层次。

1）汽车实质产品

汽车实质产品也称汽车核心产品，是产品的本质属性，是指汽车消费者购买汽车时获得的基本效用或利益。汽车消费者购买汽车是为了满足某种需要，这就是汽车产品的核心内容。市场营销活动所推销的是汽车产品的基本效用或利益，实质产品也是驱动客户购买的主要驱动力。

2）汽车形式产品

汽车形式产品也称汽车基础产品，是指汽车实质产品借以实现的基本形式或表现形式。用户通过对形式产品的使用或消费，获得产品效用。汽车的形式产品有品质、式样、特色、商标和包装等。

3）汽车期望产品

汽车期望产品是指消费者在购买该汽车产品时期望得到的东西。期望产品实际上是指一系列的属性和条件。例如，汽车消费者期望得到舒适的车厢、导航设施、安全保障设备等。这种期望能否得到满足，会影响消费者的购买决策。

4）汽车延伸产品

汽车延伸产品是指消费者购买汽车形式产品和汽车期望产品时所能得到的汽车附加服务

和利益，如装饰、维修、保养等。汽车延伸产品的概念来源于消费者对产品的深入认识，他们在购买汽车满足某种需要时，期望得到与满足自己需要的一切事物。

5）汽车潜在产品

汽车潜在产品是指包括现有汽车产品的所有延伸，最终可能发展成未来汽车产品潜在状态的汽车产品。它指出了现有产品的可能演变趋势和发展前景，如普通汽车可以发展为水陆两用的汽车等。汽车延伸产品主要是针对今天的汽车产品，汽车潜在产品代表着汽车产品可能的演变。

在汽车产品整体概念的五个层次中，实质产品处于中心地位，形式产品是购买时首先得到的印象，期望产品为企业是否满足客户需求的期望提供了参考，延伸产品解决客户的后顾之忧，潜在产品为企业新产品提供了方向。汽车企业在市场营销时，只有充分认识到这五个层次的内容，才能在激烈的市场竞争中取得优势。

2. 汽车产品的生命周期

1）汽车产品生命周期的概念

汽车产品生命周期是指汽车产品从投放到市场开始，到被市场所淘汰，最终退出市场所经历的时间。汽车产品生命周期的长短受消费者需求的变化、汽车产品更新换代的速度等多个因素的影响。

产品市场生命和产品使用寿命概念不同，后者是指产品从投入使用到损坏报废所经历的时间，受产品的自然属性和使用频率等因素的影响。

在汽车产品生命周期内，产品的销售情况和获利能力都会变化，并呈现一定的规律性。这种变化的规律像生物的生命一样，从诞生、成长、成熟，到最终死亡。

2）汽车产品生命周期各阶段的特点

对汽车产品生命周期划分阶段的目的在于预测产品未来的销售情况和制定适合的市场营销策略。从产品的最初投放到退出市场，汽车产品的生命周期可以划分为四个阶段，即导入期、成长期、成熟期和衰退期，不同阶段有不同的销售额和利润，如图2-6所示。

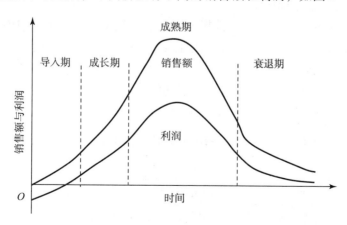

图2-6 汽车产品生命周期各阶段的销售额和利润

（1）导入期。产品的导入期也称为投入期，是指汽车产品从设计投产到投入市场试销的初期阶段。新产品首次进入市场销售，生产批量小，试制费用大，制造成本高；该阶段消费者对产品了解程度不高，广告促销费较高；由于生产量小、成本高，产品售价常常偏高；销售量增长缓慢，利润率低，甚至亏损。

（2）成长期。产品成长期是指产品在经过试销以后，开始成批生产，扩大市场销售的阶段。在此阶段，消费者对其有了较高的熟悉度，产品的销售量迅速爬升；由于产品设计和工艺定型，开始大批量生产，成本明显下降，利润率迅速增长；由于同类产品、仿制品和代用品开始出现，市场竞争日趋激烈。

（3）成熟期。产品成熟期是指产品在市场上销售已经达到饱和状态的阶段。在此阶段，企业进行大批量生产，成本降得更低，价格也随之降低，市场需求趋于饱和，销售量和利润达到最高点，增长缓慢，甚至趋于零或负增长，此时竞争最为激烈。

（4）衰退期。产品衰退期是指汽车产品已经不能适应市场需求，逐步被淘汰或更新换代的阶段。此时，消费者需求已转移，产品销售量和利润迅速下降，企业生产量也下降；新产品进入市场，竞争突出表现为价格竞争，且价格压到极低的水平。

3）汽车产品生命周期各阶段的营销策略

（1）对进入导入期的汽车产品，总体策略的思想应该是迅速扩大销售量，提高赢利能力，缩短导入期，尽量更快地进入成长期。促销活动的重点是宣传产品的性能、用途和质量，促使消费者尝试新产品；价格上可采取低价渗透策略，迅速扩大销售量，以及高价取脂策略来提高赢利水平。

（2）对进入成长期的汽车产品，其销售额和利润都呈现出迅速增长的势头，企业的策略应尽可能延长成长期，保持旺销的活力。为适应市场需求，企业要集中必要的人力、财力和物力资源，改进和完善生产工艺，提高产品质量，扩大产品批量。同时，树立企业和汽车产品形象，提高品牌知名度和产品竞争力，以满足人们的需求。

（3）对进入成熟期的汽车产品，由于生产能力过剩、市场竞争加剧，企业应尽量延长汽车的生命周期，让处于停滞状态的销售增长率和利润率能够回升。企业应开发新的目标市场，寻求新顾客；对产品进行改进以满足消费者的不同需要；对产品、定价、分销和促销这四个因素进行改革，以提高销售额。

（4）对进入衰退期的汽车产品，销售量和利润直线下降。企业可根据实际情况，采取不同的策略，主要有立刻改革策略、逐步放弃策略、自然淘汰策略和集中策略。是否放弃此阶段的汽车产品，很难做出决策，不仅要正确判断产品是否已进入衰退期，还要选择淘汰产品的方式方法。为解决好此问题，企业要有确切的市场信息资料和健全的商情分析制度。

汽车产品生命周期各阶段的基本特点和营销策略归纳如表2-1所示。

表2-1 汽车产品生命周期各阶段的基本特点和营销策略

阶段	销售额	利润	单体成本	营销策略
导入期	低	无	高	树立知名度
成长期	迅速上升	上升	平均成本	提高市场占有率
成熟期	达到最高值	高	低	争取利润最大化
衰退期	下降	下降	低	产品更新换代

4. 汽车产品的品牌策略

品牌是构成产品整体的重要组成部分，在现代汽车市场营销中起着重要的作用。品牌决策是汽车市场营销策略的一个重要内容，品牌战略是众多汽车企业的战略选择。

1）汽车品牌的概念

品牌又称为产品的牌子，是制造厂家或经销商加在产品上的标志，是用来识别卖方的产品或服务的名称、符号、设计、象征或它们的组合，是用来区分企业和同行业其他企业同类产品的商业名称。

汽车品牌是一个集合概念，主要包括品牌名称和品牌标志两个概念。汽车品牌名称是指品牌中可以用语言来称呼和表达的部分，如"宝马""长城"等。汽车品牌标志是指品牌中能被识别，但不能用语言表达的一些特定的标志，主要有特别设计的符号、文字、图案和色彩等。

2）汽车品牌的作用

品牌的作用可以从制造销售方和消费者两个方面加以分析。

对生产经营企业来说，有助于广告宣传与促销活动的进行，为企业的营销活动提供便利；有助于培养客户忠诚度，提高市场份额；有利于企业争创名牌和自我保护。

对消费者来说，有助于消费者识别所需要的产品，方便挑选和购买，品牌是软实力和服务的象征；有利于维护客户权益；有利于消费者寻找生产和营销企业。

3）汽车品牌的策略

汽车品牌策略是指汽车企业要正确地利用品牌，发挥品牌的正面作用，主要有以下几种策略。

（1）制造商品牌与销售商品牌策略。由于大多数消费者并不具备与汽车相关的专业知识，故在购买汽车时除了把汽车品牌作为选择依据以外，还要考虑经销商的品牌。因此，汽车制造厂家需要根据品牌的声誉，选择适当的经销商。

（2）统一品牌与个别品牌策略。统一品牌策略是指企业对所经营的所有系列产品使用同一种品牌，此方案有利于建立"企业识别系统"，减少品牌设计费用，降低促销成本，借成功品牌之势，迅速打开新产品销路；个别品牌策略是指企业对各种产品采用不同的品牌，如果企业的产品类型较多，关联程度小，产品差别较大，则可采用此策略。如果一个企业有多条生产线或具有多种类型的产品，也可采用统一品牌和个别品牌相结合的策略。

（3）多重品牌策略。多重品牌策略是指企业在同类产品中同时采用两种或两种以上的品牌。例如，通用汽车公司拥有凯迪拉克、别克、雪佛兰、庞蒂克等品牌。多重品牌策略可以为企业增加品牌的陈列面积，增加零售商对产品的依赖性；可以彰显企业规模和实力，增强消费者信心；使企业内部产生竞争，有利于提高工作效率；满足细分市场的需要，有利于提高市场份额。但品牌量过多也可能导致资源分散，致使每种产品的市场份额都很小。

（4）品牌延伸策略。品牌延伸策略是指企业利用其品牌声誉推出改进的产品或新产品。品牌延伸有纵向延伸和横向延伸之分。纵向延伸是指先推出一品牌，成功后再推出经改进的该品牌产品，接着又推出更新的该品牌产品；横向延伸是指把成功的品牌用于新开发的不同产品。品牌延伸可以有效地降低广告宣传等促销费用，使新产品顺利地进入市场，但也可能淡化甚至损害原品牌，丧失其独特性。

(5) 品牌重新定位策略。品牌重新定位策略是指当市场某些因素变化时，对汽车产品的品牌重新定位。此时，需要明确品牌从一个细分市场进入另一个细分市场的费用，品牌重新定位能使企业获利多少，企业应对其进行综合分析，权衡利弊。

2.5.2 汽车市场营销定价策略

汽车价格是汽车市场营销中非常重要的内容，在很大程度上影响着其他因素。汽车的定价策略是市场竞争的重要手段，既要促进销售，又要考虑消费者的经济能力。

1. 汽车价格的构成

汽车产品的价格是价值的货币表现，取决于社会必要劳动时间。价格围绕价值波动，由产品供求关系而引起。汽车产品的价格主要由以下四个要素构成。

1）汽车生产成本

汽车生产成本是汽车价值的重要组成部分，也是汽车价格制定的主要依据。

2）汽车流通费用

汽车流通费用是汽车从生产厂家移动到最终消费者之间各个环节所需要的费用，与移动时间和距离有关，是同种汽车差价的制定基础。

3）国家税收

国家税收是按照国家法令规定的税率进行征收的费用，是汽车价格的构成要素，直接影响汽车的最终价格。

4）相关企业利润

相关企业利润是汽车生产者和营销者为社会创造和占有价值的表现形态，是企业扩大再生产的资金源泉。

2. 影响汽车定价的主要因素

汽车价格是个变量，受到企业内部因素和外部因素的共同影响，定位时要对其进行分析，研究合适的价格。影响汽车产品价格制定的因素主要有以下几个。

1）产品成本

产品成本是指企业为生产一定数量和一定种类的汽车产品所发生的各种生产费用的总和，包括固定资料、原材料和知识产权等，也包括流通、税收等。它们是企业定价的依据，也是制定产品价格的最低界限。

2）定价目标

定价目标是指企业通过制定汽车产品最优价格来寻求经济利益最大化。这是定价决策的基本前提，是企业整体营销战略在价格上的反映。不同的定价目标，制定的价格有明显差别。定价目标一般可分为利润目标、销售额目标、市场占有率目标、稳定价格目标和客户满意度目标。

3）产品生命周期

产品生命周期对定价有显著影响。例如，在汽车产品生命周期中的投入期，可采用高价策略；而在衰退期，常采用低价策略。在各个阶段会出现一个拐点，产品销售量、消费者购买欲望都会有所改变,企业定价策略也应该及时调整。

4)市场供需情况

市场供需情况是引起汽车产品价格变化的主要外在因素。它对产品价格的影响表现在两个方面:社会商品可供给量与社会购买力(即市场供求总额)的比例关系,决定市场销售价格的总体水平,决定市场物价是否稳定;市场上不同的商品供求情况与产品价格之间相互影响。

5)消费者心理

消费者心理直接关系着市场需求的走向,消费者会从符合自身利益的角度思考是否选择购买汽车。消费者心理和习惯上的反应是十分复杂的,甚至会出现相反的结果。例如,一般情况下,涨价会抑制消费者的购买欲望,但有时会引起抢购。因此,在研究消费者心理对产品定价的影响时,要谨慎、认真分析消费者的心理变化规律。

6)市场竞争者

市场竞争者是指在市场上对企业产品形成威胁或潜在威胁的企业。一般地,当竞争对手产品的品牌价值和产品设计理念和自己的产品相似时,加强对竞争者价格的研究,对汽车产品能否顺利营销、占据有利的市场位置起着重要作用。

7)国家政策法规

政府部门为了维护经济秩序,可能会通过立法或其他途径对企业的定价策略进行干预。汽车企业在产品定价前,要分析国家政策对产品供求关系和产品价格的影响,这种影响可能是直接的,也可能是间接的。

汽车定价除受以上因素影响外,还受到汽车使用环境、地区及国际背景等因素的制约。汽车企业必须综合考虑各因素,合理定价。

3. 汽车定价的方法

汽车定价方法是企业在定价目标指导下,依据对成本、需求及竞争等情况的研究,应用价格决策理论,计算产品价格的方法。汽车定价的方法主要有成本导向定价法、竞争导向定价法和需求导向定价法等类型。

1)成本导向定价法

成本导向定价法是以汽车产品成本为中心进行定价的方法。它以产品单位成本为依据,再加上预期利润来确定价格,又分为成本加成定价法、目标收益定价法、边际成本定价法和盈亏平衡定价法等。下面主要介绍前两种。

(1)成本加成定价法。成本加成定价法又称完全成本定价法,按产品单位成本加预期利润来决定产品价格。其计算方法为

$$单位产品价格 = 单位成本 \times (1 + 成本加成率)$$

此方法是典型的生产者导向定价法,有明显的不足之处。

(2)目标收益定价法。目标收益定价法又称目标利润定价法或投资收益率定价法。它是在成本的基础上,按目标收益率的高低计算产品价格。其计算方法为

$$单位产品价格 = (总成本 + 目标利润) \div 预期销量$$

目标收益定价法的优点是可以保证企业既定目标利润的实现。这种方法一般用于在市场上具有一定影响力、市场占有率较高或具有垄断性质的企业;目标收益定价法的缺点是只从

卖方的利益出发，没有考虑竞争因素和市场需求的情况。

2）竞争导向定价法

竞争导向定价法是指企业通过研究竞争者的生产条件、服务状况和价格水平等因素，依据自身实力，参考成本和供求状况来确定汽车产品的价格，又分为随行就市定价法、产品差别定价法和竞争投标定价法等。下面主要介绍前两种。

（1）随行就市定价法。随行就市定价法是以本行业的平均价格水平为标准的定价方法，可反映汽车行业的市场供求关系，是竞争导向定价法中广为流行的一种方法，其原则是使本企业产品的价格与竞争产品的平均价格保持一致。汽车营销在最佳状态时多采用此方法，特别是集中办理业务的汽车交易市场。

（2）产品差别定价法。产品差别定价法与随行就市定价法相反，是指企业通过营销活动，使同种、同质的汽车产品在消费者心目中建立不同的产品形象，进而根据自身特点，选取比竞争对手的产品价格高或低的价格作为汽车的销售价格，因此，此方法是一种主动进攻的定价方法。

3）需求导向定价法

需求导向定价法又称市场导向定价法，是根据市场需求状况和消费者对商品价值的认识和理解来制定汽车产品价格的方法。该方法又分为理解价值定价法、需求差异定价法、逆向定价法和习惯定价法等。

（1）理解价值定价法。理解价值定价法是把消费者对商品价值的感受及理解程度当作汽车产品定价的基本依据。消费者购买商品时，常会把某产品与同类商品进行比较，选择既能满足其消费需要，又符合其经济能力的产品。消费者对商品价值的理解不同，形成的价格限度也不同。这种方法的关键是能否正确判断消费者对产品的理解价值。

（2）需求差异定价法。需求差异定价法是根据销售的对象、时间、地点和产品式样等条件的变化而产生的需求差异，对相同的产品采用不同价格的定价方法。同一产品的价格差异不在于产品成本不同，而在于消费者需求的差异。这种方法就是对同一商品在同一市场上制定两种或两种以上的价格，或使不同商品价格之间的差额大于其成本之间的差额。此方法要求企业首先做好市场细分，各细分市场的需求有明显的差别。

（3）逆向定价法。逆向定价法是指不是重点考虑产品成本，而是先考虑消费者的需求状况，根据消费者能够接受的最终销售价格，逆向推算出中间商的批发价格和生产企业的出厂价格的定价方法。此方法能反映市场需求情况，保证中间商的正常利润，并能根据市场供求情况及时调整。

（4）习惯定价法。习惯定价法是指某产品长期在消费者心目中形成了一种稳定性的价值评估，消费者已习惯此价格的定价方法。对这些商品，一般应依照习惯确定，不要随意更改，避免消费者反感。

以上这些定价方法是汽车企业定价的基本依据，但价格并不意味着不可变化，应根据具体的市场营销特点，在基本价格水平上灵活浮动。

4. 汽车定价的策略

在市场营销活动中，汽车企业为了实现经营目标，需要根据不同的产品、市场需求和竞争情况，采取灵活的产品定价策略，促进销售，以提高企业效益。

1）汽车新产品定价策略

对于汽车企业来说，特别是当推出新产品时，总是希望利用合适的价格策略来快速开拓市场，使企业利润最大化。可以采取以下几种策略对新产品进行定价。

（1）高价策略。高价策略也称撇脂定价策略，是指企业以较高的成本利润率为汽车定价，以求通过"厚利稳销"来实现利润最大化。这种策略是一种较为特殊的促销手段，利用人的求名、求美、求新心理，一般应用于价格弹性小或消费者对价格反应不敏感的产品，如具有新款式和新功能的中档汽车以及高档豪华汽车。

（2）低价策略。低价策略也称渗透策略，是指企业以低于市场预期的价格销售，以求通过"薄利多销"来获取最大的市场占有率和最高的销售量。这种策略主要适合把低端市场作为目标市场的企业，如入门级经济型轿车市场的消费者对价格比较敏感，品牌忠诚度较低，充分利用消费者追求"物美价廉"的心理，可以迅速占据市场份额，而且由于价低利薄能较为有效地阻止竞争对手进入该市场。

（3）中价策略。中价策略也称稳定价格策略，汽车售价应接近于产品对大部分潜在客户带来的价值。这种策略既能避免高价策略带来的风险，又能防止低价策略带来的麻烦。但由于新产品的单位成本随时间变化不断降低，价格也不断变化，中价水平很难长期保持稳定，故此策略实行起来有较多的困难，操作性不强。

2）汽车产品组合定价策略

当某一汽车企业的产品为一组合时，必须研究出一系列价格，使整个产品组合和利润实现最大化。常用的产品组合定价策略有以下两种。

（1）产品线定价策略。对于制造厂家来说，企业开发的汽车产品通常是以产品线的形式存在的，当系列产品存在需求和成本的关联性时，可采用产品线定价策略。选定某一车型的较低价格，充当价格明星，吸引消费者购买这一系列的各种汽车产品；同时，选定另一车型的较高价格，作为品牌价格，以提高该系列产品的品牌效应。

（2）汽车附带产品定价策略。汽车附带产品定价策略是指企业把其汽车产品与附带的可选配产品作为一个组合来定价。汽车企业要确定所包含的选配产品，再对汽车及选配产品进行统一合理的报价，既可用价格较低的汽车吸引消费者，又可通过选配产品提高利润。

3）心理定价策略

心理定价策略是汽车营销企业针对客户心理活动，而常采用的一种汽车产品定价策略，主要包括以下几种。

（1）声望定价策略。声望定价策略是指利用消费者仰慕名牌产品或名店的声望所产生的心理来制定汽车产品的价格，特意把价格定得偏高。

（2）尾数定价策略。尾数定价策略又称非整数定价策略，是指企业针对消费者的求廉心理，在汽车产品定价时有意定一个与整数有一定差额的价格。这是一种具有强烈刺激作用的定价策略。

（3）整数定价策略。整数定价策略也称恰好定价策略，利用顾客"一分钱一分货"的心理，对汽车产品采用整数定价，适用于高档、名牌产品。

（4）招徕定价策略。招徕定价策略是指利用部分客户的求廉心理，故意把部分汽车产品或服务的价格定得很低，使客户认为所有的汽车产品价格都有所降低，以此来吸引客户。

2.5.3 汽车市场营销分销策略

汽车企业生产出来的产品，只有经过市场营销渠道，才能在合适的时间、地点供应给客户，实现企业的市场营销目标。分销是市场营销组合的重要环节。

1. 汽车分销渠道的概念

分销渠道也称销售渠道，是产品从生产者到用户的流通过程中所经过的各个环节连接而形成的通道。

汽车分销渠道是指汽车产品或者服务从汽车生产者向汽车用户转移的过程中，直接或间接转移汽车所有权所经历的途径。分销渠道的起点是生产者，终点是消费者，中间环节为中间商，包括批发商、代理商和零售商。现有的汽车品牌专卖店、连锁店和汽车超市等均是直接面向消费者的分销渠道的具体实现方式。

2. 汽车分销渠道的类型

汽车分销渠道按其中间环节的有无或多少，即渠道的长度，可以分为如下几种类型，如图 2-7 所示。

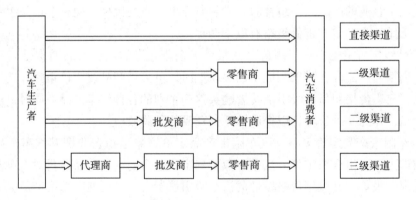

图 2-7 汽车分销渠道的类型

1) **直接渠道（汽车生产者→汽车消费者）**

直接渠道又称零层渠道，是指没有中间商参与，在汽车产品从制造厂家转移到消费者的过程中，无须经过任何中间商转手的分销渠道。直接渠道的具体形式主要有推销员上门推销、设计自销机构、通过订货会或展销会直接与用户签约。

2) **一级渠道（汽车生产者→零售商→汽车消费者）**

一级渠道是指汽车生产企业和汽车消费者之间介入一层中间环节的分销渠道。汽车销售渠道中包括一级中间商：零售商。国内许多汽车生产企业利用此种分销形式，如专用汽车生产企业、重型汽车生产企业等。

3) **二级渠道（汽车生产者→批发商→零售商→汽车消费者）**

二级渠道是指汽车生产企业和汽车消费者之间介入两层中间环节的分销渠道。汽车销售渠道中包括两级中间商：批发商和零售商。国内大多数汽车生产企业常采用此种分销形式，如上海大众、东风汽车公司等。

4）三级渠道（汽车生产者→代理商→批发商→零售商→汽车消费者）

三级渠道是指汽车生产企业和汽车消费者之间介入三层中间环节的分销渠道。汽车销售渠道中包括三级中间商：代理商、批发商和零售商。此种分销方式一般适用于生活用品的营销，汽车产品销售比较少采用。

以上四种渠道类型可以概括为直接渠道和间接渠道两种形式。直接渠道的优点是信息沟通准确、分销成本低、交易易达成，但受时空限制较多。间接渠道的优点是容易扩充市场和产品销量，但价格层层累加，降低了产品的市场竞争力。

2.5.4 汽车市场营销促销策略

在现代市场营销环境中，汽车企业不能只有一流的产品、合理的定价、畅通的销售渠道，还要有一流的促销。正确制定并合理运用促销策略是企业在市场竞争中获取经济效益的必要保证。

1. 汽车促销的概念

汽车促销是指汽车企业营销部门通过一定的方式，把汽车产品及服务信息传递给客户，激发客户的购买兴趣，强化购买欲望，影响和促成客户购买行为的一系列活动。促销的目的是促进销售，实质是传播和沟通信息，提高市场占有率和收益。

在经济快速发展的今天，汽车已走进普通家庭，在消费者购买需求增加的同时，产品多样化给了消费者更多的选择，汽车企业如何在竞争中取胜，促销活动作为一个重要因素，起着以下作用：一是提供汽车产品和销售信息；二是突出汽车产品特点，提高竞争能力；三是树立良好的企业形象，巩固市场地位；四是刺激需求，影响用户的购买倾向，开拓市场。

2. 汽车促销的方式

汽车促销方式有直接促销和间接促销两种，具体可分为人员推销、广告促销、营业推广和公共关系四种方式，不同的方式有不同的效果。

1）人员推销

人员推销是指企业推销人员深入中间商或消费者，与其面对面交谈，直接宣传介绍，说服消费者接受企业的产品。其主要方式有在展厅、展会上的人员推销，或入户访问。人员推销的特点是方式灵活、针对性强、可以双向沟通，有利于与客户建立长期的合作关系，但这种方式对销售人员的要求较高。

2）广告促销

广告是通过报纸、杂志、电视、广播、广告牌等传播媒介向目标客户传递信息。汽车广告要体现汽车企业和产品的形象，吸引和诱导消费者选购该品牌汽车，是汽车企业用以对目标消费者和公众进行说服性传播的有效工具。汽车广告的特点是范围广、表现力强、信誉度高，但一般预算费用较高。

3）营业推广

营业推广也称销售促进，是指汽车企业运用短期诱导性的、强刺激性的战术促销方式鼓励中间商和消费者购买汽车产品或服务的促销活动。营业推广一般作为人员推销和广告的补充，方式可以是折扣、津贴、赠券、奖券等。营业推广的效果比较显著，但它只能作为非经常性的一种方式，且有时会有自降价值的感觉，从而引起消费者对产品质量的怀疑。企业在选择营业推广活动时，要注意方式和时机。

4）公共关系

公共关系是指汽车企业在市场营销活动过程中，能够正确地建立企业和社会公众的关系，树立企业的良好形象，从而促进产品销售的一种活动。公共关系包括企业内部和外部的关系。其中，外部关系主要有：企业与客户的关系、企业与新闻界的关系、企业与竞争者的关系。公共关系是一种隐性的促销，以长期目标为主的间接促销，特点是长期性、成本低、影响多元性等。

这几种促销方式各有优缺点，具体如表2-2所示。

表2-2 汽车促销方式的优缺点

促销方式	优点	缺点
人员推销	方式灵活，针对性强，容易促成及时成交	费用较高，对人员素质要求较高
广告促销	信息传播面广，形式多样，容易引起关注	说服力度较小，很难直接成交
营业推广	吸引力大，效果明显	短期内使用，有贬低产品质量的意味
公共关系	影响面大，对消费者印象深刻	促销效果间接，产生效果需要时间长，需要较强的活动开展艺术

为了达到特定的促销目标，汽车企业要把人员推销、广告促销、营业推广和公共关系这几种不同的方式有目的、有计划地组合起来，进行综合应用，这就是汽车促销组合。在制定汽车促销组合策略时，要考虑的因素主要有汽车促销目标、产品的种类和市场类型、产品的生命周期等。汽车企业要充分了解各种促销方式的特点，考虑影响它们的各种因素，做出最佳的促销组合决策。

2.6 汽车销售流程

汽车销售是一种非常复杂的购买行为，消费者购买行为持续时间长，参与程度高。汽车销售人员要把客户需求作为中心，整个销售过程也是围绕着消费者的购买行为开展的，有一个完整的流程，包括多个环节。

汽车销售一般有展厅销售和市场销售两种方法。展厅销售是一种被动形式的销售，只有潜在消费者到展厅参观后，汽车市场营销行为才开始。市场销售是一种主动形式的销售，汽车市场营销人员根据市场规律主动去寻求目标消费群，并进行针对性的营销工作。这两种类型的汽车销售在很多时候是穿插进行的，可互为补充。

汽车销售是一个复杂的过程，从客户开发到汽车销售出去，以及售后跟踪服务，共有九个环节,如图 2-8 所示。

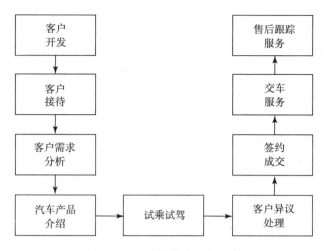

图 2-8 汽车销售的一般流程

2.6.1 客户开发

客户开发或挖掘潜在客户,是一项艰巨的工作,特别是刚开始从事汽车销售工作时,汽车推销人员的资源只是对汽车的了解,要利用多种方法来寻找潜在客户。在这个过程中,最重要的是通过了解潜在客户的需求,同他们建立友好的关系。

1. 汽车客户开发的原则

汽车推销人员只有遵循一定的规律,把握科学的准则,才能高效地寻求目标客户。

1) 确定汽车产品推销对象的范围

确定目标客户的范围,这是在寻找客户之前首先要做的事情,这样可以相对集中搜寻范围,提高效率。确定对象的范围有两个方面:一是地理范围,即汽车产品的推销区域;二是交易对象的范围,即目标客户群体的范围。

2) 寻找客户途径的多样性和灵活性

在汽车营销过程中,寻找推销对象的途径有多种,可从中选择合适的,以提高效率。推销人员应根据实际情况,灵活运用各种方法,并能创造新的营销方式。

3) 具有随时开发客户的意识

对汽车推销人员来说,具有随时随地搜寻客户的意识是很重要的。要在激烈竞争的市场中获得更多的客户,要时刻准备好寻找目标客户,不放过任何一次机会。

4) 重视老客户

一个成功的汽车推销员要在保有现在客户的基础上,开发新的客户。要把稳固老客户作为基础,对新客户的销售看作锦上添花。

2. 汽车潜在客户的跟踪

1) 客户分类管理

为了对客户做好信息管理,可以以购买概率为标准对其进行分级。例如,A 类客户为最有希望购买者，B类客户为可能购买者，C类客户为不大可能购买者，汽车营销人员应把A类客户作为重点目标和重点公关对象。

2）客户跟踪技巧

对客户分类管理，确定先后次序，有策略、分批次地联系目标客户；与客户联系要有持续性和递进性；每一次跟踪都要有合理的理由；在跟踪、拜访客户之前，要做好充分的准备；对每一次跟踪都要做好详细的记录；鼓励客户表达他们的看法。

3）客户跟踪与成交之间的关系

据统计，2%的销售是在第一次接洽后完成的；3%的销售是在第一次跟踪后完成的；5%的销售是在第二次跟踪后完成的；10%的销售是在第三次跟踪后完成的，80%的销售是在第4~11次跟踪后完成的。

2.6.2 客户接待

客户接待是实现销售的首要环节，汽车营销人员对客户接待的关注点应该是如何建立良好的关系，缩短双方之间的距离。汽车营销人员要通过热情的接待消除客户的戒备心理，提高客户的信任度，激发客户对产品和企业的兴趣，为下一步的商谈奠定良好的基础。客户接待主要有约见客户和接近销售等内容。

1. 约见客户

为了提高客户访问的效率，在见面之间应先约见，要做的准备工作主要有以下几个方面。

1）拟定访问计划

要想顺利实现访问目标，必须有周密的访谈计划，内容要具体，应包括：选择要访问的具体客户、确定好时间与地点、拟定现场作业计划、准备好推销工具。同时，计划要详细，要尽量把可能遇到的问题和情形都考虑到，提前做好准备。

2）明确访问理由

汽车营销人员的任务不只是推销汽车产品，还包括市场调查，资料搜集、整理、传递反馈信息和服务客户等事项。约见客户的目的和事由有正式推销、市场调查、提供服务、签订交易合同、收取贷款、走访潜在客户，具体选择哪个或哪几个，要根据实际情况来确定。

3）约见客户的方法

约见客户的方法有多种，比较常用的有电话约见、信函约见、访问约见等，汽车营销人员在选择时，要把提高约见效率作为准则。

2. 接近销售

无论是展厅销售还是市场销售，与客户接近都是营销人员所希望的。只有与客户面对面地交流与沟通，才有可能发现客户的真正需求，才有可能做有针对性的说服客户活动。在接近客户这一过程中，尤其是初次接触，关键点是要引起客户的注意，使其对营销人员和汽车产品留下良好的印象，进而产生兴趣。

在初次接触阶段，客户一般会期望"当我走进展厅时，能有汽车营销人员给我一个招呼""我不希望在参观汽车产品时,营销人员总是在我身旁走来走去,如果有问题,我会去询问"等。殷勤有礼的专业人员的接待会消除客户的负面情绪与想法,为客户的购买经历定下一种愉快和满意的基调,为客户树立正面的初次印象。当客户到来时,汽车营销人员要立即以微笑迎接,即使正忙于为其他客户提供服务时也应如此,避免客户因为没人理睬而产生不好的心情。

汽车营销人员要能设计出有新意的客户接近方法。例如,别出心裁的名片接近法、精彩的开场白接近法、请客户提意见接近法、让客户明白能获得哪些利益的接近法、告诉潜在客户有用信息的接近法、解决潜在客户问题的接近法等。

在迎接顾客后应询问、了解其来访目的。通过热情有礼的迎接,降低顾客的疑虑情绪,使其在展厅停留较长时间,这样营销人员才有更多的时间与客户沟通和交流。

客户一般不会在初次看车后就做出购买决定,营销人员应为其建立档案,与客户保持联系,展开进一步的汽车营销活动。

2.6.3 客户需求分析

在进行客户需求分析时,客户希望汽车营销人员是诚实可信的,能听取需求和提供所需要的信息,能帮助选择适合的车型。为获取客户的真正需求,汽车营销人员既要了解客户的显性动机,也要了解其隐性动机,这样更能体现顾问形象,真正分析客户需求。

1. 需求分析的方法

在分析客户的真实需求时,可采用的方法主要有以下几种。

1)观察

在与客户进行接触时,汽车营销人员观察客户的重点有感兴趣的车型、陪同人员的关系、客户外表与衣着、客户谈吐气质等。

2)询问

询问是探索客户需求最有效的方法。汽车营销人员可以通过询问获取一些重要信息,力争让信息更准确和丰富。常用的汽车销售询问方法主要有两种:一是开放式提问,比如询问现有汽车的配置;二是封闭式提问,比如询问是否喜欢黑色汽车。开放式提问可以获取更多的信息,封闭式提问则可以控制谈话的主动权。

3)倾听

汽车营销人员与客户的交流与沟通应是双向的过程,倾听客户是一个重要的积极的组成部分。营销人员面对客户时,要积极地聆听:一是要忘却自己的观点,确认客户的想法;二是不急于打断客户,并记下客户重点关注的内容;三是不要有偏见,要有客观和开阔的胸怀;四是不要对客户立即反驳,要让客户说明真实的想法。

4)综合和核查

根据对客户的观察、倾听和询问,分析客户的真实需求,并以提问的方式确认自己的理解和客户的真实想法是否一致。

2. 车型推荐

根据以上对客户需求的分析方法，可以得到客户对汽车的要求，从而可以有针对性地推销车型。汽车营销人员需要做好的工作主要有以下几项。

1）主动了解客户需求

主动了解客户的偏好、汽车用途、预算水平、心理价位等情况，不能给客户带来压力和反感。

2）实用性推荐

应该向客户推荐最适合的车型，推荐实用且需要的配置。

3）配置、附件保证质量

赠送保证质量的配置和附件，如果说明书中有记录但实际中并没有配置，要向客户解释清楚原因。

以上这几点是客户购买汽车比较关心的地方，也是汽车营销人员需要做好需求分析、让客户满意的关键点。

2.6.4　汽车产品介绍

汽车产品介绍是汽车销售过程中非常重要的一个步骤，也是说服客户购买的关键一步。汽车介绍可充分地向客户展示汽车的特性，特别是汽车产品的独特之处和能满足客户需求的特征。据统计，在此环节中做出购买决定的占最终购买的70%左右。

1. 需要注意的问题

在汽车营销人员进行产品介绍的过程中，需要注意以下四个问题。

(1) 服务意识和态度。

(2) 寻找客户需求并能满足其需求的热情。

(3) 良好的业务知识和汽车专业知识。

(4) 汽车产品的价值和利益，特别是独特的地方。

2. 六方位介绍法

在介绍汽车时，营销人员没有必要把汽车的所有特点都向客户解说，而应有针对性地把产品特征概括为五个方面：一是造型和美观，如流线型车身、车灯形状；二是动力与操控，如发动机动力、油耗、驱动性；三是舒适实用性，如人员和储物空间、车门开启；四是安全性，如主动安全、被动安全、安全新技术；五是超值能力，如空调、品牌、品质等。

在对汽车产品进行介绍时，营销人员最常采用的方法是六方位介绍法，也称为环绕介绍法，如图2-9所示。

1）位置①（正面）

当客户接受营销人员的建议，听取对某车型的介绍时，一般从图2-9中位置①开始，在车前方这一位置，主要介绍汽车的外观、风格，如车身高度、车型颜色、流线型、车灯、保险杠、刮水器、车标、汽车文化和汽车接近角等。

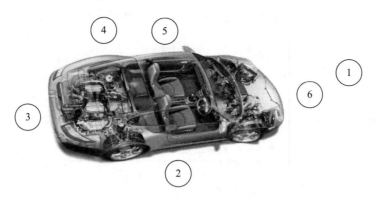

图 2-9　六方位介绍法的介绍流程

2）位置②（侧面）

营销人员走到车的侧面，客户开始进入状态，根据客户的深层需求，有针对性地介绍，这是客户直观体验汽车的一个过程，如侧面的安全性、车辆的外形尺寸、后视镜、离地间隙、车门锁、汽车轮辋和转弯半径等。

3）位置③（后备厢）

营销人员带领客户到达车后方，要注意征求客户的意见，介绍汽车的附加功能。可以打开后备厢门，解释开启方法、备胎和储物空间，介绍尾灯、倒车雷达、后视窗刮水器和离去角等。

4）位置④（后座）

移动到车的另一侧，可以让客户更多地参与介绍过程，邀请他们开门、触摸车窗玻璃、轮胎等，也可以引导客户到车中，体验内部空间，感受汽车的舒适性等。这时可以回答客户的一些提问，还可对一些细节做探究，如内部装饰、车内隔音等。

5）位置⑤（驾驶室）

位置⑤可以是变化的，如果客户坐到驾驶员的位置上，营销人员可以用蹲下的姿势向其介绍各种操作方法，包括挂挡、转向盘、制动、仪表盘、座椅的调控、视野、安全气囊及安全带、车门和车窗、刮水器的控制等；如果客户进入乘员的位置，则可以给予细致的介绍，如汽车安全性能和安全配置等，并注意观察客户感兴趣的方面。

6）位置⑥（引擎室）

再移动到车前位置，重点介绍汽车动力系统，可把车前盖示范性地打开，要注意根据客户的情况把握介绍内容，主要包括发动机型号和布局、悬架减振、节油方式、散热设备、环保标准等。

汽车营销人员在介绍汽车的过程中，在各个不同位置上都应该阐述汽车特征带给客户的利益，展示出该款车型的独到和领先之处，并通过介绍和展示来表现这个汽车产品能够满足客户的需求，给其带来利益，从而让客户感受到这是一次完美的汽车体验。

2.6.5　试乘试驾

试乘试驾是汽车产品销售过程中重要的展示手段，通过实车体验让客户对汽车产品有更全面的认识,充分了解该款汽车的优良性能,从而能够增强客户购买的意愿,增加成交的可能性。

1. 试乘试驾的准备工作

在试乘试驾之前,汽车营销人员应做好准备工作,包括查验客户的有效证件、填写资料、选择良好的试车路线、防止可能出现的意外情况等,具体内容如表2-3所示。

表2-3 汽车试乘试驾的准备工作

项目	准备内容
必备资料	车辆行驶证、保险单、试车预约记录单、意见调查表
顾客准备	确定时间,提醒带驾驶证、穿着注意; 了解客户特殊需求,是否带家人前来; 证实驾驶者的驾驶能力
路线选择	提供专门的试乘试驾汽车; 保证车况良好,燃油充足; 车辆整洁,无异味; 汽车调整到规定的位置和状态; 准备水、纸巾等物品

2. 试乘试驾的流程

汽车试乘试驾工作的流程主要有三个阶段,即试乘试驾前、试乘试驾中和试乘试驾后。

1)**试乘试驾前的工作**

在客户试乘试驾前,汽车陪驾人员要检查客户的驾驶证等证件,如果没有驾驶证或缺乏驾驶经验,只能安排试乘。安排客户填写《试乘试驾登记表》,以规定双方责任,并强调注意事项。

2)**试乘试驾中的工作**

汽车营销人员在驾驶过程中,要注意提醒客户,体验乘坐的舒适性,边驾驶边介绍,让客户对该款汽车有进一步的了解,并能根据汽车行驶的状态进行说明,全面展示汽车的动态特性,让客户有切身体验。

此外,在客户试驾阶段,营销人员应有意识地把客户体验融入试乘阶段活动当中。营销人员要帮助客户观察道路交通状况,保证安全。同时,注意观察客户的驾驶方式和操纵熟练程度,挖掘更多的客户需求,耐心解答客户提出的各种问题。

3)**试乘试驾后的工作**

客户试乘试驾结束以后,请其填写《试乘试驾意见反馈表》,获得客户对汽车产品本身和试乘试驾的感受,从而建立信任感,促成交易。如果客户有一些不太满意的地方,营销人员要进行详细的解答。

2.6.6 顾客异议处理

几乎在每次汽车销售过程中,都会遇到各种各样的问题,引起客户疑问,即有了客户异议。汽车营销人员要认真处理好客户的异议，与之协商，达到交易目标。处理客户异议的过程，其实就是一个信息传递、接收、加工、整理、反馈和再传递的连续过程。

并不是所有的异议都代表客户对汽车产品持有反对意见，很多情况下客户异议的产生就是销售的开始。汽车营销人员需要正确认识和分析客户的异议，采取不同的策略，积极应对，否定他们意见的正确性，或者将客户的异议转变为他们购买的理由。

客户异议通常有以下几种：货源异议、购买时间异议、财力异议、权利异议、价格异议等。处理客户异议时应遵循以下几个原则：事前做好准备的原则、保持冷静避免争论的原则、留有余地的原则、以诚相待的原则、及时处理的原则等。

客户异议的化解处理一般有如下三个步骤。

1. 发出理解的信号

当客户提出异议时，汽车营销人员要首先发出理解的信号，可以采取的说法有你提到的问题确实很重要、不少客户也提出了类似的问题、你考虑的确实非常细致、你的看法是非常有针对性的等。

2. 使用有效的应对方法

针对不同的问题，采用恰当的方法去处理异议，这是实现销售的重要技巧。在汽车销售过程中，处理客户异议的方法有询问处理法、抵销处理法、实例处理法、比较处理法、延期处理法、利用处理法、同意和补偿处理法等。汽车营销人员应根据具体情况，采用对应的方法有效地处理客户异议。

3. 要注意避免典型的错误

当客户提出疑问和异议时，汽车营销人员要坚决避免以下三种处理方式：直接反驳、教训客户和诋毁竞争对手产品。

当汽车营销人员和客户对某一问题存在异议时，往往是销售的最后环节。只要从客户的角度出发，处理好异议的焦点，就意味着汽车交易的成功。

2.6.7 签约成交

由于客户购买汽车产品的决策时间长，关注程度高，而且汽车产品日趋同质化，客户选择增多，在第一次光顾就能完成交易的客户很少，故在客户权衡时，营销人员要抓住成交机会。

1. 成交的信号

在汽车营销过程中的任何阶段，消费者都有可能发出成交信号，有些是有意表达的，有些是无意流露的，需要营销人员及时发现。

1）语言信号

语言信号种类很多，消费者常会通过一些话外话、疑问话甚至反话来表达购买的意思，要求汽车营销人员具体情况具体分析。例如以下一些成交信号：询问使用方法及售后服务、询问货款方式、请教保养使用注意事项等。

2）行为信号

汽车营销人员要仔细观察客户行为，根据其变化趋势，采用相应的策略技巧加以诱导，这在成交阶段非常重要。例如下面一些行为信号：再次坐在驾驶员位置，体验驾驶感觉；查看汽车细节；关注新车里程；多次来展厅，带朋友一起来等。

3）表情信号

从客户的面部表情也可以辨别其购买意向。如眼睛注视、嘴角微翘或点头赞许等都和客户心理感受有关系，可以看作有成交的意向。因此，客户的语言、行为和表情等都在说明其内心想法，汽车营销人员需要耐心观察和体验，抓住机会成交。

2. 签订成交合同

销售的最终目的是达成协议。汽车营销人员应及时把握销售缔结的机会，构建有利局面，这也是一项基本技能。销售缔结，狭义上是指获得客户的订单，完成销售的目标；广义上是一种技巧性的沟通策略，目的是把已经传递出来的信息获得沟通和承诺，推动销售流程向下一步进展。从后一层意义来说，缔结并不是一定要获得订单，只要预期的任务能够顺利完成，客户认可所传递的产品信息，或者消除原有的误解，实现与客户的有效沟通等，都可以称为达成缔结。

汽车销售合同是汽车销售企业与消费者之间达成汽车产品买卖共识的重要体现形式，订立成交合同是每一位汽车营销人员必须掌握的一种基本技能。它是交易双方为实现汽车产品买卖，对双方的权利和义务进行的明确规定，主要包括以下一些内容。

（1）对象：交易双方的名称，或者姓名和住所。

（2）标的：汽车产品的品牌、型号和颜色等。这是汽车销售合同能够有效的前提条件，没有标的或者标的不明的销售合同既不能成立，更无法履行。

（3）数量：购买汽车产品的数量。

（4）质量要求：销售合同中约定的汽车产品的质量，以及能够达到的标准。

（5）价格：消费者向汽车销售企业应支付的款项，如车价、贷款代理费、购置税费、办理有关手续的费用等。

（6）付款方式：当前购买汽车有多种付款方式可供选择。例如，一次付清；先付部分定金，提车时再付清全款；分期付款；办理汽车消费贷款。

（7）履行期限：销售合同约定的履行期限和合同的有效期限。

（8）履行的地点和方式，主要包括以下三点：一是交货方式，指双方约定的交车形式；二是运输形式，指双方约定采用的运输方式；三是交货地点，指双方约定交车的具体位置。

（9）违约责任：在销售合同中明确规定的违约方应当承担的责任。

（10）解决争议的方法：当签订的销售合同发生纠纷时，如果自行协商不成，在合同中约定的解决纠纷的形式。例如，仲裁机构仲裁还是法院诉讼、选择具体的方式都应写到合同相关条款中。

汽车销售合同一经签署，就成为具有法律效力的文件。因此，在撰写完销售合同之后，必须经过买卖双方严格的审核，当确认合同内容没有问题之后方能签字，合同才能生效。

2.6.8 交车服务

交车是客户最兴奋的时刻,其心理也会有很大变化,一方面希望自己购买的汽车产品能按时按要求交货;另一方面,也会对所购买汽车的使用和维修问题感兴趣。在此阶段,汽车营销人员必须信守承诺,尽量帮客户拿到质量可以保证的新车,同时留有充分的时间回答客户的疑问。

1. 交车前的准备

汽车营销人员必须做好充分的交车准备工作,帮助客户完成完美的交车仪式。交车前的检查是非常重要的工作,如果客户对新车的期望没有得到满足,会引起极度不满,并会影响到新车的销售。

交车准备流程主要有以下几点:一是收款,出具交车通知单;二是 PDI 检查;三是联系交车日期;四是确认车辆;五是准备交车。

PDI (Pre-delivery Inspection) 是指新车送交客户之前进行的一种检查,它是交车体系的一个重要环节,包括一系列新车交货前需要完成的工作,目的是在新车投入正常使用前及时发现问题,并按新车出厂标准进行修复。

PDI 检查的大部分项目是由服务部门来完成的,以使新车完好地交到客户手中,这是让客户满意的首要条件。

2. 交车的规范流程

交车有一个规范流程,主要有以下步骤:展厅外迎接客户、介绍交车流程、介绍服务顾问、讲解随车文件、检查车况、签署 PDI 清单、介绍汽车操作方法、提醒注意事项、客户满意度调查、再次递交名片和送别客户。

客户有了愉悦的交车体验,是建立长期良好关系的开始,能够拓展企业的销售服务链条,培养和壮大忠诚客户群。

2.6.9 售后跟踪服务

汽车销售出去了,但销售过程并没有结束,还要做好售后跟踪服务。所谓跟踪访问,是指汽车营销人员或其他工作人员为了提高客户的忠诚度,运用客户跟踪服务和访问技巧,主动和客户联系,获取信息,促进交易、提供服务和确保客户满意,使之成为忠实客户。

对购车客户进行持续的售后服务跟踪,体现了汽车营销人员对消费者的关怀,是维持长期关系的重要手段。汽车售后跟踪服务主要有如下内容。

1. 建立客户档案

客户信息是动态的,汽车营销人员在和客户初次接触后,就开始了客户档案的建立,每一次接触都应把新信息补充进来。当交车给客户以后,还要把汽车信息收录进去,形成完整的客户档案,并在以后的售后服务工作中不断修改和完善相关信息。

2. 客户联系方式

汽车营销人员要对客户进行持续的关注和服务,搜集客户关于产品和企业等各方面的信息。一般来说,和客户联系的方式有如下几种。

1) 电话联络

汽车营销人员在交车后的 24 小时内,拨打个人电话或发短信给客户表示感谢,提醒在汽车使用和操作方面如有问题,可随时联系;在交车后一周内可再次电话联系,询问客户对新车的感受、新车上牌情况、汽车保险情况,并提醒首次保养的日期;以后要定期与客户联系、询问使用情况、提醒保养等。

2) 走访

走访客户并不一定是推销,而是让客户感受到销售员对所销售汽车产品的负责态度。可以利用合适的时机,如客户生日、购车周年等去看望客户,了解汽车使用情况,介绍企业最新的活动和相关信息。

3) 组织会员活动

汽车营销人员应邀请客户加入车友俱乐部,企业可选择节假日和其他合适时机,组织客户参与活动,如举办汽车文化讲座、组织兴趣活动等。通过这些活动,既增加了企业和客户的感情,也为客户提供了交流的机会。

除以上方式外,还可以通过赠送纪念品、提供产品资料、经常性地关怀等方法促进双方的感情。

3. 售后服务工作

售后跟踪服务除了联络感情外,另外一个重要的内容就是做好售后服务工作,包括技术培训、质量保修和备件供应等。

做好汽车售后服务工作,可以起到多方面的作用:一是提供技术支持,解决客户的后顾之忧;二是维护汽车产品信誉;三是通过与客户再次接触,可以搜集信息,了解客户情况,甚至达到连锁销售的作用。

总之,汽车销售是汽车营销企业的一个系统工程,它不仅取决于营销人员的服务规范和业务能力,也取决于企业的售后服务水平。因此,汽车营销企业要经常性地与客户进行售前与售后的沟通,培养稳定的客户群体,提高客户忠诚度,促进企业的可持续发展。

2.7 汽车电子商务与网络营销

随着计算机网络和信息技术的发展,互联网应用越来越丰富,电子商务就是其中之一,它在很多方面改变了人们的生活,提升了生活质量,同时也改变了人们的工作方法。把互联网应用到汽车行业,产生了汽车电子商务和汽车网络营销,这也是当前研究和应用的热点。

2.7.1 汽车电子商务

在信息产业蓬勃发展的当今时代,互联网以其特有的优势得到各传统行业的重视,汽车行业也推出了符合自身特点的电子商务解决方案,希望能应用到采购、生产和销售的各个环节中,以提高工作效率,降低产品成本。

1. 汽车电子商务的概念

电子商务是随着计算机技术和网络技术的发展和普及而产生的,它利用两种技术的融合,特别是 Internet 的发展和应用,不断采用电子方式去开发市场、采购商品和提供服务。这在很大程度上改变了商务处理的方式。电子商务作为商贸领域中一种新生的交易方式,对传统的观念和行为方式有着强烈的冲击和巨大的影响。

电子商务是指利用电子的手段进行的商业、贸易等商务活动,是商务活动的电子化、网络化和自动化。电子商务包括从销售、市场到企业管理全部可能的商业运作的整个过程,是商业活动和企业结构基于互联网的重组和创新。在此基础上发展起来的网络营销已成为现代营销中非常重要的手段,是电子商务的重要内容。

汽车电子商务的快速发展给汽车行业带来了全新的生产和商务模式,特别是个性化服务和零库存的概念极大地革新了传统的生产经营管理方式。个性化服务使汽车销售市场进一步活跃,并进一步推动与汽车相关的零配件、维修保养和加油服务等一系列与汽车相关产业的繁荣发展。汽车电子商务也极大地促进了汽车零库存,解放了大量闲置资金,可以把更多的资金用于生产中。资金的快速流通使生产成本降低,促进了整个汽车行业的发展。

2. 汽车电子商务的实质

供应链管理概念的提出,是现代化经营理念对传统经营观念的一大挑战。18 世纪,亚当·斯密在《国富论》中就提出了著名的公式:成本 + 利润 = 价格,它表明在成本确定的前提下,经营者的预期利润就决定了产品价格。多年来,大多数商家都遵循此理论来制定企业的业务流程。20 世纪 80 年代以后,市场竞争激烈,经济学家产生了新的意识,哈默的《业务流程重组》对上述公式进行了改进:价格 - 成本 = 利润,即产品价格由顾客决定,在符合顾客对商品价格、质量期望的前提下,一个产品的利润取决于生产厂家降低产品成本的能力。所以,降低运行成本对厂家来说异常重要。

商品供应链是由商品从制造商到达客户手中整个流动过程中各个环节所构成的,主要有制造商、各级批发商和零售商。在以前的商业运作模式中,制造商把它们生产的产品推销给批发商,批发商再推销给零售商,这是"推动式"商品供应方式。在"推动式"商品供应方式中,制造商、批发商和零售商关注的是讨价还价,一方获得更多的利益是建立在另一方损失较多利益基础之上的,这种交易方式是"赢—输"型。但如果客户不接受这种产品,则这些交易无法带来效益。为解决这种问题,制造商、批发商和零售商联合起来,组成商业联盟,一起面对顾客,这是"拉动式"商品供应方式,其交易方式为"赢—赢"型。为了满足不断变化的客户需求,构造一个灵活、高效的供应链体系,是电子商务活动的一个重点内容。

对于汽车行业，一个优秀的电子商务解决方案需要有如下特征：收集并分析客户需求；自动进行采购预测；在零售商与供应商之间实现实时信息交流；跟踪物流与控制库存；补货监测自动化等。

3. 汽车电子商务的功能

汽车企业通过电子商务主要在两个方面获取效益：一是提高对客户的服务水平；二是降低企业的经营成本。供应链管理实施的第一步，是在供应商与零售商、企业各部门之间进行信息交流与共享，把客户需求信息快速地传送给制造商，这样供应链的每个环节都能快速应对客户需求的变化，能够尽量满足客户需求。信息交流方式的革新，引起了交易方式和流程的改变，交易周期大大缩短，也减少了供应链各个环节的库存，以尽可能地降低企业成本。

汽车电子商务除了有宣传企业形象及产品信息的作用以外，还需要具有以下几个基本功能。

1）商品目录管理功能

对于零售商，利用商品目录管理系统，可以创建包括任意商品类别、任意厂商、任意数量的自建商品目录。目录中商品信息的任意更改，都可以实时更新。对于供应商，可以建立包含任意商品类别的公开商品目录，向所有零售商发布产品信息；也可以建立只供指定零售商查看的商品目录，甚至能够对某些零售商提供特殊的优惠，而无须担心被其他供应商或者未被指定的零售商发现。

2）网上洽谈功能

当零售商发现一个感兴趣的产品，或者当供应商得到零售商发布的采购目录时，就可以利用网上洽谈功能，进行实时的沟通。这些洽谈记录都可以保存在数据库中，以备以后查询。

3）订单管理功能

根据用户的实际需要，当供应商和零售商之间的洽谈结束，形成采购意向后，就可以形成订单，发送给供应商，极大地提高了采购和供应的效率。

4）基于角色的权限和个性化页面

规定不同角色的权限和安全的继承性。例如，系统管理员账号可以创建和管理销售经理或采购经理的账号，而销售经理账号可以创建和管理所属业务员，业务员的权限也可设定。对于不同的角色，其操作页面和功能是区别开来的。

4. 汽车电子商务的核心

为了保证汽车电子商务的顺利实施，有以下四个核心问题需要重点研究。

1）信息流

传统商务在信息沟通方面需要大量的人力和物力，而电子商务由于其独特性，极大地降低了交易成本。特别是汽车产品，结构复杂、价格昂贵，消费者需要大量而翔实的信息才能做出判断。汽车生产厂家也需要随时了解市场变化，把握客户需求，不断改进产品和推陈出新，生产符合市场需求的车型。互联网作为一个超大容量、交流方便的信息交流平台，为汽车电子商务提供了强大的信息流，这是最大的优势。

2）资金流

对于电子商务来说，务必要处理好网上银行或电子货币的问题，否则很难去实行。特别是对汽车产品来说，除了方便安全的支付，还有网上贷款问题，因此，资金是汽车电子商务发展的最大挑战。

3）物流

对于汽车产品，电子商务无法超过中间的流通渠道直接面对消费者，否则成本和压力太大。很难想象一家汽车生产厂家放弃所有的中间商，自己承担销售、维修、售后服务等所有的市场行为。控制物流，建设低成本的物流系统，是汽车电子商务真正的问题。如果无法构成高效、低成本的物流系统，那么电子商务的其他优点将被抵消。

4）安全性

电子商务必须解决安全问题，特别是对汽车这样的大额交易产品来说。需要解决的问题主要有社会身份的确认和信用系统、电子货币的实用性、交易中途取消的可能性、消费者账号安全问题和产品如期交货疑问等，这些都需要一个完整的体系来保障。

2.7.2 汽车网络营销

网络技术已深度融入当今社会和经济的各个方面，电子商务、虚拟现实等网络应用不断实用化，汽车网络营销也应运而生。汽车网络营销可以在很多方面发挥传统营销模式不具备的优势，如资源配置、客户沟通、产品研发调研、市场调查和达成交易等。

1. 汽车网络营销的概念

网络营销是以互联网为基础，利用数字化的信息和网络媒体的交互性来帮助实现营销目标的各种营销活动的总称。这些活动包括网络调研、网络新产品开发、网络促销、网络分销和网络服务等。简单地说，网络营销是以客户需求为中心的营销模式，是市场营销的网络化。网络营销是数字经济时代一种新的营销理念和模式，可以让企业的营销活动一直和信息流、资金流及物流这三个流动的要求结合，并流畅运行，形成企业生产经营的良好循环。

国内市场营销的主导模式是4S店模式，该模式经营成本高，反馈机制建立难，售后服务满意度低等，传统的营销模式需要改良和创新。随着科技信息的发展，特别是互联网的应用和普及，汽车网络营销成为人们了解汽车品牌和产品的主要渠道，汽车经销商已开始采用网络营销这一崭新的方式。它可以充分发挥企业和客户互相沟通交流的优势，企业还可以为客户提供个性化的服务。

当前，汽车网络营销的作用机制主要体现在以下两个方面：一是通过网络营销向客户提供有用信息，同时通过互联网的交互性为客户服务，解决客户疑问，增加联系，提高客户忠诚度；二是把建设品牌形象作为网络营销的重要内容，增加品牌知名度，获得客户认可，实现促进客户购买汽车产品的目标。

2. 汽车网络营销的优点

网络早已是人们信息获取的重要来源，也是生产厂家实现市场营销的一个重要环节。网络营销在汽车行业的品牌推广中也起到重要作用。与传统的市场营销模式相比，汽车网络营销有以下优点。

1）有利于满足客户需求

在汽车市场激烈竞争的当前，企业更需要重视客户的真实需求。网络技术为汽车企业进行市场调研提供了一个优秀的途径。企业可以通过互联网了解各地消费者对产品的看法和要求，做好信息挖掘，赢得市场竞争的主动权。

2）有利于商家降低经营成本

与传统营销方式相比，网络营销的成本更低。企业可以利用互联网了解客户需求、发布产品信息、加大广告宣传、进行客户咨询，减小了很多中间环节，降低了汽车企业的生产经营成本，增加了汽车产品的价格优势。同时，网络营销的信息传递快速，增加了企业获取、加工和利用信息的能力，提高了市场反应速度。网络营销可以节约时间和费用，提高了效率和效益。

3）有利于维护消费者利益

利用网络的良好互动性，有助于消费者及时了解汽车商家和产品的信息，可以直接对话和沟通。当用户有疑问或汽车产品有问题时，可以利用网络与企业协商或反映问题，提出个人需求，更容易引起企业关注，加快问题的解决，也为保护消费者权益和投诉增加了更多可行的途径和方法。

4）有利于提高品牌知名度

提高品牌的曝光率和知名度是企业推广的目的，也是网络营销最显著的特征之一。汽车企业利用网络营销向客户提供有用的信息，并与客户保持持续的联系，在让客户对企业和品牌保持一定关注的同时，还有助于企业树立品牌形象，提高品牌美誉度，增加消费者的品牌忠诚度，推动客户的消费行为。

5）有利于汽车营销模式的创新

国内汽车市场经过多年的快速发展，汽车营销模式不断创新，向多样化发展，汽车网络营销便是网络技术与汽车市场营销交融的产物，它的广泛应用有利于我国汽车营销模式和方法的创新，对市场营销文化内涵的丰富和多元化营销模式的形成都有着重要的探索和借鉴意义。

3. 汽车网络营销的方式

汽车网络营销既要在内容、视觉表示和广告等方面有创意，也要在技术上有创新。要做好汽车网络营销，需要建立专业的营销团队，充分利用各种有效资源，更要建设一个完美的商业网站，它是汽车企业与客户的连接点和信息流通的主动脉，也是汽车企业开展网络营销的平台和必不可少的前提条件。汽车企业要尽量利用多媒体工具，把企业的情况、产品和功能等以视频或动画的形式表达出来，尽力满足客户要求。汽车企业网络营销的基本方式有网络表现、网络交互和网络商务三种。

1）网络表现

网络表现是指汽车企业在门户网站或专门网站上进行企业和汽车产品的展示，主要表现形式有以下四种。

（1）广告。在网站上硬性地投放，以视频、图像或文字的方式展示在网站的显要位置，主题可以是企业商标、汽车品种、车型参数和配置以及价格等。

（2）目录。在网站上加入搜索引擎，用户可利用其查询所需的信息。

（3）商情。在某个平台发布信息，把企业的商业情况和与企业经营有关的信息向外传递。

（4）页面。汽车企业具备独立的网页或建设企业网站，全方位、具体地把企业形象和产品信息体现出来。

2）网络交互

汽车企业拥有独立的网络空间或信息交互平台，可把企业产品完美地表现出来，并能完成在线交易和服务。网络交互的表现形式主要有以下四种。

（1）调查。通过网站获取客户的反馈信息，分析市场需求和产品销售状态，并能在线统计汽车产品销售趋势和市场占有率。

（2）订货。客户如果喜欢并选择了某个品牌和车型的汽车，可通过网络进行订货，汽车企业可利用信息传递，责成当地的分支企业为该客户提供服务。

（3）投诉。为客户提供投诉的途径，提高服务质量和客户满意度。

（4）建议。客户可以对汽车企业或产品提出个人的建议，为企业市场定位和决策提供一定的依据。

3）网络商务

网络商务以汽车企业经营现代化为基础，把技术实现与管理实现结合在一起。它可以在确保内部系统安全的条件下与外部系统连接在一起。网络商务的表现形式主要有以下八种。

（1）订单管理。客户可在线选择汽车产品，并在线支付货款，实现网络购买产品。把订单上面的客户资料录入汽车网络营销的客户管理系统，汽车产品资料录入库存和物资流通管理系统，所付货款进入资金管理系统。再把这些系统的信息反馈给订单管理系统，以验证该订单的有效性。

（2）客户管理。客户在网络交易产生以后，就会定期或不定期地展开跟踪服务，并收集整理客户的反馈信息。如有需要，可给以回复。统计分析反馈信息，形成意见交给企业管理人员。

（3）库存管理。把仓储及流水线的控制数据录入系统，用来对市场供求进行调剂，并对采购系统的运行产生影响。

（4）物流管理。汽车产品的订购信息影响送货的时间、路线、频率以及负荷，能够计算成本，进而调整产品的运输策略。

（5）采购管理。采购情况主要取决于企业内部提交的市场预测和网站上发布的采购供求信息。采购平台可以实时发布采购信息，尽力保证供货时间与质量符合产品生产需求。

（6）资金管理。汽车企业资金的管理是基于企业财务系统的，在线资金的流动不仅能够说明经营情况，还能够提供电子报税和其他的金融在线操作。

（7）数据管理。数据是现代化汽车企业管理的客观依据，根据需要，网络数据库可以实时统计目标主题的数据内容，进行分类分析，形成没有人为误差的报告。

（8）信息管理。汽车企业的各种信息都可以被企业内部网络的终端共享和传递，因此，通过信息网络管理，汽车企业的行政管理和商业流程更加有序，执行力度明显增强。

国内汽车网络营销发展迅速，作为一种新兴的市场营销模式，目前是其他营销活动的补充。但同时，它受到市场的热烈欢迎，展示了旺盛的生命力和广阔的发展前景，汽车企业应该充分发挥网络的优势，树立品牌形象，让汽车网络营销体系不断成熟、完善，起到更重要的作用。

本章小结

汽车营销是一项重要的汽车服务项目，由于汽车技术含量高、价值大，对汽车营销人员提出了更高的要求。本章主要介绍了汽车营销服务的基本概念，分析了汽车营销人员应当具有的基本条件，并对汽车市场调查、汽车市场分析、汽车市场营销策略和汽车销售流程进行了重点阐述，还介绍了汽车电子商务和网络营销这两种较新颖的汽车营销服务技术。

汽车营销是指汽车相关企业或个人通过调查和预测客户需求，把满足其需要的商品流和服务流从制造商引向客户，从而实现其经营目标的一系列活动。其主要功能是：发现和了解客户需求、指导制定经营战略决策、稳定和开拓市场和满足客户需求；其主要内容有：汽车市场调查、汽车市场分析、汽车销售策略、汽车销售技巧和客户服务。

汽车营销人员的主要职能有：搜集市场情报、信息反馈、开发新市场、产品销售、了解客户信用状态、贷款或分期付款催收和树立公司形象。在品德素质方面，汽车营销人员应具备良好的职业道德、积极向上的心态、谦卑的态度、坚持不懈的决心、善于总结和真诚合作的态度；在职业形象方面，要有仪容美、仪态美、仪表美和良好的谈吐修养；在销售能力方面，要善于观察市场、确立客户利益、树立顾问形象、具有沟通技能和建立良好的客户关系；在业务知识方面，要熟悉汽车专业知识、汽车销售工作、交易市场、交易手续及核算方法。

汽车市场调查是指汽车企业对客户及其购买力、购买对象、购买习惯、未来购买动向，以及同行业的情况等多个方面进行全部或局部了解。汽车市场调查的主要内容有汽车市场环境调查、目标消费者情况调查、企业竞争对手调查、汽车企业营销组合要素调查和汽车售后服务水平调查。汽车市场调查的方法分为直接调查法和间接调查法，其中，直接调查法主要有访谈法、观察法和实验法。汽车市场调查的程序分为准备、实施和分析三个阶段。

汽车市场分析的工作内容主要包括汽车市场营销环境分析、汽车消费者购买行为分析、汽车行业竞争者分析和汽车产品分析等。汽车市场营销环境包括宏观环境和微观环境。汽车消费者购买行为的影响因素包括文化因素、社会因素、个人因素和心理因素。汽车消费者购买行为的决策过程包括确定需求、信息收集、方案评估、购买决策和购后评价等。

汽车市场营销策略包括产品策略、定价策略、分销策略和促销策略。汽车产品的生命周期分为导入期、成长期、成熟期和衰退期四个阶段，各个阶段应制定不同的营销策略。汽车产品的定价方法有成本导向定价法、竞争导向定价法和需求导向定价法。汽车的定价策略有汽车新产品定价策略、汽车产品组合定价策略和心理定价策略等。根据中间环节的情况，汽车分销渠道可分为直接渠道、一级渠道、二级渠道和三级渠道四种类型。汽车促销方式有直接促销和间接促销两种，具体可分为人员推销、广告促销、营业推广和公共关系四种方式。

汽车销售可分为展厅销售和市场销售两种方法，主要流程有九个环节：客户开发、客户接待、客户需求分析、汽车产品介绍、试乘试驾、客户异议处理、签约成交、交车服务和售后跟踪服务。

汽车电子商务的快速发展给汽车行业带来了全新的生产和商务模式,汽车企业通过电子商务主要在两个方面获取效益:一是提高对客户的服务水平;二是降低企业的经营成本。汽车网络营销是市场营销的网络化,其优点有:有利于满足客户需求、有利于商家降低经营成本、有利于维护消费者利益、有利于提高品牌知名度和有利于汽车营销模式的创新。汽车网络营销的方式有网络表现、网络交互和网络商务。

1. 调查当地的汽车市场营销环境。
2. 分析某品牌汽车的市场营销策略。
3. 撰写一份汽车促销活动策划书。

思考与练习

一、术语解释

1. 汽车营销。
2. 汽车市场调查。
3. 汽车市场间接调查法。
4. 汽车市场直接调查法。
5. 汽车市场营销环境。
6. 汽车市场营销宏观环境。
7. 汽车市场营销微观环境。
8. 汽车消费者购买行为。
9. 汽车产品。
10. 汽车产品生命周期。
11. 汽车分销渠道。
12. 汽车促销。

二、简答题

1. 汽车营销的主要功能有哪些?
2. 汽车营销服务的主要工作内容有哪些?
3. 简述汽车营销的发展阶段。
4. 汽车营销人员的主要职能有哪些?
5. 汽车营销人员在品德素质方面有哪些要求?
6. 汽车营销人员在职业形象方面有哪些要求?
7. 汽车营销人员在销售能力方面有哪些要求?
8. 汽车营销人员在业务知识方面有哪些要求?
9. 汽车市场调查的作用有哪些?
10. 汽车市场调查的内容有哪些?

11. 汽车市场的直接调查法有哪些？
12. 简述汽车市场调查的程序。
13. 汽车市场分析的工作内容有哪些？
14. 汽车市场营销环境的特点有哪些？
15. 汽车市场营销宏观环境有哪些？
16. 汽车市场营销微观环境有哪些？
17. 汽车消费市场有哪些特点？
18. 汽车消费者的购买行为有哪些特征？
19. 汽车消费者购买行为的影响因素主要有哪些？
20. 汽车消费者购买行为的参与者有哪些？
21. 简述汽车消费者购买行为的决策过程。
22. 汽车消费者购买决策的内容有哪些？
23. 汽车企业的竞争者有哪些类型？
24. 汽车市场营销策略有哪几个方面？
25. 汽车整体产品概念有哪几个层次？
26. 汽车产品生命周期有哪几个阶段？
27. 汽车品牌策略主要有哪几种？
28. 简述汽车价格的构成要素。
29. 影响汽车定价的主要因素有哪些？
30. 汽车产品定价的方法有哪些？
31. 汽车定价的策略有哪些？
32. 汽车分销渠道有哪几种类型？
33. 汽车促销有哪几种方式？
34. 简述汽车销售的一般流程。
35. 简述六车位汽车介绍法。
36. 简述汽车电子商务的核心。
37. 汽车网络营销有哪些优点？
38. 简述汽车网络营销的基本方式。

第 3 章　汽车消费信贷服务

本章知识点

本章主要介绍汽车金融服务和汽车消费信贷服务的基本概念和服务内容；分析汽车消费信贷的主要特点；介绍国内外汽车消费信贷服务的发展过程；分析比较美国、日本和国内汽车消费信贷的主要模式；介绍汽车消费信贷风险的含义，并对其进行分类，以及阐述汽车消费信贷的风险结构及其防范；介绍汽车消费信贷的主要流程，并分别探讨不同汽车消费信贷模式的操作实务。

教学要求

理解汽车金融服务的概念和涉及的主要工作内容，理解汽车消费信贷的概念和特点，了解国内外汽车消费信贷的发展现状；

了解美国、日本汽车消费信贷的主要模式和国内汽车消费信贷的主要模式；

理解汽车消费信贷的含义和分类，理解汽车消费信贷中的角色和来源，理解汽车消费信贷的风险管理和风险防范；

理解汽车消费信贷的主要流程，理解以银行为主体的汽车消费信贷的操作实务，理解以汽车经销商为主体的汽车消费信贷的操作实务，理解以非银行机构为主体的汽车消费信贷的操作实务。

引入案例

上海通用汽车金融有限责任公司，简称上海通用汽车金融公司，成立于 2004 年 8 月，是经过中国银监会批准成立的国内第一家汽车金融公司，由上汽集团财务有限公司、美国通用汽车金融公司和上海通用汽车有限公司三方出资组建，专注为通用汽车和其他汽车品牌客户及汽车经销商提供融资服务。

根据不同的还款方式，上海通用汽车金融公司的车贷产品主要有以下几种方案，同时也可根据购车者的需求为其量身定做个性化贷款产品。

1）等额还款

借款期内，每期还款金额一致。贷款期限为 12～60 个月，首付低至 20%，根据客户的个人资质和所购买的汽车，提供专门为其设计的贷款方案。该方案每月还款金额相同，方便记忆，适用于工作稳定，追求简单、便利生活的客户。

2）等本还款

借款期内，每期还款额逐步递减。贷款期限为 12~60 个月，首付低至 20%，根据客户的个人资质和所购买的汽车，提供专为其设计的贷款方案。该方案适用于收入较高，现金流稳定，同时追求高性价比的客户。

3）智慧还款

智慧还款将贷款分成头尾两部分，于首期和末期分别归还。在贷款期限结束时有三种选择：一是全额付清智慧尾款；二是申请12个月的展期；三是二手车置换。根据客户的个人资质和购买车辆，提供合适的本金比例和贷款期限。该方案月供低，适合收入在一定期间内会有较大数额的额外收入，同时生活态度较为时尚前卫、车辆更新需求较大的客户。

4）无忧智慧还款

无忧智慧还款俗称"贷一半，付一半"，贷款期末还款50%。在贷款期限结束时有三种选择：一是全额付清尾款；二是申请12个月的展期；三是二手车置换。该方案月供与智慧贷款相比更低，适合有一定积蓄、现金流有较大波动的情况，同时生活态度较为时尚前卫、车辆更新需求较大的客户。

5）分段式还款

分段式还款将贷款分成若干段，每段包含数期还款；在每个单一的段中，每期还款总额不同。贷款期限结束时有三种选择：一是全额付清尾款；二是申请12个月的展期；三是二手车置换。该方案有灵活弹性的组合，月供较低，适合现金流波动幅度大但相对规律的客户。

3.1 汽车消费信贷概述

随着我国经济的快速发展，人们的收入明显提高，汽车不再是权力和地位的象征，而是真正成为一种代步工具，进入了普通家庭。随着汽车工业和金融业的成熟，越来越多的消费者采用消费信贷的方式购买汽车产品。从当前的汽车消费发展趋势来看，汽车消费信贷业务正在成为一个较为系统的汽车金融体系。

3.1.1 汽车金融服务

从产业性质来看，汽车产业价值链上的汽车制造环节为第二产业，汽车销售、汽车服务等环节属于第三产业。汽车产业既是一个技术密集型产业，也是一个资金密集型产业，它的高技术含量和规模化生产要求汽车产业从融资、生产到销售及售后服务整个过程，都需要金融资本和金融服务。

1. 汽车金融服务的概念

汽车金融是依托汽车产业并促进其发展的金融业务，规模大，成熟度高，当前和以后的汽车市场不再单纯是车型的竞争，而是围绕汽车金融服务展开。

汽车金融是在汽车的生产、销售、维修服务及消费者购买过程中，通过货币流动和信用渠道所进行的筹资、融资及相关金融服务的一系列金融活动的总称，即汽车金融是指资金在汽车领域如何流动的。汽车金融的基本任务是应用金融工具和方式融通资金，支持汽车的生产、流通、维修和消费，促进汽车再生产过程中的资金良性循环，保障其顺利进行。汽车金融包括两个层次：一是针对汽车制造商、零部件企业的传统金融业务；二是针对流通和消费环节提供的金融业务。

汽车金融服务是指在汽车的生产、流通、消费与维修服务等环节中融通资金的金融服务活动。其包括为汽车制造厂家提供长期贷款、为经销商提供批发性库存贷款、为汽车服务企业提供营运资金融资、为消费者提供零售性消费贷款或融资租赁、为各类汽车用户提供汽车保险等服务。

汽车金融服务是汽车制造业、流通业、服务维修业与金融业相互结合渗透的必然结果，是一个复杂的交叉系统，要求其符合国家政策、法律法规，与金融保险等市场相互配合。汽车金融服务具有资金量大、周转期长、资金运作相对稳定和价值增值等特点。

经过百年的发展，汽车金融服务业已相当完善，是继房地产金融之后的第二大个人金融服务项目。在全世界每年的汽车销售总额中，现金销售额约占30%，汽车金融服务融资额约占70%。当前整个汽车产业的价值链与以前相比有了很大的变化，金融服务成为最有价值的环节之一。

2. 汽车金融服务的内容

汽车金融服务涉及的范围比较广，服务的内容主要有以下几个方面。

1）汽车消费信贷服务

汽车消费贷款是向申请购买汽车的借款人发放的担保贷款，是银行或汽车金融公司向汽车消费者一次性支付车款所需的资金提供担保贷款，并可联合保险、公证机构为汽车消费者提供保险和公证。

2）汽车保险服务

汽车保险包括交强险和商业险，是由保险公司对机动车辆因为意外事故或自然灾害所引起的人身伤亡或财产损失负赔偿责任。

3）汽车租赁服务

汽车租赁是汽车租赁经营机构与个人把租赁汽车交付承租人使用，不提供驾驶劳务的经营方式，其实质是把汽车的产权与使用权分开，通过出租汽车的使用权而获取收益，其核心思想是资源共享，服务社会。其出租标的除了汽车实物以外，还包含保证该车辆正常、合法上路行驶的所有手续与相关价值。

4）汽车置换服务

狭义上的汽车置换服务是以旧换新，是指汽车经销商通过二手车的收购与新车的对等销售获取利益；广义上的汽车置换服务，还包括二手车整新、跟踪服务、二手车再销售以及折抵分期付款等业务组合。

2. 汽车金融服务的作用

汽车金融服务的主要职能是为汽车生产、流通和消费等环节筹集和分配资金，它的产生和发展是与调节生产和消费矛盾的现实需要联系在一起的。

对汽车制造商而言，它是实现生产资金和销售资金相分离的重要途径；对汽车经销商而言，它是现代汽车营销体系中一个非常重要、必不可少的基本手段；对汽车营运机构而言，它是扩大经营的有力依托和保障；对汽车消费者而言，它提供了更多的选择。

1）汽车金融服务的宏观作用

汽车金融服务在宏观经济中的具体作用主要有如下几个方面。

（1）平衡供需矛盾。在市场经济下，汽车金融在经济运行中起着重要的作用，调节着供需不平衡的矛盾，是保持经济平衡运行的手段之一。其作用主要有：一是调节汽车生产与消费的矛盾；二是调节汽车产业资金周转的矛盾；三是调节汽车消费信贷与储蓄供给的矛盾。

（2）促进汽车产业的发展。汽车金融服务为汽车生产、流通和消费提供金融支持，可有效疏通汽车产业的上下游通道，减少产品库存，缩短资金周转时间，提高资金使用效率和利润水平，还有利于汽车生产制造和销售企业开辟多种融资渠道，促进汽车产业的发展。

（3）具备乘数效应。汽车工业是国家的支柱产业，与国民经济的很多部门有着密切联系，对国民经济的发展起着重要作用。汽车金融服务具有高度关联性，能带动第三产业的发展：一是直接推动第三产业的发展；二是以价值转移、引导投资等方式间接支持第三产业的发展。同时，汽车金融为扩大劳动力就业发挥了积极的作用。

2）汽车金融服务的微观作用

汽车金融服务在微观经济中的具体作用主要有如下几个方面。

（1）汽车金融服务对汽车生产商起到促进销售、加快资金流转的作用。汽车生产厂家要实现生产和销售资金的相互分离，必须获得汽车金融服务的支持，改善企业资金运营效率，提高劳动生产率。

（2）汽车金融服务可帮助汽车销售商实现批发和零售环节资金的相互分离。批发资金是用于经销商库存周转的短期资金，零售资金是用于客户融资的中长期资金。通过以经销商库存融资和对客户的消费信贷，可以为汽车销售商开辟多种融资渠道，促销产品，扩大市场占有率。

（3）汽车金融服务可以帮助汽车消费者实现提前消费。汽车金融服务可以为消费者提供消费信贷、租赁融资、保险等业务，解决支付能力不足的问题，减少资金运用的机会成本。

（4）汽车金融服务扩大了汽车消费规模。高折旧率是汽车消费的一大特征，这加大了消费者对汽车金融服务的依赖性，建立完善的汽车金融服务体系有利于汽车市场规模的扩大。

（5）汽车金融的发展能够完善金融服务体系，拓展个人消费信贷方式。汽车金融业的发展，可以促进个人汽车消费。汽车金融服务的利润丰厚，其所得利润约占整个汽车产业链的30%，超过汽车制造本身，汽车金融服务的持续扩大让储蓄资金得到了具有较高获益的出口。

3.1.2　汽车消费信贷的概念

汽车消费信贷是目前国内外通行的一种耐用消费品贷款业务。在汽车产品消费者中，许多人选择用贷款的方式去支付车款。作为服务贸易的一个重要部分，把汽车消费信贷建成较为系统的汽车金融体系是非常重要的。

1. 消费信贷的概念

消费信贷是金融机构、零售商等贷款提供者向消费者发放的，主要用于购买最终商品或服务的贷款，是一种以刺激消费、扩大商品销售、加速商品周转为目的，用未来收入做担保，以特定商品为对象的信贷行为。

消费信贷主要有两种基本类型：封闭式信贷和开放式信贷。封闭式信贷是指在一段时间内以相同金额分数次偿还债务的方式。开放式信贷是循环发放的贷款，部分付款根据定期邮寄的账单缴付。封闭式信贷包括抵押贷款、汽车贷款、分期付款贷款等；开放式信贷包括信用卡、旅游与娱乐卡等。

我国消费信贷虽然是以消费者偿还本金和付息为条件的借贷行为，但商业银行把资金以贷款的形式出让给消费者，获取利息并不是唯一目的。消费信贷已成为政府对经济进行宏观调控的有效手段，消费信贷的发展对社会经济的发展具有十分重要的积极作用。

2. 汽车消费信贷的概念

汽车消费信贷是消费者贷款消费的重要形式之一。

汽车消费信贷是指汽车消费信贷机构以个人、机构和其他消费群体为对象，以其历史信用和未来获取收益的能力为依据，通过提供贷款，实现其或者其客户对交通工具的购买和使用。

汽车消费信贷是一种封闭式消费信贷方式，一般采用分期付款。在分期付款形式的具体业务方面，汽车零售商一般与消费者签订汽车分期付款零售合同，即零售商保留所售汽车的所有权，把其作为买方担保的一种买卖合同。

汽车消费信贷起源于美国，从国外汽车消费信贷的发展状况来看，汽车消费信贷早已是汽车购买的主要方式之一，对汽车行业的发展和汽车的普及起着重要作用。

3.1.3　汽车消费信贷的特点

国内汽车消费贷款发展快速，而且仍有非常大的发展空间，对国内银行等金融机构来说，这是一项非常有发展前途的业务。除一般贷款的特点以外，汽车消费信贷还具有如下几个特点。

1. 贷款对象不集中，出险率高

汽车消费贷款大多数为额度不太大的贷款，这会增加银行或汽车金融公司的业务操作和管理的工作量，对其工作提出了更多更高的要求。由于汽车产品的特点，作为抵押物，贷款所购买的汽车及其贷款人（大多数为车主）有较大的流动性，贷款的还款情况出现风险的概率较高，这就要求银行等金融机构有一定的防御风险的能力。

2. 资金来源多元化

多年来，我国汽车消费信贷的主体主要是国有商业银行。但从 2004 年开始，国际汽车公司利用资金优势，在国内建立了多家汽车金融公司，如上海通用汽车金融公司、大众汽车金融公司、东风标致雪铁龙汽车金融公司等。它们有一些共同的特征，就是风险控制比较严格，但业务发展情况不太理想。总之，我国已基本形成国有商业银行、汽车金融公司、汽车经销商等多方资金共同参与的汽车消费信贷格局。

3. 汽车消费信贷服务的延伸不全面

汽车消费信贷服务的含义并不仅仅限于利用给消费者提供贷款促进车辆销售，还应该把汽车售后服务这一块纳入这一系统中。我国提供汽车消费信贷的各个机构，虽然都以自营或联合等形式提出了汽车销售服务和相应的售后服务一条龙概念，但在售后服务的深度和细致性方面与国外相比仍显落后。

4. 资信调查和评估有难度，存在信用风险

我国已基本建立了个人信用制度，但仍有不完备之处，银行等金融机构在获取个人信息时仍有一定的难度。另外，国内还存在着社会信用观念差、信用意识淡薄等现实情况。由于经济发展的不平衡，居民个人收入水平也相对不稳定，个人收入来源清晰度和负债透明度较差，这些都是汽车消费信贷的信用风险。因此，汽车消费信贷有着贷前调查难、调查材料可靠性不高、存在着一定的信用风险等特点。

5. 业务较新，不能有效防范风险

汽车消费信贷业务由于有保险公司的参与，借款人以购买保险公司的合同来履约保险和以所购买的汽车作为抵押的形式获得保险公司的担保和对保险公司担保的反担保，有着与其他贷款种类不同的特点。按照规定，汽车消费信贷中的抵押，需要有当地车辆管理部门的登记才有效，但当前地区的车辆管理部门并没有办理此项业务，这使得该项业务难以顺利开展。

3.1.4　汽车消费信贷的发展

汽车金融服务是汽车产业发展到一定阶段的产物，最早出现在 20 世纪初，当时汽车还属于奢侈品，银行不愿意向汽车消费者提供贷款，这给汽车购买者和销售商都带来了障碍，使得众多消费者买不起汽车，汽车制造商也缺乏足够的再生产和发展壮大的资金。为解决此问题，20 世纪 20 年代初，美国的汽车公司组建了融资公司，汽车消费信贷开始登上舞台，在促进汽车行业的发展上发挥了重要的作用。

在国外，有着健全的个人信用制度和完善的抵押制度，一切金融活动均被资信公司记录在案，使贷款手续非常简便。据统计，全球 70% 的私人汽车是通过贷款购买的。美国的贷款购车比例高达 80%～85%；德国的贷款购车比例达 70%；即使在发展中的国家如印度，其贷款购车的比例也达到了 60%。

随着我国汽车工业的快速发展，汽车生产能力大大提高，同时也需要巨大的市场来支撑。汽车的最大消费群体为 20～45 岁的中青年，这一群体的特征是当前的收入可能不是太高，但有比较好的未来收入。根据预期收入理论，银行等金融机构会倾向于把钱贷给有预期稳定收入的人群，那这一群体可通过汽车消费信贷提前购买汽车进行消费，促进了把未来购买力转化为当前购买力，刺激了消费，扩大了汽车市场。

我国汽车金融服务起步较晚，直到 1993 年，北方兵工汽贸才第一次提出汽车分期付款的概念。1995 年，美国福特汽车财务公司派专人到中国进行汽车信贷市场研究，中国才开始汽车消费信贷理论的探讨和业务的初步实践。国内汽车消费信贷的发展历程可划分为四个阶段，即初级阶段、发展阶段、竞争阶段和专业化阶段。

1. 初级阶段（1998 年以前）

改革开放初期，受经济发展情况等限制，汽车购买者主要是公务用车者，私人购买者很少，基本上都是全额付款。到 20 世纪 90 年代中前期，国内汽车消费市场相对低迷，为了有效刺激汽车消费需求的增长，1995 年，一些国内汽车生产厂家和部分国有商业银行联合起来，在一定范围和规模之内，尝试性地开展了汽车消费信贷业务，为国内购买汽车的机构和个人提供了分期付款的形式，但是因为国家宏观经济政策的调整和房地产项目贷款的冲击，不久此业务就被中国人民银行暂停。1996 年 5 月，国有商业银行推出了汽车消费信贷计划，但该计划也于四个月后被撤回。

之后，由汽车生产商和汽车经销商独立承担，没有任何金融机构参与的汽车消费分期付款业务开展起来。但到 1998 年以后，由于汽车生产厂家垫付了越来越多的资金，严重影响了企业正常的生产和销售工作，所以此业务的进展步伐明显放慢。

2. 发展阶段（1998—2002 年）

中国人民银行于 1998 年 9 月和 1999 年 4 月分别出台了《汽车消费贷款管理办法》和《关于开展个人消费信贷的指导意见》，对消费贷款的条件、贷款期限与利率、贷款程序、贷款担保等事项进行了规定，各个商业银行也相继出台了实施细则。汽车消费信贷业务成为国有商业银行改善信贷结构、优化信贷资产质量的重要途径。

汽车消费信贷的开展，使私人购买汽车数量增加，引起了汽车消费的井喷。随着汽车消费信贷市场的升温，保险公司也适时推出汽车消费贷款信用（保证）保险，形成了银行、保险公司、汽车经销商三方合作的模式，进一步推动了汽车消费信贷的高速发展。

同时，随着国家经济快速发展，居民收入水平的提高、消费能力的提升，个人汽车消费贷款业务进入快速增长阶段。据中国人民银行统计，1999 年，全国金融机构发放的汽车贷款约为 25 亿元，2001 年约为 234 亿元，2003 年新增超过 800 亿元。在新增的私人用车中，贷款购车占整个汽车消费总量的比例大幅提高，在 2003 年，这一比例接近 1/3。

3. 竞争阶段（2003—2004 年）

从 2002 年年底开始，中国汽车消费信贷市场开始进入新的竞争阶段，主要有以下三个方面的特点。

1）汽车消费信贷市场竞争激烈

汽车消费信贷市场发生了变化，由汽车经销商之间的竞争、保险公司之间的竞争，变为银行之间的竞争，各商业银行重新划分市场份额。经营观念也发生了变革，由以前重视资金的绝对安全性，转化为追求基于总体规模效益的资金的相对安全性。

2）汽车消费信贷业务发生转变

随着竞争的加剧，在整个汽车信贷市场中，保险公司的作用日趋变小，专业汽车消费信贷服务企业开始出现，中国汽车消费信贷开始转向专业化和规模化发展，也逐渐拓宽了其服务范围。

3）汽车信贷发展迅速致使风险上升

各商业银行为争取市场，不断降低贷款首付比例和利率，延长贷款年限，放宽贷款条件和范围，汽车消费信贷占整个汽车销售总量的比例继续提高。这种竞争导致整个行业平均利润水平下降，也弱化了风险控制环节，潜在的风险不断积累和提高，保险公司在整个汽车消费信贷市场的作用日趋淡化。

随着我国个人汽车消费信贷业务的不断发展，风险逐步显现。由于汽车价格不断降低、个人信用体制不健全、相关法律法规不完善，汽车消费信贷业务在开展过程中出现了大量呆账、坏账，这些因素使汽车消费信贷业务发展放缓。2004年3月，中国保监会对汽车消费贷款保证保险正式叫停。这样，银行承担了汽车消费信贷的全部风险，各个商业银行对汽车消费信贷业务也只能小心翼翼，为资金安全考虑，纷纷缩减了汽车消费信贷的规模。

4. 专业化阶段（2005年以后）

2004年8月，作为中国第一家汽车金融公司，上海通用汽车金融公司在上海成立，这是个具有里程碑意义的标志性事件，意味着中国汽车金融业开始转向以汽车金融服务公司为主导的专业化时期。随后，福特、丰田、大众等汽车金融服务公司相继成立。

在这个阶段，保险公司在中国整个汽车消费信贷市场的作用继续淡化，专业汽车消费信贷服务机构开始出现，中国汽车消费信贷向专业化和规模化方向发展，银行和汽车金融公司的竞争全面开始。中国银监会颁布的《汽车金融公司管理办法》是规范汽车消费信贷业务的重要措施，对培育和促进汽车融资业务主体多元化、汽车金融服务的专业化都产生了极其深远的影响，对促进我国汽车行业的健康发展也产生了积极的作用。

3.2　汽车消费信贷的模式

汽车消费信贷是当前汽车客户购买汽车产品时的一种重要的融资方式，经过多年的发展和演化，各个国家都基本形成了适合本国国情的一套信贷体系。各个国家的汽车消费信贷模式都有自己的特色和方式。

3.2.1　美国汽车消费信贷的模式

美国经济发达，商业银行的消费信贷也最为成熟。其中，汽车贷款占有相当重要的地位，其信贷额度仅次于信用卡。

1. 美国汽车消费信贷的方式

在美国，提供给汽车客户的消费信贷融资方式主要有直接融资和间接融资两种。

1）直接融资

直接融资是指由银行或信用合作社直接把贷款给汽车客户，客户再把获取的贷款支付给经销商购买汽车，根据分期付款的方式向银行或信用合作社归还贷款。

2）间接融资

间接融资是指汽车客户同意以分期付款的方式向经销商购买汽车，然后经销商把汽车购买合同卖给银行或信贷公司，银行或信贷公司把贷款发放给经销商或清偿经销商存货融资的贷款。

当前在美国的汽车购买分期付款融资客户中，直接融资和间接融资的客户所占比例分别为42%和58%。统计资料表明，在放款方中，银行所占的比例逐渐降低，而专业信贷公司所占的比例逐步攀升。

2. 美国汽车消费信贷的业务流程

在美国，以专业信贷公司为主的间接融资是汽车消费信贷的主要方式，其业务流程如图3-1所示。

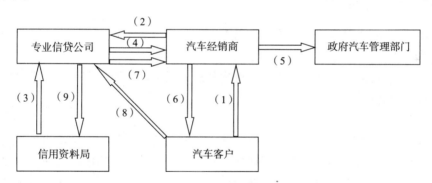

图3-1 美国汽车消费信贷间接融资的业务流程

具体的业务流程如下：

（1）汽车客户在经销商处选择喜欢的车型，并填写贷款申请书。

（2）汽车经销商把客户信息传送给合作的专业信贷公司。

（3）专业信贷公司向信用资料局申请，调查客户的信用情况，进行信用评估。

（4）专业信贷公司向经销商通知贷款的核准情况。

（5）汽车经销商与客户签订汽车消费信贷销售合同，经销商向所在州的政府汽车管理部门登记上牌，并登记信贷公司为汽车抵押权人，后者将出现在汽车管理部门出具给客户的汽车所有权证明书上面。

（6）汽车经销商向客户交车。

（7）专业信贷公司向汽车经销商划拨贷款和佣金。

（8）客户根据合同的条款规定向专业信贷公司分期还款。

(9) 专业信贷公司把客户还款情况上报给信用资料局。

3. 美国汽车消费信贷的特点

美国的汽车消费信贷方式主要有以下几个特点。
（1）有完善的社会服务系统和个人信用系统，汽车消费信贷的操作效率非常高。
（2）汽车消费信贷的贷款期限一般为5年，即60个月，贷款金额大约为车价的80%。
（3）为了保护用户的合法权益，出台了对用户消费信贷融资规定非常细致的法令。例如，要求汽车消费信贷销售合同明确说明利率、利息费用、月付款等信息。
（4）租贷融资所占比例正逐年提高，这种方式既能让汽车客户有可能经常更新，还无须处理原来的汽车。

3.2.2 日本汽车消费信贷的模式

在早期，日本的汽车消费信贷业务主要由银行提供。20世纪60年代，为了和美国强大的汽车销售能力相抗衡，增加对本国生产汽车的需求，日本汽车工业协会提出以扩大消费信贷促进汽车销售的建议。为此，众多汽车企业建立了金融公司从事此项业务，目前日本有大约一半的汽车是客户通过汽车消费信贷购买的。

1. 日本汽车消费信贷的方式

在日本，汽车消费信贷的方式主要有以下三种。

1）直接融资

直接融资通常是指汽车客户直接向银行贷款购买汽车，并把购买的汽车作为贷款的抵押物，再向银行分期付款。

2）间接融资

间接融资和美国的间接融资基本一致，即汽车经销商把愿意分期付款购车的用户，先通过汽车制造企业专属的信贷公司的信用评估，然后与客户签订分期付款合同，再把合同转让给信贷公司，后者给经销商划拨贷款和佣金。

3）附保证的代理贷款

附保证的代理贷款是指金融机构（一般是保险公司）提供贷款给客户用来购买汽车，但是从信用核准到贷款后的服务及催收等整个贷款流程的业务都是由信贷公司处理的，信贷公司保证当客户不付款时能代替客户向金融机构还款，提供贷款的金融机构向信贷公司支付一定的费用。

2. 日本汽车消费信贷的业务流程

附保证的代理贷款是日本一种较为有特色的汽车消费信贷方式，其业务流程如图3-2所示。

具体的业务流程为：
（1）汽车客户在经销商处选择喜欢的车型，并填写贷款申请书。
（2）汽车经销商把汽车客户的信息传送给有合同关系的信贷公司。

(3) 信贷公司调查客户的信用情况,进行信用评估。
(4) 信贷公司向经销商和签有保证合同的金融机构通知贷款核准情况。
(5) 提供贷款的金融机构和汽车客户签订融资合同。
(6) 汽车经销商向汽车客户交车。
(7) 汽车经销商向信贷公司发出划拨贷款请求。
(8) 信贷公司向金融机构发出划拨贷款请求。
(9) 金融机构把贷款划拨给信贷公司。
(10) 信贷公司把贷款转发给汽车经销商。
(11) 汽车客户通过信贷公司分期还款。
(12) 信贷公司向金融机构支付汽车客户到期的分期还款,并获取应得收入。

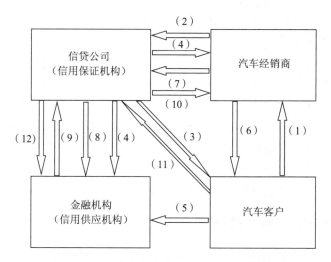

图 3-2 日本汽车消费信贷融资的业务流程

日本这种汽车消费信贷融资方法的优点是:汽车客户向金融机构(银行或保险公司)申请贷款的过程,是通过专业的信贷公司实现的,并由后者进行管理及对贷款进行保证,把贷款风险降到极低。信贷公司也无须考虑资金的筹集问题,而是通过专业的服务获得适当的利益。

日本汽车消费信贷融资的特点是其主体由专业信贷公司、银行、经销商及汽车企业所属的信贷公司组成。其中专业信贷公司的业务占比最大,且有继续提高的趋势,银行的业务占比则呈下降趋势。

3.2.3 中国汽车消费信贷的模式

在中国汽车消费信贷实施的早期阶段,汽车信贷市场的主要模式是以银行为主体的买方贷款和以经销商为主体的卖方贷款。随着国内汽车市场的繁荣和汽车信贷市场的发展,以上两种模式都显露出了各自的缺点,汽车消费信贷需要新的模式。2004 年 8 月,上海通用汽车金融公司成立并营业,随后又陆续成立了大众汽车金融公司、福特汽车金融公司等,这些事件标志着我国汽车消费信贷市场正在走向成熟阶段。

目前国内的汽车消费信贷市场，提供贷款业务的主体主要有三类：商业银行、汽车经销商和非银行金融机构，其中商业银行占主要地位。根据服务主体的不同，国内汽车消费信贷市场主要有以下三种模式。

1. 以商业银行为主体的信贷方式

以商业银行为主体的信贷方式是指银行、专业资信调查公司、保险公司、汽车经销商四方联合，银行直接面对汽车客户，经资信调查对客户信用进行评定，银行与汽车客户签订汽车消费信贷合同，客户将在银行设立的汽车消费信贷机构获得一个车贷的额度，使用该车贷额度就可以选购自己喜欢的汽车产品。

在该信贷模式中，中心是商业银行，由银行指定律师事务所出具客户的资信报告，银行还要求客户在其规定的保险公司购买保证保险、在指定的经销商处购买汽车产品，风险由银行和保险公司一起承担。

虽然各大商业银行所提供的服务流程有所不同，但都采用了由银行、专业资信调查公司、保险公司和汽车经销商四方联合的实施形式。

以商业银行为主体的信贷方式可以较好地显示银行资金雄厚、网点分布广、成本较低的优势。但是由于汽车市场变化多端，汽车生产厂家的管理策略和市场竞争手段常常会进行调整和改善；银行在开展汽车消费信贷业务时，也要对汽车企业及汽车产品本身的情况进行全面分析和了解，在这种背景下，银行对汽车市场及企业策略的变化和反应经常会有所滞后，从而影响了汽车金融产品的服务质量和市场适应性。

2. 以汽车经销商为主体的信贷方式

以汽车经销商为主体的信贷方式是指银行、保险公司与汽车经销商三方联合，由汽车经销商为汽车购买者办理贷款手续，作为资信调查和信用管理的主体，调查贷款人的资信情况，保险公司提供保证保险，经销商附带保险责任的业务，并代银行收缴贷款本息，而购车者可享受到经销商提供的一站式服务。由于汽车经销商在信贷提供过程中承担了一定的风险，并付出了相当多的人力、物力和财力，因此，会对客户收取一定比例的管理费用。

目前，以汽车经销商为主体的信贷方式又有了新的变化，从原来的汽车客户必须购买保险公司的保证保险，变化为经销商不再和保险公司合作，客户不需要购买保证保险，而是由汽车经销商独自承担全部的信贷风险。

以汽车经销商为主体的信贷方式的特点是为汽车产品购买客户提供了方便，实现"一站式"服务。但是，由于汽车经销商的资产规模和来源受到限制，在信贷业务方面也缺乏经验，因此这种汽车消费信贷方式适合的范围会受到限制。

3. 以非银行金融机构为主体的信贷方式

以非银行金融机构为主体的信贷方式是指非银行金融机构对汽车购买者进行资信调查、担保和审批工作，向购买者提供分期付款服务。

当前，国内非银行金融机构主要为汽车生产企业组建的财务公司或金融公司。这些公司具体的模式为：由汽车经销商出一定的款项从某汽车制造企业提车，其余的款项由该汽车企业的金融公司提供，汽车客户购买保险公司的保证保险，由律师事务所出具资信文件，由汽车经销商提供汽车，由汽车金融公司提供汽车消费信贷业务。

在该模式中，风险主要由汽车金融公司、经销商和保险公司共同承担。如果客户出现还款风险，由保险公司给经销商补偿余款，经销商再把其偿还给汽车金融公司。我国大型汽车公司均开设了汽车金融公司，提供汽车金融业务，但此项业务在国内的开展情况并不是太理想。

3.3　汽车消费信贷风险分析

随着社会经济和汽车工业的进步，我国汽车消费信贷业务也不断发展，贷款购车比例有增大的趋势。但由于相关法律法规不完善，个人信用体系不健全，汽车消费信贷的风险逐渐显现出来。

3.3.1　汽车消费信贷风险的含义与分类

1. 汽车消费信贷风险的含义

汽车消费信贷风险有狭义和广义两种含义。狭义上的汽车消费信贷风险是指借款人到期不履行或无法履行还本付息协议，致使金融机构有遭受损失的可能性，即它实际上是一种违约风险；广义上的汽车消费信贷风险是指由于内外部各种不确定因素对金融机构产生了某些影响，使汽车金融机构经营的实际上的收益结果与预期的目标发生一定的偏离，从而导致金融机构在经营活动中遭受损失或者丧失获得额外收益的一种可能性的程度。

2. 汽车消费信贷风险的分类

汽车消费信贷风险是由市场内部和市场外部的各个不同方面引起的。宏观经济环境、市场结构、市场运行模式和市场主体的行为等多个因素都有可能引起相应的消费信贷风险。

（1）根据汽车消费信贷风险产生的因素是市场内部还是外部，可以把其分为市场内部风险和市场外部风险。

（2）根据汽车消费信贷风险发生的信贷环节，可以把其分为信贷授信环节风险、信贷管理环节风险和信贷收回环节风险。同时，由于信贷授信环节风险发生在贷款合同签订以前，故也可称其为事前风险；信贷管理环节风险和信贷收回环节风险，也叫事后风险。

（3）根据授信者是否能够控制风险，可以把其分为可控风险和不可控风险。可控风险是指授信者对该风险有比较强的影响力。

（4）根据风险产生的原因，可以把其分为受信者偿债能力风险、受信者信用风险和市场因素风险。授信者是汽车消费信贷风险的第一承担者，想把消费信贷风险降低的积极性最高。

3.3.2 汽车消费信贷风险的结构分析

汽车消费信贷涉及多个主体，主要包括商业银行、保险公司、汽车经销商、汽车消费者等。根据汽车消费信贷的模式不同，各个主体在汽车消费信贷过程中所承担的风险类型和风险传递模式也会有所区别。

1. 汽车消费信贷风险中的角色

当前，国内汽车消费信贷市场主要有间客模式和直客模式两种。

在间客模式中，汽车经销商以自身资产为贷款客户承担连带责任保证，银行可以把风险传递给汽车经销商，而且还能利用经销商开展广告宣传、业务咨询、资信调查和信用管理等业务。

在直客模式中，银行直接面对的是客户，直接开展汽车消费信贷的各项业务，经销商不承担任何信贷风险，而是由银行和保险公司一起承担贷款客户不还本息的风险。此外，在此模式中，汽车经销商也无须为贷款客户提供连带责任保证。

当前，有的汽车经销商不再和保险公司合作，汽车消费者不购买保证保险，而是由汽车经销商独自承担风险。

综上，汽车消费信贷风险主要来源于两方面——汽车消费者和汽车经销商，而保险公司和银行是被动地接受经销商和消费者所导致的风险。汽车消费者或汽车经销商有可能利用政策法规的漏洞，或银行、保险公司内部管理的不完善，获取汽车消费贷款，恶意骗取或拖欠贷款，从而导致汽车消费信贷中风险的产生。所以，如果要控制汽车消费信贷过程中的风险，就需要了解风险来源，采取有效措施合理控制风险，以促进汽车消费信贷的健康发展。

2. 汽车消费信贷风险的来源

无论是间客模式还是直客模式的汽车消费信贷，其风险都可以分为两大类：直接风险和间接风险。直接风险是指由本身内部的管理问题导致的风险；间接风险是指由第三方的行为而导致的连带责任。汽车消费信贷的风险来源于汽车经销商和消费者，但产生于个人因素、政策因素和内部管理因素等多个方面。

1）汽车消费者收入变化及道德问题导致的还贷能力风险

在汽车消费信贷过程中，汽车消费者不履行合同按时还款，主要有两种原因：一是贷款客户存在道德问题，购买汽车是为了利用消费贷款向银行等金融机构套取资金；二是汽车消费借贷者因自身收入变化而造成还款能力不足。

当前，各大商业银行一般按照国际惯例，如果贷款客户拖欠贷款 3～6 期，就被视为重点注意对象；拖欠贷款 6 期以上，被视为不良贷款；拖欠贷款 12 期以上，一般被视为坏账。

根据各银行对实际不良贷款情况的分析，拖欠贷款 3 期以下的，一般是由借贷者遗忘、外出或者不及时划款引起的，对于这种情况，经过提醒，借贷人一般会及时还款，并不会造成实际的不良贷款；但也有部分借贷客户由于暂时经济状况不佳，连续 3 期以上无法还款，这种情况的借贷者如果经济情况变好，一般会及时还款，但如果经济条件无法改善，则会造成不良贷款；如果拖欠贷款 12 期以上，那么基本上就是恶意骗贷了，借贷者的本意就是蓄意套取现金。

2）银行本身存在的管理问题导致的潜在风险

根据商业的国际惯例，汽车消费信贷业务的贷款管理是基于批量管理的方式，而不是对每笔业务进行个案的跟踪管理。这是由于国外银行的操作管理是建立在完善的社会个人征信体系上的，但在国内个人征信体系尚未完善，借贷者的信用信息资料分散在各个业务部门。

在汽车消费信贷业务的整个流程中，都有着由于银行本身存在管理问题而导致的潜在风险。在业务受理阶段，由于汽车消费信贷业务数量比较大，借贷人的情况差别很大，借贷审批人员很难做到逐户核查借贷人的实际经济状况和担保能力，审批人员主要根据经办人员提供材料的真实性和完整性给出意见。在贷款审批阶段，国内各银行对汽车消费信贷没有完善的审批模型，采用的仍是以定性为主、定量为辅的方式，由于行业经验和主观判断能力的差别，不同的审批人员对同一借贷者也可能给出不同的意见。在借贷后的管理阶段，对借贷者还款情况的监管很难做到周全，一般各银行只是对拖欠贷款6期以上的借贷者进行电话或网络催收，效果并不理想。同时，对于已经存在的不良借贷也不能及时采取有效的方法。

与其他贷款种类相比，汽车消费信贷的贷款数额小，而且贷款流程复杂，包括审核、贷款、购车、后期服务、贷款催收以及收回的抵押车的处理等。这些都要求银行工作人员具备一定的汽车专业知识和经验，这也增加了银行的成本，造成了汽车消费信贷业务越多、银行风险越大的情况。

3）保险公司存在管理问题导致高额车贷险的赔付

在国外的汽车消费信贷业务中，70%~80%是由专业的汽车金融公司对汽车经销商或消费者提供的；而在国内，汽车消费信贷的主体是商业银行，为了减少经营风险，一般把保险公司引到汽车消费信贷风险管理的主体中，而这一巨大的保险市场也极大地吸引了保险公司。"车贷履约保证保险"在很大程度上缓解了银行业的经营风险，也给保险业带来了发展机遇。但保险公司也面临着较大的风险压力，车贷险赔付率较高，主要原因有以下三个：一是贷款拖欠引起的较高的车贷险赔付率，经营风险加大，例如，一些购车者和销售商勾结，有的没有发生实际购车行为，把贷款移作他用，或私下变换所购车型，多套取汽车贷款；二是车贷险业务中有较多数量的涉嫌诈骗案件和法律纠纷，致使保险公司涉及大量的案件和诉讼；三是为清理逾期贷款，保险公司花费了大量人力、物力，这也增加了管理成本，加大了经营压力。

车贷险的高额赔付率，显示保险公司的对车贷险风险管理存在着问题。作为保险人，保险公司承接着汽车消费信贷的风险，但其缺乏对信贷风险的评估、信贷防范的经验，其后果是保险公司对借贷人过分依赖；而银行对汽车消费者提供贷款的依据是由保险公司出具的调查材料和车贷保单等，这种操作程序也是产生车贷险风险的重要因素。

4）间客模式下，汽车经销商转嫁风险和恶意骗贷风险

当汽车消费信贷采用间客模式时，汽车信贷消费的风险主要由经销商承担。此时，汽车经销商不仅是销售者，也是个人信用的管理者与风险控制者。银行通过汽车经销商的担保来转移和减小风险，间接地与客户形成借贷关系。商业银行积极与汽车经销商合作，在实现汽车消费信贷业务快速增长的同时，也引起了两者之间的矛盾。

在间客模式下，以经销商为主体，由其负责为汽车购买者办理贷款手续，以其自身资产为借贷客户提供责任保证，并代银行收取贷款本息。汽车经销商和银行合作，由经销商向客

户提供贷款购车的第三方担保服务，经销商在合作银行内存一笔保证金，如果借贷人无法按时还款，则从保证金中扣除本息。

由于汽车消费信贷是银行的零售业务，银行委托汽车经销商推荐客户，并代办资信等手续。汽车经销商的经营目标是销售最大化，银行的经营目标是在一定收益的情况下保证信贷资金的安全，二者存在着利益冲突。汽车经销商和银行的利益侧重点不一致，经销商热衷于汽车消费信贷，注重它带来的后期增值服务，所以更想争取更多的汽车信贷客户，这给银行带来了风险。一是汽车经销商提供的担保有限，有的担保金额远大于在银行的担保存款，同时银行不能对汽车经销商的资金进行实时监控，风险无法避免；二是个别汽车经销商制造虚假购车合同套取贷款，达到一定数额后，把资金转移，银行无法进行及时的风险防范，需承受巨额损失。

在间客模式下，有的汽车经销商为保证自身利益，通过向保险公司购买车贷险来达到转移风险的目的。如果根据保险公司的要求认真调查和评估借贷人的资格和风险，则会把一大批购车人排除在外，这与汽车经销商的利益不一致。因此，经销商总会尽可能地使可能多的购车人符合保证保险的条件，这也增加了保险公司和银行的借贷风险。而在法律实践中，汽车经销商却很少为此承担责任。

3.3.3 汽车消费信贷风险的管理

为了降低汽车消费信贷的风险，加强过程管理，我国颁布了《汽车消费信贷管理办法》，汽车消费信贷的规模从无到有，从小到大，获得了较为快速的增长。在汽车消费信贷业务中，其风险管理可以从两个方面来进行：一是宏观层次；二是微观层次。

1. 宏观层次

宏观层次是指国家为了保证汽车消费信贷双方能够进行正常的合法交易，明确他们的权利和义务，制定一系列的、要求双方严格遵守的法律和法规制度，即分期付款的法制环境。完备的法制环境是汽车贷款分期还款的基本前提。

1）法律制度建设

根据我国现行的法律制度，开展汽车消费信贷是有法可依的。《中华人民共和国民法通则》是保证汽车消费信贷的基本大法；《中华人民共和国经济合同法》对买卖合同的一般规定适用于汽车消费信贷；《中华人民共和国担保法》是汽车消费信贷债权人能够顺利实现债权的重要保障；《中华人民共和国民事诉讼法》和《中华人民共和国破产法》能够对汽车责任财产的归属进行确认；《中华人民共和国商业银行法》给商业银行进入汽车消费信贷提供了法律上的依据。

2）所有权保证制度

不管是商业银行，还是汽车经销商、专业的汽车金融公司，在进行汽车消费信贷业务时，所有权在买卖双方之间进行转移的过程中，都存在如何保证债权顺利实现的问题。在汽车消费信贷的过程中，汽车所有权的转移主要有两种方法：一是抵押权设定方式，在消费信贷购车行为完成后，汽车的所有权属于消费信贷购车者，但该汽车需要作为消费信贷经营主体的残余债权的抵押，而且享有第一顺位的抵押权；二是所有权保留方式，在消费信贷购车者没有还清全部贷款以前，汽车所有权归消费信贷经营主体所有，当买方归还完最后一笔贷款后，所有权才归买方所有。

3）产权证的制定和发放

汽车产权证即中华人民共和国机动车登记证书。根据当前的车辆管理办法，消费信贷所购买的汽车，抵押状况可以在有关证件中明确地体现出来，防止消费信贷购车者没有还清贷款就转让该汽车给别人，或者把抵押汽车再次抵押，或者发生其他意外事件。没有确认产权归属的有效证明，就没有判断权益归属的法律依据，也就没有办法保证分期付款双方的合法权益。

2. 微观层次

微观层次是指在汽车消费信贷的过程中，在符合国家法规的基本条件下，消费信贷经营主体应该如何采取管理方式来规避风险。有效的风险管理模式是汽车贷款正常分期还款的根本保证。从微观层次来观察，汽车消费信贷的风险主要是汽车经销商和汽车购买消费者两个源头。

1）经销商欺诈风险

商业银行在对违约汽车的回收、拍卖和变现等方面缺乏专家和经验，无法及时处理，为控制汽车消费信贷风险，银行常采取的方法有以下两种：一是制定非常苛刻的贷款条件；二是把消费者的资信调查、办理贷款等手续全部交给汽车经销商来完成，并要求其提供保证保险。

在间客模式下的汽车消费信贷中，汽车经销商、银行和保险公司三方联合，以经销商为主体进行资信调查和信用管理，保险公司提供保证保险，经销商负连带保证责任。一些汽车经销商为扩大汽车销售量，对消费者的资信情况和还款能力不进行认真调查，就要求银行发放汽车消费贷款；更有部分不良经销商伪造虚假购车合同，骗取银行贷款，导致银行产生不良资产。

2）汽车购买消费者的还款违约风险

国内的汽车消费信贷是一种比较优良的资产，但随着业务的快速增长，潜在的风险将加大。国内个人信用体系尚有不完善之处，即使有汽车履约保证保险可以减小银行的信贷风险，个人信用风险的评估和控制仍然存在一定的问题。只有当个人信用资料积累起来，建立了完善的评估体系，汽车消费信贷业务才能得到更加健康快速的发展。

除了汽车消费信贷的信用体系不完善之外，汽车降价也会产生一定的还贷风险。如果汽车价格不断降低，那么作为抵押品的汽车的价值也会随之降低，这种现象的潜在风险是：汽车消费信贷人驾驶所购买的汽车几年之后，不是继续还款，而是把旧车还给银行。对此问题，应该尽快建立更加完善的个人信用体系。

3.3.4　汽车消费信贷风险的防范

信贷资源是一种社会资源，其利用的好坏关系到其他行业的发展情况。对于汽车消费信贷业务来说，汽车经销商、消费者、银行和保险公司等只有处于一个健康发展的业务环境中，才能取得更大的收益。中国庞大且发展迅速的汽车消费市场，需要一个良好的汽车消费信贷市场来保证其顺利进行。因此，对汽车消费信贷的风险进行控制和防范，保证行业的健康运行，需要各个方面的共同维护。

1. 完善汽车经销商、银行和保险公司三方联合的汽车信贷模式

汽车消费信贷的主要风险之一在于银行很难真正了解贷款者的偿还能力和个人情况的变化。因此，当银行在发放贷款之前，要求贷款人必须购买某些险种，即使贷款人发生意外事件，银行也可根据保险收益从保险公司获得保险赔偿金，支付余下的贷款本金和利息。

相应地，保险公司就要推出与信贷风险相关的险种。因此，汽车消费信贷和保险相互结合是一种有益的发展形态，法国和德国等国家都有此规定。我国也可以开发相应的险种供贷款人选择，使银行、保险公司和贷款者三方共赢。

2. 推行汽车消费信贷证券化

汽车消费信贷的风险存在突发性强、难以控制的问题，为此，西方国家采取了资产证券化的方式来分散信贷风险。银行把持有的汽车消费信贷资产形成证券组合，出售给专门机构或信托公司，以抵押担保证券的形式出售给投资者，信托公司对证券组合采用担保、保险和评级等方法，既保护了投资者的权益，也降低了发行者的融资成本。

3. 灵活运用营销方式，简化贷款手续

根据外部条件的不同，可以灵活地采取多种营销方式。对于信誉良好的汽车经销商，银行可力争让其担保，对汽车购买人发送贷款；对于信誉一般的汽车经销商，则可把所购买的汽车作为贷款的主要担保物，并附加汽车贷款履约保证保险，再发放贷款。也就是说，要灵活应用不同的营销方式，既扩大了汽车贷款的客户范围，也能有效降低汽车消费信贷的还贷风险。

4. 对汽车消费信贷客户进行信用评估

在核准贷款以前，利用一定的信用评估方式分析汽车消费信贷客户的稳定性、还款能力和意愿，判断汽车消费信贷客户的还贷风险情况，这是信用风险管理的基本内容，也是保证债权回收的首要条件。建立合适的信用风险模型，以统计的方法把信用资料对还款能力的影响数量化，进行分类和评分，分析客户信用高低。还可利用此模型对历史资料数据进行分析比较，完善评估标准，这样既能降低还贷风险，又能促进汽车的销售情况。准确而客观的信用评估模型可以有效降低成本、促进业务增长、了解客户及潜在的发展机会。

5. 根据地区情况区别对待

在汽车消费信贷的发展过程中，银行可根据各个地区的外部环境，有区别地对待。例如，对北、上、广、深等市场潜力大的地区，要优先发展；对外部环境较差、市场潜力小的地区，要慎重发展。考虑到国内的社会信用制度存在不完善的现实情况，汽车消费贷款需要具备有效的担保，抵押物的抵押等级手续要完备。为了能够有效的防范风险，可以发展在保险公司保证保险情况下的汽车消费信贷业务。

6. 建立有效的跟踪和催收系统

汽车消费信贷的贷后跟踪和欠款催收能较好地帮助经营主体及时回收有可能丧失的债权利益，减少坏账。汽车消费信贷经营主体可以建立专门的贷后跟踪和欠款催收机构，对客户的汽车消费信贷情况建立完整的档案，以便能够及时跟踪；逾期没有按时还款的客户，由专人负责跟踪及催收，采取最快的方式和必要的措施保障债权。

7. 根据市场需求及价格变动调整按揭乘数

市场价格下降可能引起部分汽车消费者需要偿还的贷款额度高于目前新购买同一辆汽车的价款。当发生这种情况时，就会有消费者考虑是否还有必要偿还余下的贷款，从而导致汽车消费贷款的违约风险。市场因素的重要特点之一是对于银行来说，这是不可控因素，银行没有办法改变甚至无法影响这类因素的变动。在没有能力改变银行和汽车生产厂家的决策和行为时，对于汽车价格和利率变动所导致的风险，银行可以要求汽车消费者提高汽车购买首付款的比例，从而降低贷款的比例，以免汽车价格下跌时银行本身承担过多的损失。

为适应汽车市场快速发展的需要，我国要加快形成功能齐全、形式多样、分工协作、互为补充和监管有力的汽车消费信贷服务体系。

3.4 汽车消费信贷实务

目前，我国的汽车消费信贷业务可以分为以银行为主体的直客模式、以汽车经销商为主体的间客模式和以汽车金融公司为主体的贷款模式三大类。所谓直客，是指银行直接向汽车消费者提供贷款；所谓间客，是指银行通过第三方，即汽车经销商，与汽车消费者形成借贷关系。

3.4.1 汽车消费信贷的主要流程

根据汽车消费信贷机构的组织和业务特点，汽车消费信贷业务的基本流程可以划分为汽车消费信贷申请、汽车信贷申请的审批、贷款发放与业务实施、汽车消费信贷监控和汽车消费信贷违约处理五个阶段。

1. 汽车消费信贷申请

申请汽车消费信贷的消费者通过经销商或直接向汽车消费信贷服务机构进行咨询，索取资料，填写表格，申请信用贷款，并提交各种证明资料。汽车消费信贷机构的资信评估部门对申请个人或企业进行初步审核，决定是否接受申请，并及时回复。

这是汽车消费信贷机构对客户进行筛选的第一关，把信用差、风险高的信贷申请者去除掉。

2. 汽车信贷申请的审批

对于符合汽车消费信贷信用要求的申请者，汽车消费信贷机构通过自己或委托专业的资信公司进行实地考察，采集申请者的资信资料，开展各种形式的资信评估和分析，对于符合条件的申请人启动贷款审批程序。

对评估结果不符合要求的个人和企业需要及时做出回复。

3. 贷款发放与业务实施

对于符合条件，通过正式审批的汽车消费信贷申请人，汽车消费信贷机构通常与汽车消费信贷申请人和汽车经销商签订相关的合同，并要求汽车消费信贷申请人完成相关的流程手续，主要有交纳首付款、购买保险、办理抵押等，对汽车消费信贷申请人发放汽车消费信贷。

4. 汽车消费信贷监控

汽车消费信贷机构向汽车消费者正式发放贷款后，会亲自或委托专业机构监控风险，定期或不定期地检查，得到信贷个人或企业的财务情况和还款能力，追踪其资信变化情况，及时发现风险，并采取措施进行控制。

5. 汽车消费信贷违约处理

汽车消费信贷机构的风险监控部门一旦发现预警信号，应该立即通知资产管理部门，并采取紧急措施止损，如收回所购买汽车或抵押资产等，汽车消费信贷机构的法律部门则应启动法律程序，保证信贷公司的利益。

3.4.2 以银行为主体的汽车消费信贷操作实务

在国内，银行是当前办理汽车消费信贷业务的主要机构，占据全部汽车贷款业务量的大约95%。以银行为主要贷款机构的汽车消费信贷模式也称为直客贷款模式，由购车人向商业银行贷款，所得贷款支付给汽车经销商，购买中意的汽车，汽车消费者根据分期付款的方式向银行归还贷款。

1. 以银行为主体的汽车消费信贷的业务流程

由于目前很多保险公司已经不再办理带有为汽车消费信贷客户担保性质的履约保险，因此，现在银行经常办理的是抵押加保证的贷款，即汽车消费信贷贷款者把其固定资产或所购买的汽车进行抵押，再找一个银行认可的担保人进行担保。

与其他消费贷款的手续类似，汽车消费信贷的申办是从汽车的选购开始的。汽车消费者先在经销商处选择喜欢的汽车，与汽车经销商签订购车合同，到商业银行办理直客模式贷款，获得汽车消费贷款后支付购车款项。以银行为主体的汽车消费信贷的业务流程如图3-3所示。

1）选定车型，咨询、签订购车合同

汽车消费者在经销商处选择合适的车型，商谈好汽车价格，如需要贷款，消费者要了解汽车消费信贷的一些相关事项，如贷款人条件、贷款额度、还款期限、违约责任等，并与汽车经销商签订购车合同。

2）汽车消费贷款申请

汽车消费者选好车型、签订合同后，填写汽车消费贷款申请书、资信情况调查表，然后和与个人情况有关的证明一起向贷款银行提交。

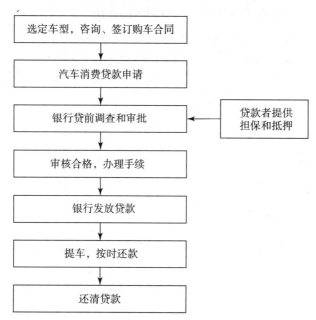

图 3-3 以银行为主体的汽车消费信贷的业务流程

3) 银行贷前调查和审批

对汽车消费信贷客户，银行相关部门对其情况进行调查，如符合贷款条件，银行及时通知贷款人填写相关表格和文件；如不符合条件，则反馈给客户。

4) 审核合格，办理手续

银行通知汽车消费贷款者签订贷款合同、担保合同和抵押合同，并办理抵押登记和保险等有关手续。

5) 银行发放贷款

银行把所申请贷款直接划转到汽车经营商指定的账户中。

6) 提车，按时还款

汽车消费者把首付款项交给汽车经销商，并凭存折和银行开具的提车单办理提车手续，根据贷款合同的条约规定，按时偿还贷款本息。

7) 还清贷款

当汽车消费贷款者还清本息后，在一定期限内去有关部门办理抵押登记注销手续。

2. 银行汽车消费信贷的条件

汽车消费者如果决定向银行申请汽车消费贷款用来购买汽车，首要的事情就是做好咨询工作，向银行询问相关事项，了解我国银行的汽车消费信贷条件。以下以中国工商银行的规定进行说明。

1) **中国工商银行汽车消费信贷的借款人条件**

国内的商业银行对申请汽车消费信贷的自然人所要求具备的条件基本一致，主要包括以下条件。

（1）具有完全民事行为能力的自然人。

（2）有当地常住户口或有效居住身份，有固定的住所。

（3）有正当职业和稳定的收入来源，具备按期偿还贷款本息的能力。

（4）持有与贷款人指定经销商签订的指定品牌汽车的购买协议或合同。

（5）提供贷款人认可的财产抵押、质押或第三方保证，保证人应为贷款人认可的具有代偿能力的个人或单位，并承担连带责任。

（6）购车人为夫妻双方或家庭共有成员，必须共同到场申请。若一方因故不能到场的，应填写委托授权书，并签字盖章。

（7）在贷款人指定的银行存有不低于首期付款金额的购车款。

（8）贷款人规定的其他条件。

3. 银行汽车消费信贷应提供的资料

借款人为自然人的申请汽车消费贷款应提出书面申请，填写有关申请表，并提供有关资料，主要有：

（1）个人及配偶的身份证、结婚证、户口簿或其他有效居住证件原件。

（2）贷款人认可的部门出具的借款人职业和经济收入的证明。

（3）与贷款人指定的经销商签订的购车协议或合同。

（4）不低于首期付款的工商银行存款凭证。

（5）以财产抵押或质押的，应提供抵押物或质押物清单、权属证明及有权处分人（包括财产共有人）同意抵押或质押的证明，有关部门出具的抵押物估价证明。

（6）由第三方提供保证的，应出具保证人同意担保的书面文件，有关资信证明材料及一定比例的保证金。

（7）以所购买车辆作抵押物的，应提供在合法抵押登记和有关保险手续办妥之前贷款人指定经销商出具的书面贷款推荐担保函。

（8）贷款人要求提供的其他资料。

4. 银行汽车消费信贷的贷款额度、期限、利率和还款方式

汽车消费贷款额度最高不得超过购车款的80%，具体按以下情况区别掌握。

（1）以贷款人认可的质押方式申请贷款的，或银行、保险公司提供连带责任保证的，借款人应自筹不低于购车款20%的首付款，贷款最高额不得超过购车款的80%。

（2）以所购车辆或其他财产抵押申请贷款的，借款人应自筹不低于购车款30%的首付款，贷款最高额不得超过购车款的70%。

（3）以第三方保证方式申请贷款的（银行、保险公司除外），借款人应自筹不低于购车款40%的首付款，贷款最高额不得超过购车款的60%。

贷款期限一般为3年，最长不超过5年（含5年），并根据借款人性质分别掌握。对出租汽车公司或汽车租赁公司，贷款期限最长不超过3年（含3年）；对其他企业、事业单位，贷款期限原则上不超过2年（含2年）；对个人，贷款期限一般为3年。

汽车消费贷款利率按照中国人民银行规定的同期贷款利率执行。贷款期限在1年以内的，按合同利率计息，遇法定利率调整不分段计息；贷款期限在1年以上的，遇法定利率调整,于下年初开始,按相应利率档次执行新的利率水平。

借款人应按借款合同约定的还款日期、还款计划、还款方式偿还贷款本息。如借款人提前偿还全部贷款,则应提前15日向贷款人提出书面申请,征得同意后方可办理有关手续。

贷款本息按月(季)偿还,每次偿还的本息额为

贷款本金/还本付息次数+(贷款本金−已归还本金累计数)×月(季)利率

3.4.3 以汽车经销商为主体的汽车消费信贷操作实务

以汽车经销商为主体的汽车消费信贷模式,是指银行通过汽车经销商与汽车消费者形成金融借贷关系,汽车经销商是客户资信调查和信用管理的主体,并由其向汽车消费者提供金融服务的模式,也称为间客模式。在此模式中,汽车经销商是主体,与银行和保险公司达成协议,负责与消费信贷有关的各项事务,汽车消费者只需要与汽车经销商打交道即可。

1. 以汽车经销商为主体的汽车消费信贷业务流程

国内以汽车经销商为主体的汽车消费信贷业务,对贷款申请人并没有统一确定的条件限制和贷款流程。其一般业务流程如图3−4所示。

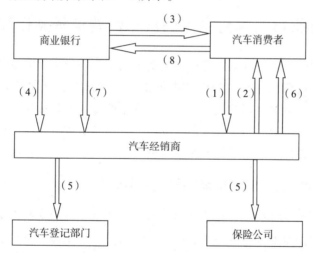

图3−4 以汽车经销商为主体的汽车消费信贷的一般业务流程

(1)汽车消费者到汽车经销商处选择合适的车型,如需要贷款,则需提交有关的贷款申请材料。

(2)以汽车经销商为主体对汽车消费者进行信贷资格调查,并与汽车消费者签订购车合同。

(3)商业银行根据汽车经销商对消费信贷客户的审查意见对客户审定,并办理相关的贷款手续。

(4)商业银行向汽车经销商划拨款项。

(5)汽车经销商负责帮助汽车消费者进行合同的签订、抵押权登记和车辆的上牌,以及各类保险,实施一站式服务。

(6)手续齐全后,汽车消费者在汽车经销商处提车。

(7) 商业银行给汽车经销商支付佣金。

(8) 汽车消费者按规定按时向银行还款。

2. 以汽车经销商为主体的汽车消费信贷的特点分析

与其他模式相比，以汽车经销商为主体的汽车消费信贷有自己的优点和缺点。

1) 优点分析

以汽车经销商为主体的汽车消费信贷模式简化了贷款的申请和审批的程序，提高了信贷服务效率，汽车消费者可以得到相对简捷的汽车消费信贷服务；汽车消费者有了更多的选择空间，在首付款、贷款期限等多个方面有了更多的选择；通过与汽车经销商的合作，汽车消费者可以得到更多专业化的增值服务，通过多方联合，汽车消费信贷形成了信息咨询、贷款购车、牌照、保险等一条龙服务，给汽车消费者提供了更多的方便。

2) 缺点分析

以汽车经销商为主体的汽车消费信贷模式在给汽车消费者带来便利的同时，也给汽车消费者带来了一定的负担，汽车信贷客户除承担银行利息以外，还要承担保证保险、经销商服务费等项目支出。

3.4.4 以非银行机构为主体的汽车消费信贷操作实务

以汽车金融公司为主体的汽车消费信贷是指由汽车金融公司直接面向汽车消费者，组织开展对消费信贷客户的资信调查、担保和审批工作，向其提供分期付款的方式。在此模式下，汽车消费者从汽车金融公司利用抵押所购买汽车的方式进行贷款，汽车金融公司对借款人进行购车咨询、信用调查、担保、售车及其后的一系列服务，实现了汽车生产、销售、消费和服务的一体化，为汽车消费者提供全方位的服务。

1. 以非银行机构为主体的汽车消费信贷业务流程

该模式与以银行为主体的直客模式基本一致，但放贷主体通常是汽车企业所属的汽车金融公司，其优势是更加专业和有针对性。以汽车金融公司为主体的汽车消费信贷的业务流程如图3-5所示。

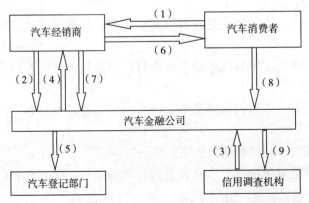

图3-5 以汽车金融公司为主体的汽车消费信贷的业务流程

(1) 汽车消费者在汽车经销商处选定车型，填写贷款申请。
(2) 汽车经销商把汽车消费者的贷款资料传送给汽车金融公司。
(3) 汽车金融公司通过信用调查机构查询汽车消费者的信用资料，进行信用评估。
(4) 汽车金融公司通知汽车经销商汽车消费者的贷款核准情况，授权汽车经销商和汽车消费者签订融资合同。
(5) 汽车金融公司帮助汽车消费者进行抵押权登记和完成车辆的上牌。
(6) 手续齐全后，汽车消费者到经销商处进行提车。
(7) 汽车金融公司收到汽车经销商的合同文件后，向其发放款项。
(8) 汽车消费者根据合同，向汽车金融公司按期还款。
(9) 汽车金融公司把汽车消费者的还款情况提供给信用调查机构。

在实际的贷款业务过程中，还可能涉及其他业务部门，如办理保险、担保手续及售后服务等，这些都可以由汽车金融公司依靠它们在各个部门的关系帮助汽车消费者来完成。

2. 以汽车金融公司为主体的汽车消费信贷的特点

随着汽车服务行业的发展，通过汽车金融公司进行汽车消费贷款成为客户的一种选择方式，并且因其手续简捷而得到较为快速的发展。在此模式下，汽车消费者只需要选择好车型，就可以到所属汽车企业的经销商处购买。与以银行为主体的汽车消费信贷相比，以汽车金融公司为主体的汽车消费信贷有以下一些不同。

1）申请资格

汽车金融公司的放贷标准更为宽松一些，重视申请人的信用，外地户口也可以；而银行更注重申请人的收入、户口和抵押物等，还需要本地户口或本地市民担保等一系列较为复杂的手续。

2）手续和费用

汽车金融公司一般只要3天左右就可完成相关手续的办理，而且不需要交手续费、抵押费、律师费等费用；银行需要的时间则长一些，一般在1周以上。

3）首付比例及贷款年限

汽车金融公司的首付一般比较低，贷款年限可为3~5年。

4）利率

银行按照中国人民银行规定的同期贷款利率计算；汽车金融公司则比银行的现行利率要高出1~2个百分点。

5）还款额度

银行提供的信贷方式一般为标准信贷。而汽车金融公司还提供一种弹性信贷，汽车消费者有了更多的还款选择方式。例如，汽车消费者可以把一部分贷款额作为弹性尾款，在贷款期限的最后一个月一次性支付，而不计算到月还款额，这样可以使购车者的月还款数量减少。

综上，以银行为主体的汽车消费信贷的优势是贷款利率较低，但手续复杂，批贷率不高，还可能要支付担保费、抵押费等其他费用；以汽车金融公司为主体的汽车消费信贷更加专业化和人性化，更加灵活和具有针对性，手续简捷，贷款条件更宽松，注重消费者的个人信用，放贷速度快，但利率较高。

本章小结

汽车金融是依托并能有效促进汽车产业发展的金融业务,规模大,发展成熟,是汽车产业中最有价值的环节之一。汽车消费信贷是汽车金融服务的重要内容,是信用消费的一种形式,它的出现引起了汽车消费方式的重大变革,有力地促进了汽车产业的发展。

汽车金融服务是指在汽车的生产、流通、消费与维修服务等环节中融通资金的金融服务活动,是汽车制造业、流通业、服务维修业与金融业相互结合渗透的必然结果。汽车金融服务主要包括汽车消费信贷服务、汽车保险服务、汽车租赁服务和汽车置换服务等。汽车金融服务的主要职能是为汽车生产、流通和消费等环节筹集和分配资金。

汽车消费信贷是指汽车消费信贷机构以个人、机构和其他消费群体为对象,以其历史信用和未来获取收益的能力为依据,通过提供贷款,实现其或者其客户对交通工具的购买和使用。其特点主要有:货款对象不集中,出险率高;资金来源多元化,汽车消费信贷服务的延伸不全面;资信调查和评估有难度,存在信用风险;业务较新,不能有效防范风险。国内汽车消费信贷的发展主要经历了初级阶段、发展阶段、竞争阶段和专业化阶段四个阶段。

各个国家的汽车消费信贷模式有自己的特色和方式。美国汽车消费信贷模式主要有直接融资和间接融资两种;日本汽车消费信贷模式主要有直接融资、间接融资和附保证的代理贷款三种;中国汽车消费信贷模式主要有以银行为主体的信贷方式、以汽车经销商为主体的信贷方式和以非银行金融机构为主体的信贷方式三种。

汽车消费信贷风险有狭义和广义两种含义。汽车消费信贷风险的来源主要有:汽车消费者收入变化及道德问题导致的还贷能力风险;银行本身存在管理问题导致的潜在风险;保险公司存在的管理问题导致高额车险贷的赔付;间客模式下,汽车经销商转嫁风险和恶意骗贷风险。汽车消费信贷的风险管理可以宏观层次和微观层次来进行。汽车消费信贷风险的防范措施有:完善汽车经销商、银行和保险公司三方联合的汽车信贷模式;推行汽车消费信贷证券化;灵活运用营销方式,简化贷款手续;对汽车消费信贷购车者进行信用评估;根据地区情况区别对待;建立有效的跟踪和催收系统;根据市场需求及价格变动调整按揭乘数等。

汽车消费信贷业务的基本流程有汽车消费者信贷申请、汽车消费者信贷申请审批、贷款发放和业务实施、汽车消费信贷监控和汽车消费信贷违约处理五个阶段。

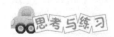

调查当地汽车消费信贷的发展状况。

一、术语解释

1. 汽车金融。
2. 汽车金融服务。
3. 汽车消费信贷。

4. 狭义上的汽车消费信贷风险。
5. 广义上的汽车消费信贷风险。

二、简答题
1. 汽车金融服务的内容有哪些？
2. 汽车金融服务的宏观作用有哪些？
3. 汽车金融服务的微观作用有哪些？
4. 简述汽车消费信贷的特点。
5. 简述国内汽车消费信贷的发展过程。
6. 简述美国的汽车消费信贷模式。
7. 简述美国汽车消费信贷的业务流程。
8. 美国汽车消费信贷的特点有哪些？
9. 简述日本的汽车消费信贷模式。
10. 简述日本汽车消费信贷的业务流程。
11. 简述中国的汽车消费信贷模式。
12. 简述汽车消费信贷风险的分类。
13. 简述汽车消费信贷风险的来源。
14. 在宏观层次上，汽车消费信贷风险管理的措施有哪些？
15. 在微观层次上，汽车消费信贷风险管理的措施有哪些？
16. 简述汽车消费信贷的风险防范。
17. 汽车消费信贷的主要流程有哪些？
18. 简述以银行为主体的汽车消费信贷的业务流程。
19. 商业银行汽车消费信贷的条件有哪些？
20. 商业银行汽车消费信贷应提供的资料有哪些？
21. 简述以汽车经销商为主体的汽车消费信贷的业务流程。
22. 简述以非银行机构为主体的汽车消费信贷的业务流程。
23. 简述以汽车金融公司为主体的汽车消费信贷的特点。

第4章 汽车售后服务

本章知识点

本章主要介绍汽车售后服务的基本概念；阐述汽车售后服务的分类及其基本内容；探讨汽车售后服务业在国内外的现状与发展趋势。

教学要求

理解汽车售后服务的内涵；
理解汽车售后服务的分类及其基本内容；
理解国内外汽车售后服务业的现状、存在的问题及发展趋势。

引入案例

随着我国经济的飞速发展，汽车保有量持续增长，汽车售后服务在整个汽车产业链中所占的比例越来越大，其利润率高于整个汽车产业平均水平，发展潜力巨大。

我国汽车售后服务行业，伴随着整个汽车产业的发展壮大，也得到长足的发展。汽车售后服务作为整个汽车产业的一个重要环节，包含汽车维修与保养、汽车质量保障与索赔、汽车故障诊断与维修技术培训、汽车零配件供应以及信息反馈等多个方面的内容，是一个复杂的系统工程。

汽车售后服务行业在取得飞速发展的同时，在重视程度、组织结构、经营管理、员工素质、设备维护等方面也存在一些问题。

4.1 汽车售后服务概述

4.1.1 汽车售后服务的概念

1. 售后服务

售后服务是在商品销售以后所开展的各种服务活动。从市场营销工作来看，售后服务本身也是一种营销手段。在追踪跟进阶段，推销人员要采取各种形式的配合步骤，通过售后服务来提高企业的信誉，扩大产品的市场占有率，提高推销工作的效率及效益。

售后服务是商品售出后最重要的环节。售后服务已经成为企业保持或扩大市场份额的重要手段。售后服务的优劣直接影响消费者的满意程度。在购买商品时，商品的保修、售后服务等有关规定可使顾客摆脱疑虑、摇摆的心态，下定决心购买。在市场激烈竞争的今天，随着消费者维权意识的提高和消费观念的变化，消费者不再只关注产品本身，在同类产品的质量和性能都相似的情况下，更愿意选择拥有优质售后服务的公司。

客观地讲，优质的售后服务是品牌经济的产物，名牌产品的售后服务往往优于一般品牌产品的售后服务。名牌产品的价格普遍高于一般品牌，一方面是基于产品成本和质量，另一方面也因为名牌产品的销售策略中已经考虑到售后服务成本。

2. 汽车售后服务

汽车售后服务是指汽车生产厂家为了让客户更好地使用自己生产的汽车而为用户提供的，以产品质量保修为核心的各项服务。汽车售后服务的主要工作内容有服务网点建设与管理、汽车质量保修、技术咨询与培训、汽车保养与维护、故障诊断与维修、配件供应、产品选装、信息反馈和客户关系管理等。提供汽车售后服务的主体主要包括以汽车厂商的售后服务部门为龙头的服务体系、加入该体系的各类服务代理商或特约维修站等。

4.1.2　汽车售后服务的意义

汽车售后服务作为汽车产业的重要环节，涉及的工作内容非常多，对于汽车行业的健康发展意义重大。

汽车售后服务对于汽车销售市场来讲也是一种营销方式。现在，几乎所有行业都面临着生产能力过剩的现象，同样汽车4S店和汽车经销商的售后服务方面也不例外，它们的竞争对手都比较强。汽车4S店和汽车经销商为了建立庞大的市场地位，必须努力做好售后服务。

做好完善的汽车售后服务是汽车经销商生存和发展的前提条件，但是由于汽车消费者使用不当而造成的汽车质量问题经常发生，以至于引起汽车消费者的不满。因此，对于汽车消费者不满产生的售后服务问题，汽车厂商要采取有效的处理措施，达到让汽车消费者满意的程度。做好完善的汽车售后服务，是保证经销商生存和发展的基础。

做好售后服务是保证汽车消费者满意的一种有效措施。当今，消费者不仅看重商品的质量，更看重服务态度。那么汽车的消费者也不例外，商品的质量是功能性的体现，而对于和谐完善的服务过程以及及时周到的服务，是非功能性的体现。现在更多的汽车消费者更加追求非功能性的服务，他们对非功能性服务越来越重视。可见，做好售后服务是保证汽车消费者满意的一种最有效的方法。

4.2　汽车售后服务的基本内容与流程

4.2.1　汽车售后服务的基本内容

汽车售后服务作为汽车后市场中的一个重要环节,要满足不断发展的汽车市场的新要求,是一个复杂的系统工程,主要包含以下服务内容。

1. 服务网点的建设与管理

汽车服务网点是指汽车企业为支撑产品的质量保修而在全国范围内设立的授权服务站。国内汽车厂商的售后服务店与销售店一般是一体的,即品牌4S店。在一些没有4S店的地区,也会授权同一企业集团的其他品牌4S店进行售后服务。

2. 汽车质量保修

质量保修又称质量保证、质量担保、质量赔偿等。在我国俗称"三包"(即包赔、包修、包换),其基本含义是处理用户的质量索赔要求,进行质量鉴定,决定和实施赔偿行为,并向厂商反馈用户质量信息。在我国汽车行业内,质量保修工作的过程通常是先由第一线的售后服务网络(服务站)受理用户的质量索赔要求,决定是否赔偿;然后,厂商售后服务总部对服务站的赔偿进行赔偿鉴定,复核赔偿的准确性,并进行质量动态的综合分析,向生产和采购部门反馈产品的质量信息。

质量保修工作要点:

(1)"准确",指准确地做出质量故障鉴定,既要维护企业的利益,又要维护用户的利益。"准确"是贯彻质量保修政策的前提,也是整个售后服务工作的基础。

(2)"快速",指对用户的求救要迅速处理。"快速"要求售后服务必须克服工作量大、技术性强的障碍。

(3)"厚待",指售后服务人员要善待用户,对用户的愤慨、怨恨、不满,始终保持一种平和的心态,认真解决产品的质量故障。

国家质量监督检验检疫总局制定的《家用汽车产品修理、更换、退货责任规定》自2013年10月1日起施行,由中国汽车流通协会制定并发布的汽车延长保修行业首个服务类标准《汽车延长保修服务规范》于2017年9月1日正式实施。

随着我国汽车质量保修法律法规的持续完善,汽车质量保修在汽车售后服务中的地位也越来越重要。

3. 技术咨询与培训

汽车行业有句俗话"第一辆汽车始于销售,第二辆汽车始于服务",可见售后服务对于汽车行业发展的重要意义。汽车厂商的发展除了得益于强大的产品竞争力和庞大的渠道网络之外,专业、完善的售后服务体系也为其市场开拓提供了有效的支撑,并成为汽车品牌不可分割的重要组成部分。

汽车厂商在不断提高品牌市场占有率的同时,也会高度重视售后服务质量的提升,并通过有针对性的售后服务技术培训、技术支持和汽车备件中心等措施,不断增强汽车品牌的售后服务软硬件能力。

在技术咨询与培训中,对于品牌特约服务商技术主管的培训尤为重要。培训主要针对前期工作中容易疏忽的问题和目前新上市车型,重点围绕提高故障诊断速度、提高维修速度、提高一次性修复等问题开展封闭式强化训练。

4. 汽车保养与维护

汽车保养是指根据车辆各部位不同材料所需的保养条件,采用不同性质的专用护理材料和产品,对汽车进行全新的保养护理的工艺过程。汽车维护是指按照法律和厂家的技术规范,对汽车实施清洁、检查、紧固、调整、润滑和补给的维护作业。汽车维护根据维护内容和等级不同,可以分为日常维护、一级维护、二级维护、走合期维护、走合期保养和季节性维护等。

汽车日常维护和走合期维护主要是由汽车驾驶员在车辆使用过程中进行的,而一级维护、二级维护、走合期保养和季节性维护是由汽车售后服务企业承担的。

1)一级维护

一级维护是指除日常维护作业外,以清洁、润滑、紧固为作业的中心内容,并检查有关制动、操纵等安全部件,由维修企业负责执行的车辆维护作业。汽车一级维护是每辆车必不可少的一种维护,它关系到车辆能否安全行驶。其主要包括以下项目:

(1)清洁。这个项目看似可以由车主自行维护,但实际上并非如此,这里清洁的含义并非汽车表面的清洁,而是指更加细致的清洁,如清洗和更换发动机的空气滤清器,转动机油滤清器的手柄,以清洁里面的沉淀物等。

(2)车身。这个项目主要是检查、紧固车身和其他附件的螺丝是否安全拧紧,以保障车辆在行驶过程中车身的零件不出状况。

(3)油脂。这个项目主要是检查曲轴箱、化油器以及制动液液面的高度,如果超出标准的高度,对汽车则是有害的,而且还要检查整辆车漏水、漏油、漏电的情况。

(4)检查装置。汽车一级维护需要检查车内的各种装置,如三元催化转换装置、散热器、进排气歧管、化油器、风扇、空气压缩机、发电机等各种车内细小而又重要的部件。

2)二级维护

二级维护是指除一级维护作业外,以检查、调整转向节、转向摇臂、制动蹄片、悬架等经过一定时间的使用容易磨损或变形的安全部件为主,并拆检轮胎进行轮胎换位,以及检查、调整发动机的工作状况和排气污染控制装置等,由维修企业负责执行车辆维护作业。汽车作为损耗品,为保持其具有优良的性能,一般每行驶 20 000 千米(不同的汽车厂商根据自身产品的特点,有不同的要求)就要进厂做二级维护保养。

(1)发动机。汽车二级维护需要检测发动机在怠速、中速和高速运转时的状况,气缸压力和真空度等是否符合标准,以及发动机通过三清三滤作业后的各项指标的情况是否符合规范。这个项目的检查相对一级维护而言较为精细。

（2）离合器。这个项目是对离合器操作的方便性、平稳性、可靠性进行检测，确保离合器在使用时方便稳定、无异常，液压系统也没有漏油，从而让驾驶员更好地使用离合器。

（3）轮胎。检测轮胎的胎压是否正常，轮胎纹路里面是否夹杂碎石子等容易伤害轮胎的杂质以及轮胎是否存在老化、鼓泡等现象。还要检测轮胎正常运行时是否与车厢底板有摩擦现象。

（4）整车检验。这个项目是检测车的整体情况，如车架的裂缝、螺丝的松动、照明的启用以及行车时有无不正常的响声等。如有发现，则应立即检查、调整和排除，确保车辆正常行驶。

相关国家标准中明确了对汽车二级维护的质量监督标准。一般可以按照下列作业项目进行简易验收：

（1）发动机通过三清三滤作业后，应易起动且运转平稳；排气正常（指尾气达标）；水温、机油压力符合要求；转速平稳，无异响；各皮带张紧适度；无四漏（漏水、漏油、漏电、漏气）现象。

（2）方向自由行程和前束符合要求，转向轻便、灵活、可靠，行驶时前轮无左右摆头和跑偏。

（3）离合器自由行程符合要求，操作方便，分离彻底，接合平稳、可靠，无异响；液压系统无漏油。

（4）变速箱、驱动桥、万向节（或半轴）传动装置等润滑良好，连接可靠，无异响和过热，不跳挡，换挡灵活，不漏油。

（5）制动踏板自由行程和制动器间歇符合要求，行车、驻车制动良好，制动时无跑偏现象和拖滞现象，惯性比例阀工作正常，不漏油。

（6）轮胎压力正常（不同的车型规定的高低压标准不同）。

（7）悬臂、减振固定可靠，功能正常，轮毂轴承温度在行驶后不过热。

（8）发电机、起动机、灯光、仪表、信号灯、按钮、开关附属设备齐全、完整，工作正常。

（9）全车各润滑点加注润滑油。

（10）全车冲洗清洁。

汽车走合期是指新车、大修后的汽车或改装发动机后的汽车在开始使用阶段，通过限速、减载进行运行性磨合的时期。汽车走合是使汽车各配合机件通过逐渐磨合，达到良好配合的过程，其目的是延长汽车使用期限，提高汽车使用的经济性和可靠性。

新车的零件虽经精细的加工，但其表面不可避免地会有些微观高低不平，如在放大镜下看到的车光、磨光和抛光的曲轴轴颈表面。因此，当新车在初期行驶时，相对运动零件表面凸起处的相互接触会破坏润滑，使零件的磨损加快。同时，又因两相对运动零件凸起部分的相互撞击，将有金属屑磨落，这些金属屑粒夹在零件的表面之间，当零件表面摩擦时，会引起磨料磨损。同时新车的相对运动零件配合间隙较小，故新车在初期行驶时，零件的温度较一般行驶时期要高，润滑油在高温条件下黏度降低，润滑不良，加速了零件磨损。

因此，新车在初期行驶时，零件的磨损速度加快；加之汽车各零件的连接，在初期使用中也容易松动，这些变化就是汽车初期使用的特点。在开始使用新车时，必须根据上述汽车技术状况变化的规律采取必要的措施，以减少零件的磨损和防止零件连接的松动，保证汽车能长时间地可靠工作，延长其使用寿命，这种措施称为"汽车的走合"。

汽车制造厂对新车在走合期的行驶里程和技术要求一般都有规定。在我国，对汽车在走合期的使用规定为：

（1）行驶里程。汽车走合期的行驶里程应不少于1 000千米，在走合期内车辆应装置明显的走合标志。

（2）在走合期内，载货汽车应按载重标准减载20%~25%，并不得拖带挂车；客车或半挂车应减载50%；发动机应安装限速装置，最高车速应限制在30~40千米/小时。

（3）在走合期内，必须严格执行驾驶操作规程，保持发动机正常工作温度，避免发动机突然加速，避免车辆紧急制动，避免冲击颠簸。

（4）在走合期内，应做好例行保养，经常检查、紧固各部件外露螺栓、螺母，注意各总成在运行中的声响和温度变化，及时做适当的调整。

（5）走合期满后，应进行一次走合保养。

汽车的季节性维护又称换季维护，它是指汽车进入夏冬季运行，在季节变换之前为使汽车适应季节变化而实施的维护。季节性维护通常结合定期维护（日常维护、一级维护和二级维护都属于定期维护）进行。

5. 故障诊断与维修

汽车故障诊断与维修也是汽车售后服务的重要组成部分。它是由汽车制造厂或者其他投资人设立的汽车修理厂点组成的，是为汽车运输服务的、相对独立的行业。它通过故障诊断和修理来维持和恢复汽车技术状况，延长汽车使用寿命。

汽车故障诊断指的是当汽车存在故障隐患，技术状况变差，或者已经部分或完全丧失工作能力，在不解体（或仅卸下个别小件）的条件下，为确定汽车技术状况或查明故障部位、原因进行的检测，以及分析与判断。

在进行汽车故障诊断时，常用一些诊断参数表征汽车、总成及机构的技术状况，如汽车的工作过程参数和伴随工作过程的状态参数。这些参数包括物理量（如振动、噪声、温度、真空度、功率、气缸压缩压力等）和化学量（如尾气成分、润滑油杂质成分等）。这些诊断参数的变化可以与汽车的技术状况变化相对应，并具有高度的可靠性、灵敏性和可实现性。为定量评价这些参数，必须建立诊断参数标准，如用于汽车行驶安全和排放的国家标准、与技术状况有关的制造厂推荐标准以及适合不同地区和使用条件的地方和企业标准。

汽车故障诊断的基本方法有两种：一种是人工诊断法；另一种是仪器设备诊断法。人工诊断法主要是凭借诊断人员的实践经验和知识，借助简单工具，用眼看、耳听、手摸等感官手段，边检查、边试验、边分析，进而对汽车技术状况做出判断。这种方法简便直观，也是建立现代故障诊断专家系统知识库的基础。仪器设备诊断法是采用通用或专用的仪器设备检测汽车总成和机构，为分析汽车技术状况和判断故障提供定量依据。一些采用计算机控制或配置故障诊断专家系统的仪器设备可以自动完成汽车技术状况诊断参数的测试、分析、判断和处理决策。仪器设备诊断法客观、定量，检测速度快，促进了汽车诊断技术的发展和应用。在诊断实践中，两种方法往往结合使用，先是诊断人员向驾驶员询问故障情况，对车辆进行直观检视，凭经验初步判断故障，再利用诊断仪器设备进一步筛选、识别，最终确认故障。

不解体获取汽车技术状况和故障的信息，对于正常的汽车，有利于维持它的正常技术状态，减少检查工作量和由于解体检查对汽车造成的伤害；对于故障汽车，更有利于故障判断和异常识别，在根据诊断结果制定出排除故障对策的同时，也能对汽车未来的技术状况做出预测和预报。

汽车检测与诊断技术的发展趋势是：

（1）利用车载计算机，使随车故障诊断技术不断发展和完善，从对电控发动机的故障自诊断逐步扩展为包括传动、制动、转向等系统在内的全车故障自诊断。

（2）传感器技术、测控技术、故障分析和识别技术、人工智能技术的应用，使车外诊断设备向多功能、自动化、智能化车载诊断设备方向发展，除监控和诊断故障，代替人类专家处理故障外，预测汽车技术状况也是必然的发展方向。

关于汽车维修服务的内容，将在第 5 章详细展开，这里不做赘述。

6. 配件供应与产品选装

配件供应主要是指针对汽车售后服务企业的维修备件的供应。随着汽车销售竞争的日趋激烈，汽车售后服务的质量越来越重要。保证高效可靠的汽车维修备件的供应体系与管理是保证汽车售后服务质量的前提。关于汽车配件供应的内容，也将在第 5 章详细展开，这里不做赘述。

汽车产品选装是指此配置不属于该款车型的标准配置，标准配置是必带配置，选装配置是可以在订车时根据购车人的喜好或需求直接进行选择的配置。选装配置往往属于丰富性的配置，其本身不影响整车的安全性和动力性，会对舒适性、实用性和高科技体验等方面有相应的提升，如倒车雷达、数字抬头显示等。

选装配置通常在汽车参数规格书中有相应的标识，如"空心圆圈"和"细实线"等，各个汽车厂商所用的标识是不尽相同的，这个可以通过查看规格书或者咨询相应的经销商来获悉具体情况。

汽车产品选装不但满足了客户个性化的需求，而且成为汽车售后服务企业的一项重要业务。

7. 信息反馈和客户关系管理

信息反馈是指汽车售后服务企业的信息反馈部门及时了解客户需求、满意度以及客户在使用过程中碰到的种种问题，及时全面地帮助客户解决问题。这对企业有着改进和推动的作用，能帮助企业更好的发展。反馈信息可以通过问卷、电话回访等形式进行收集。图 4 – 1 所示为东南汽车 4S 店针对 V3 菱悦车型的客户信息反馈问卷。

基本信息	姓名		年龄			
	性别		联系电话			
	职业		收入状况			
	驾龄		现在有无车		□有	□无

1. 您是通过以下哪一种途径获知有关V3菱悦的产品信息的？
   □电视广告　　　　□报纸广告　　　　□杂志广告　　　　□网络广告　　　　□户外广告
   □广播广告　　　　□汽车展览会　　　□朋友推荐　　　　□其他途径（请填写）

2. 有关V3菱悦的广告画面中最让您记忆深刻的画面是：（可多选）
   □采用三菱技术的1.5 L MIVEC发动机
   □丰富的配备（如智能无钥匙起动系统、DVD+NAV触摸式卫星导航系统）
   □V3菱悦流畅的车身线条
   □节油性，油耗量为4.3 L/100千米（60千米等速行驶）

3. V3菱悦吸纳了国际车型流行设计和超前的时尚元素来融入产品设计，您比较喜欢哪一部分？（可多选）
   □水滴型璀璨头灯　　　□赤翼式高亮尾灯组　　　□鹏翔式水箱护罩　　　□单键触控式电动天窗
   □带LED转向灯后视镜　 □高尔夫球杆式前雾灯　　□三幅运动方向盘　　　□隐藏式倒车雷达
   □高质感内饰与宽适空间　□集成领先科技的人性化中控台　□DVD+NAVI触控式卫星导航系统
   □智能无钥匙起动系统带遥控开启行李厢盖功能　　□正副驾驶座安全气囊　　□四轮碟刹
   □ABS+EBD　　　　□三菱吸撞式高密度车体　　　□其他（请填写）

4. 接收到V3菱悦广告信息后，您会与哪些车型形成比对？
   □海南马自达海福星　　□新爱丽舍　　　□雪佛兰乐风　　□起亚RIO　　　□现代雅绅特
   □吉利金刚　　　　　　□比亚迪F3　　　□其他（请填写）

5. 以下哪些信息致使您形成比对？
   □价格接近　　　　□车型接近　　　　□自主品牌的成分关联　　　□油耗接近　　　□外观略有相似
   □您认同的配备两车均有　　　□排量等级　　　□品牌诉求的格调

6. 与其他车型比对后，引发您到店赏车的原因是：
   □高质且价格更具吸引力　　　　　　　□车色时尚年轻
   □动力强劲的三菱1.5 L发动机　　　　 □油耗4.3 L/100千米　　　□丰富的科技配备
   □对东南汽车品牌的认同感　　　　　　□对东南汽车原面市车型品质的认同感
   □汽车经销商的服务质量　　　　　　　□正在使用东南汽车其他车型的朋友推荐

7. 您放弃对比车型的原因是：
   □款式不喜欢　　　□价格过高，不值那么多钱　　　□家人/朋友不喜欢　　　□缺乏个性
   □超出了购车预算　□担心油耗偏高　　　　　　　　□没有车，需预定等待
   □技术含量不够　　□经销商服务不好　　　　　　　□售点不多

8. 购买A0级轿车，您更关注以下哪些方面？请按您的衡量标准排序（1~14排序）。
   □价格　　　□品质　　　□品牌　　　□动力　　　□排量　　　□节油性　　　□安全性
   □配备丰富　□外观时尚　□色彩丰富　□售后服务质量　□车辆尺寸及空间
   □内饰　　　□转让价值

9. （假设或已成事实）您购买V3菱悦的决策因素是什么？（请填写，如性价比高、品牌等）

10. 如果您向朋友推荐V3菱悦，您会如何描述？请用一句话表达。
_____
_____

图4-1　东南汽车4S店针对V3菱悦车型的客户信息反馈问卷

客户关系管理是汽车售后服务企业日常业务中极为重要的一部分,客户关系管理系统的建设是做好客户关系维护管理的关键。简单地说,汽车生产企业中的客户关系管理(Customer Relationship Management,CRM)系统是指由汽车销售与服务企业和互联网公司联合开发的一套集服务管理、销售管理、营销管理和知识管理于一体的程序化的客户关系管理系统。汽车生产企业中的 CRM 系统是针对汽车经销商的客户关系管理系统,一般包括客户管理、客户关怀、客户跟踪、维修回访、维修预约、销售投诉、服务投诉、各种提醒等业务模块。

一个完整的客户关系管理系统应包含如下功能:

(1) 基础数据。对基础数据进行提前设置,方便后期数据录入。

基础数据的功能模块包括客户级别、信息来源、竞品车型、从事行业、关注点、衣着打扮、欲购车型、参考竞品。

(2) 业务管理。对客户从咨询到购买完成整个流程的管理。

业务管理的功能模块包括客户登记、客户审核、客户回访、确认购车成功/失败。

(3) 数据统计。对客户数据进行分析,便于开拓市场。

数据统计的功能模块包括今日成功客户、今日失败客户、今日咨询客户、潜在客户成交量、关注点成交量。

4.2.2 汽车售后服务的流程

随着我国汽车售后服务行业的日渐成熟和发展,汽车售后服务行业也形成了一套标准化的服务流程。

1. 接待服务

1) 接待准备

(1) 服务顾问按规范要求检查仪容、仪表。

(2) 准备好必要的表单、工具和材料。

(3) 环境维护及清洁。

2) 迎接顾客

(1) 主动迎接,并引导客户停车。

(2) 使用标准问候语言。

(3) 恰当称呼客户。

(4) 注意接待顺序。

3) 环车检查

(1) 安装三件套。

(2) 基本信息登录。

(3) 环车检查。

(4) 详细、准确地填写接车登记表。

4) 现场问诊

了解客户关心的问题,询问客户的来意,仔细倾听客户的要求及对车辆故障的描述。

5）故障确认

（1）可以立即确定故障的，应根据质量担保规定，向客户说明车辆的维修项目和客户的需求是否属于质量担保范围内的。如果当时很难确定是否属于质量担保范围，则应向客户说明原因，待进一步进行诊断后做出结论。如仍无法断定，则需将情况上报相关轿车服务部，待批准后做出结论。

（2）不能立即确定故障的，则向客户解释"需经仔细全面检查后才能确定"。

6）获得并核实客户和车辆的信息

（1）向客户取得行驶证及车辆保养手册。

（2）引导客户到接待前台，请客户坐下。

7）确认备品供应情况

查询备品库存，确定是否有所需备品。

8）估算备品/工时费用

（1）查看 DMS 系统（Dealer Management System，经销商管理系统）内客户服务档案，以判断车辆是否还有其他可推荐的维修项目。

（2）尽量准确地对维修费用进行估算，并将维修费用按工时费和备品费进行细化。

（3）将所有项目及所需备品录入 DMS 系统。

（4）如不能确定故障，则告知客户待检查结果出来后再给出详细费用。

9）预估完工时间

根据对维修项目所需工时的估计及店内实际情况预估出完工时间。

10）制作任务委托书

（1）询问并向客户说明公司接受的付费方式。

（2）说明交车程序，询问客户旧件处理方式。

（3）询问客户是否接受免费洗车服务。

（4）将以上信息录入 DMS 系统。

（5）告诉客户在维修过程中如果发现新的维修项目会及时与其联系，在客户同意并授权后才会进行维修。

（6）印制任务委托书，就任务委托书向客户解释，并请客户签字确认。

（7）将接车登记表、任务委托书客户联交与客户。

11）安排客户休息

客户在销售服务中心等待。

2. 作业管理

1）服务顾问与车间主管交接

（1）服务顾问将车辆开至待修区，将车辆钥匙、《任务委托书》和《接车登记表》交给车间主管。

（2）依《任务委托书》与《接车登记表》与车间主管进行车辆交接。

（3）向车间主管交代作业内容。

（4）向车间主管说明交车时间要求及其他注意事项。

2）车间主管向班组长派工

（1）车间主管确定派工优先度。

（2）车间主管根据各班组的技术能力及工作状况，向班组派工。

3）实施维修作业

（1）班组接到任务后，根据《接车登记表》对车辆进行验收。

（2）确认故障现象，必要时试车。

（3）根据《任务委托书》上的工作内容，进行维修或诊断。

（4）维修技师凭《任务委托书》领料，并在出库单上签字。

（5）非工作需要不得进入车内且不能开动客户车上的电气设备。

（6）对于客户留在车内的物品，维修技师应小心地加以保护，非工作需要严禁触动，因工作需要触动时要通知服务顾问以征得客户的同意。

4）作业过程中存在的问题

（1）作业进度发生变化时，维修技师必须及时报告车间主管及服务顾问，以便服务顾问及时与客户联系，取得客户谅解或认可。

（2）作业项目发生变化时应做增项处理。

5）自检及班组长检验

（1）维修技师作业完成后，先进行自检。

（2）自检完成后，交班组长检验。

（3）检查合格后，班组长在《任务委托书》写下车辆维修建议、注意事项等，并签名。

（4）交质检员或技术总监质量检验。

6）总检

质检员或技术总监进行全面的总检。

7）车辆清洗

（1）总检合格后，若客户接受免费洗车服务，则应将车辆开至洗车工位，同时通知车间主管及服务顾问。

（2）清洗车辆外观，必须确保不出现漆面划伤、外力压陷等情况。

（3）彻底清洗驾驶室、后备厢、发动机舱等部位。烟灰缸、地毯、仪表等部位的灰尘都要清理干净，注意保护车内物品。

（4）清洁后将车辆停放到竣工停车区，车辆摆放整齐，车头朝向出口方向。

3. 交车服务

1）通知服务顾问准备交车

（1）将车钥匙、《任务委托书》和《接车登记表》等物品移交车间主管，并通知服务顾问车辆已修完。

（2）通知服务顾问停车位置。

2）服务顾问内部交车

（1）检查《任务委托书》，以确保客户委托的所有维修保养项目的书面记录都已完成，并有质检员的签字。

（2）实车核对《任务委托书》，以确保客户委托的所有维修保养项目在车辆上都已完成。
(3) 确认故障已消除，必要时试车。
(4) 确认从车辆上更换下来的旧件。
(5) 确认车辆内外清洁度（包括无灰尘、油污、油脂）。
(6) 其他检查：除车辆外观外，不遗留抹布、工具、螺母、螺栓等。

3）通知顾客，约定交车
(1) 检查完成后，立即与客户取得联系，告知车已修好。
(2) 与客户约定交车时间。
(3) 大修车、事故车等不要在高峰时间交车。

4）陪同客户验车
(1) 服务顾问陪同客户查看车辆的维修保养情况，依据《任务委托书》及《接车登记表》，结合实车，向客户作出说明。
(2) 向客户展示更换下来的旧件。
(3) 说明车辆维修建议及车辆使用注意事项。
(4) 提醒客户下次保养的时间和里程。
(5) 说明备胎、随车工具已检查及说明检查结果。
(6) 向客户说明、展示车辆内外已清洁干净。
(7) 告知客户3日内销售服务中心将对客户进行服务质量跟踪电话回访，询问客户方便接听电话的时间。
(8) 当客户的面取下三件套，放于回收装置中。

5）制作结算单
(1) 引导客户到服务接待前台，请客户坐下。
(2) 打印出车辆维修结算单及出门证。

6）向客户说明有关注意事项
(1) 根据《任务委托书》上的"建议维修项目"向客户说明这些工作是被推荐的，并记录在车辆维修结算单上。特别是有关安全的建议维修项目，要向客户说明必须维修的原因及不修复可能带来的严重后果，若客户不同意修复，则要请客户注明并签字。
(2) 对保养手册上的记录进行说明。
(3) 对于首保客户，说明首次保养是免费的保养项目，并简要介绍质量担保规定和定期维护保养的重要性。
(4) 将下次保养的时间和里程记录在车辆维修结算单上，并提醒客户留意。
(5) 告知客户会在下次保养到期前提醒、预约客户来店保养。
(6) 与客户确认方便接听服务质量跟踪电话的时间，并记录在车辆维修结算单上。

7）解释费用
(1) 依车辆维修结算单，向客户解释收费情况。
(2) 请客户在结算单上签字确认。

8）服务顾问陪同客户结账
(1) 服务顾问陪同自费客户到收银台结账。
(2) 结算员将结算单、发票等叠好，注意收费金额朝外。

（3）将找回的零钱及出门证放在叠好的发票等上面，双手递给客户。
（4）收银员感谢客户的光临，与客户道别。

9）服务顾问将资料交还客户
（1）服务顾问将车钥匙、行驶证、保养手册等相关物品交还给客户。
（2）将能够随时与服务顾问取得联系的方式（电话号码等）告诉客户。
（3）询问客户是否还需其他服务。

10）送客户离开
送别客户并对客户的惠顾表示感谢。

4.3 汽车售后服务业的现状与发展

汽车售后服务业作为汽车服务业中最重要的环节之一，随着汽车产业的发展壮大而不断向前发展。我国汽车售后服务业相对于发达国家来说，还存在一些问题。随着技术的发展，汽车售后服务业的发展也呈现出新的趋势。

按照美国汽车售后业协会的定义，所谓汽车售后市场，是指"汽车在售出之后维修和保养所使用的零配件和服务"，其涉及的企业主要包括汽车零配件制造商、汽车零配件销售商和汽车修理服务商三大类企业。

在美国，汽车维修厂的形式多种多样，客户可以根据自己的爱好、汽车的受损程度以及所需要维修的项目去选择合适的厂家。如果愿意多花钱买放心，则车主可去原厂修配点；如果图省钱，就到一些小型店，它们的配件有相当一部分是从亚洲进口的，其中有不少还是产自我国的产品；如果愿意自己动手，就去专门的汽车超市或者大型百货超市的汽车配件专柜。

国外汽车售后服务业呈现出三大发展趋势：

第一，品牌化经营。这主要分为汽车制造商和专业汽配维修商两类。这两类维修厂规模较大，生产设备精良，维修人员受过统一培训，在技术上具有权威性，服务对象主要是定点维修的品牌车。

第二，观念从修理转向维护。国外汽车厂家认为真正的服务是要保证用户的正常使用，通过服务要给客户增加价值，厂家在产品制造上提出了零修理概念，售后服务的重点转向了维护保养。

第三，高科技不断渗透。随着技术的发展，汽车的电子化水平越来越高，汽车保修越来越复杂，大批高科技维修设备应用于汽车维修行业。随着汽车维修网络技术的发展，随时可以在网上获得维修资料、诊断数据、电路图、修理流程等，缩小了不同规模的维修企业在获取技术信息方面的差异。

我国汽车售后服务业尽管取得了长足的发展，但是仍然存在一些问题，如在重视程度、组织结构、经营管理、员工素质、设备维护等方面存在一些问题。

本章小结

本章主要介绍了汽车售后服务的基本概念、基本内容与流程,在国内外的发展现状,要求重点掌握汽车售后服务的基本内容和流程。

汽车售后服务是指汽车生产厂家为了让客户使用好自己生产的汽车而为用户提供的,以产品质量保修为核心的各项服务。汽车售后服务的主要工作内容有服务网点建设与管理、汽车质量保修、技术咨询与培训、汽车保养与维护、故障诊断与维修、配件供应、产品选装、信息反馈和客户关系管理等。提供汽车售后服务的主体有以汽车厂商的售后服务部门为龙头的服务体系、加入该体系的各类服务代理商或特约维修站等。

汽车售后服务作为汽车产业的重要环节,涉及的工作内容也非常多,对于汽车行业的健康发展意义重大。汽车售后服务对于汽车销售市场来讲也是一种销售方式。

汽车售后服务的流程包括接待服务、作业管理、交车服务和跟踪服务。

国外发达国家的汽车售后服务业已经非常成熟,利润率相对较高,创造了大量的就业机会。国际汽车售后服务业的发展新趋势主要有品牌化经营、观念从修理转向维护、新技术不断渗透。

国内汽车售后服务业取得了长足的发展,但也存在一些问题,主要集中在重视程度、组织结构、经营管理、员工素质和设备维护等方面。

到4S店调查与体验汽车售后服务流程,提出存在的问题。

思考与练习

一、术语解释

1. 售后服务。
2. 客户关系管理系统。

二、简答题

1. 什么是汽车售后服务?
2. 汽车售后服务的意义是什么?
3. 汽车售后服务的基本内容是什么?
4. 什么是汽车一级维护?
5. 如何检验汽车二级维护的质量?
6. 简述国外汽车服务业的发展趋势。
7. 简述国内汽车售后服务业存在的问题。

第 5 章　汽车维修服务

本章知识点

本章主要介绍汽车维修服务的基本概念；阐述汽车维修企业的开业条件和汽车维修服务管理的规范。

教学要求

理解汽车维修服务工程的内涵；
理解汽车维修服务的目的和分类；
理解汽车维修企业的开业条件；
理解汽车维修服务的管理规范。

引入案例

汽车维修是汽车维护和修理的泛称。汽车维护是为了维持汽车完好的技术状况或工作能力而进行的作业，主要是对汽车各部分进行检查、清洁、润滑、紧固、调整或更换某些零件。其目的是保持车容整洁，随时发现和消除故障隐患，防止车辆早期损坏，降低车辆的故障率和小修频率。

随着我国汽车保有量的快速增长，每年需要支付的汽车维修保养费、车辆抛锚后的救援费、维修配件供应费及相关服务费，粗略算来，每辆车每年平均的固定消费在一万元以上。中国的汽车维修市场将伴随着汽车市场快速发展，成为人们公认的朝阳产业，有着较大的发展空间和利润空间。

5.1　汽车维修服务概述

5.1.1　汽车维修服务的概念

汽车维修服务是指汽车售后服务体系以外的社会机构独立提供的汽车技术服务。根据企业条件和服务资质，汽车维修服务企业可以为用户提供综合性的维修服务，如汽车整车大修；也可以为用户提供单项的维修服务，如车身维修、发动机修理、汽车电器维修、汽车轮胎维修等单一性的服务。汽车用户可以根据自身和汽车的需求，选择相应的汽车维修服务企业。

汽车维修服务是汽车维护与汽车维修的总称，它们是两种不同的技术措施。汽车维护在第4章已经进行了较详细的阐述，这里主要讨论汽车维修。汽车维修的目的是排除故障，使汽车的各项技术指标得到恢复，从而节约运行消耗，延长车辆使用寿命。车辆应遵循定期维护、视情修理的原则。汽车修理按照等级，可以分为整车大修、总成大修和零部件小修等。

5.1.2 汽车维修企业的开业条件

根据国家标准《汽车维修业开业条件》规定，我国的汽车维修企业分为三个类别：一类汽车维修企业、二类汽车维修企业和汽车专项修理企业。其中，一类汽车维修企业可以从事整车大修和总成大修等维修作业，也可以从事零部件小修、汽车维护和汽车专项修理等；二类汽车维修企业主要从事汽车维护作业，包括汽车一级维护、二级维护，也可以从事零部件小修和汽车专项修理；汽车专项修理企业，顾名思义，指仅仅从事汽车专项的维修或维护，如汽车电路维修、汽车车身清洁维护、汽车蓄电池维修、汽车轮胎修补等的企业。

1. 一类汽车维修企业的开业条件

1）设备条件

企业配备的设备型号、规格和数量应与其生产纲领、生产工艺相适应；设备技术状况应完好，满足加工、检测精度要求和使用要求；允许外协的设备必须具有合法的技术经济合同书。

企业应具备下列专用设备：清洗拆装作业设备，发动机总成修理作业设备，试验、检测与诊断设备，通用设备，计量器具以及主要手工具。例如，从事汽车专项修理生产，必须具备 GB/T 16739.3—1997 规定的相应汽车专项修理条件。

（1）清洗拆装作业设备。其主要包括：
①汽车外部清洗设备。
②零件清洗设备。
③轮胎螺母拆装机或专用拆装工具。
④悬架弹簧螺栓螺母拆装机或专用拆装工具。
⑤半轴套管拆装机（从事中型、重型汽车维修）。
⑥举升设备或地沟。
⑦拆装起重、搬运设备。
（2）发动机总成修理作业设备。
①专用设备主要包括：
a. 立式精镗床。
b. 立式珩磨机。
c. 磨气门机。

d. 气门座铣削及气门与气门座研磨设备或工具。
e. 连杆校正器。
f. 连杆衬套加工设备。
g. 轴瓦加工设备（允许外协）。
h. 机油加注器。
i. 发动机冷、热磨合设备。
j. 曲轴磨床。

②试验、检测与诊断设备主要包括：
a. 发动机综合检测仪。
b. 气缸体、气缸盖和散热器水压、试验设备。
c. 燃烧室容积测量装置。
d. 气缸漏气量检测仪。
e. 曲轴箱窜气测量仪。
f. 工业纤维内窥镜。
g. 润滑油质量检测仪。
h. 润滑油分析仪。
i. 废气分析仪（从事汽油车维修）。
j. 烟度计（从事柴油车维修）。
k. 声级计。
l. 油耗计（允许外协）。
m. 无损探伤设备（与底盘各总成修理作业共用）。
n. 汽油泵、化油器、试验设备（从事汽油车维修）。
o. 喷油泵、喷油器、试验设备（从事柴油车维修）。
p. 曲轴、飞轮与离合器总成动平衡机（允许外协）。
q. 电控汽油喷射系统检测设备（从事电控汽油喷射式轿车维修）。

(3) 底盘各总成修理作业设备。
①专用设备主要包括：
a. 制动鼓和制动盘修理设备。
b. 制动蹄摩擦片和制动块摩擦块修理设备。
c. 轮胎、轮辋拆装设备。
d. 离合器摩擦片修理设备。
e. 润滑油、脂加注器。
f. 车架校正设备（从事轿车维修除外）。
g. 前轴校正设备（允许外协）。

②试验、检测与诊断设备主要包括：
a. 前轴检验装置。
b. 制动检测设备。
c. 四轮定位仪（从事轿车维修）或转向轮定位仪。
d. 转向盘转动量和扭矩检测仪。

e. 车轮动平衡机。
f. 车速表试验台（允许外协）。
g. 传动轴动平衡机（允许外协）。
h. 侧滑试验台（允许外协）。
i. 底盘测功设备（允许外协）。

（4）电器修理作业设备。其主要包括：
a. 充电机。
b. 电器试验台。
c. 前照灯检测设备。

（5）车身总成修理作业设备。其主要包括：
a. 车身校正设备。
b. 剪板机（从事货车维修允许外协）。
c. 一氧化碳气体保护焊机（从事轿车、客车维修）。
d. 折弯机（从事轿车、客车维修）。
e. 喷烤漆房（从事轿车维修）或喷漆设备。
f. 调漆设备（允许外协）。
g. 型材切割机（允许外协）。
h. 工业缝纫机。
i. 铆接设备。

（6）通用设备。其主要包括：
a. 普通车床。
b. 钻床。
c. 电焊设备。
d. 氧—乙炔焊设备。
e. 钎焊设备。
f. 液压压力机或机械压力机。
g. 空气压缩机。
h. 砂轮机。
i. 钳工工作台及设备。
j. 除锈设备。

（7）计量器具。计量器具须经计量检定机构检定，并取得计量检定合格证。
①量具主要包括：
a. 外径千分尺。
b. 游标卡尺。
c. 内径百分表、内径千分表。
d. 杠杆百分尺。
e. 平尺。
f. 平板。
g. 前束尺。

h. 厚薄规。
i. 量杯。

②计量仪器（仪表）主要包括：

a. 万用电表。
b. 电解液密度计。
c. 高频放电叉。
d. 转速表。
e. 轮胎气压表。
f. 气缸压力表。
g. 发动机检测专用真空表。
h. 温度计。

（8）手工工具。其主要包括：

a. 千斤顶。
b. 扭力扳手。
c. 各种扳手。
d. 手电钻。
e. 各种拉压器。
f. 各种手动铰刀。

2）设施条件

（1）生产厂房和停车场的设置。

①生产厂房和停车场的结构、设施需满足汽车大修和总成修理作业的要求，并符合安全、环境保护、卫生和消防等有关规定，地面应坚实、平整。

②停车场地界定标志明显，不准占用道路和公共场所进行维修作业和停车。

（2）生产厂房和停车场的面积。

①企业生产厂房和停车场的面积应与其生产纲领和生产工艺相适应。

②主要总成和零部件的修理、加工、装配、调整、磨合、试验、检测作业应在生产厂房内进行；主要设备应设置在生产厂房内；主生产厂房面积为 2 000 平方米。

③停车场面积为 200 平方米。

3）人员条件

（1）技术管理人员中至少有 1 名具有本专业知识并取得任职资格证书，且为本企业正式聘用的工程师或技师以上的技术人员负责技术管理工作。技术人员和生产人员数共 40 人左右。

（2）技术工人。

①企业工种设置应与其从事的生产范围相适应，各种技术工人数应与生产纲领、生产工艺相适应，直接生产工人 40 人。

②各工种技术工人必须经专业培训，取得工人技术等级证书，并经交通行业培训，取得上岗证，持证上岗。

③各工种均由 1 名熟练掌握本工种技术的技术工人负责，其技术等级如下：

a. 汽车发动机维修工、汽车底盘维修工、汽车维修电工和汽车维修钣金工为高级。

b. 其他工种不低于中级。

（3）质量检验人员。进厂检验、过程检验和竣工出厂检验必须由专人负责。

①专职检验人员必须经过交通主管部门专业培训、考核并取得质量检验员证，持证上岗检验。应有1名质量总检验员和不少于2名质量检验员。

②应至少配备1名经正规培训取得正式机动车驾驶证的试车员，其技术等级不低于中级汽车驾驶员。试车员可由质量总检验员或质量检验员兼任。

（4）财务人员。应至少有2名经过专业培训并取得会计证的财务人员，其中有1名经过行业培训的财务结算人员。

（5）质量管理条件。

①必须具备并执行汽车维修技术国家标准和行业标准以及汽车维修相关标准。

②必须具备所维修汽车的维修技术资料。

③应具有进厂检验单、过程检验单、竣工检验单、维修合同文本和出厂合格证等技术文件。

④应具有并执行保证汽车维修质量的工艺文件、质量管理制度、检验制度技术档案管理制度、标准和计量管理制度、机具设备管理及维修制度等。

（6）安全生产条件。

①企业应有与其维修作业有关的安全管理制度和各工种、各机电设备的安全操作规程。

②对有毒、易燃、易爆物品，粉尘，腐蚀剂，污染物，压力容器等均应有安全防护措施和设施。

（7）环境保护条件。

①企业的环境保护条件必须符合国家的环境保护法律、法规和国家环境保护部门的规章、标准。

②应积极防治废气、废水、废渣，粉尘，垃圾等有害物质和噪声对环境的污染与危害，按生产工艺安装、配置的处理"三废"、通风、吸尘、净化、消声等设施应齐全可靠，符合环境保护法律、法规、规章、标准的规定。

（8）流动资金条件。流动资金应不少于50万元。

①中外合资（合作）维修企业和特约维修中心（站）的条件：中外合资（合作）的一类汽车维修企业，除应具备合资（合作）维修企业特定的条件外，还必须具备本标准规定的各项条件。

②特约维修中心（站）进行一类汽车维修企业生产范围内的维修作业时，必须具备本标准规定的各项条件。

（9）危险货物运输车辆维修企业条件。

①危险货物运输车辆维修企业需要具备的条件有：

a. 必须具备本标准规定的一类汽车维修企业的各项条件。

b. 必须具备与维修车辆所装载、接触的危险货物相适应的清洗、去污、熏蒸、防爆、防火、防污染、防腐蚀、试压设备和专用拆装、维修、测试设备、工具以及污水处理、危险品处理、残余物回收装置，维修人员的防护用具用品。

c. 必须具有维修车辆上装载、接触危险货物的容器、管道、装置、总成、零部件的专用修理间。专用修理间应远离其他生产、生活场所，独立设置，通风良好；专用修理间的结构、建筑材料、设置的设施应与维修车辆所装载、接触的危险货物相适应;专用修理间的使用面积不少于 90 平方米;专用修理间周围应设置相适应的警戒区,警戒区内无火源、热源,并设置警示牌。

d. 必须具有与维修车辆所装载、接触的危险货物相适应的专门安全生产和劳动保护的制度、设施。

②危险货物运输车辆维修人员应具备的条件:

a. 从事危险货物运输车辆维修的一类汽车维修企业,应至少有 1 名专职安全管理人员,必须配备直接从事危险货物运输车辆维修的专职的生产工人和测试分析人员。

b. 危险货物运输车辆维修专职的安全管理人员、生产工人和测试分析人员必须经过岗位培训,掌握维修车辆所装载、接触的危险货物的性能和防爆、防火、防中毒、防污染、防腐蚀、维修知识以及维修操作技能,经交通主管部门考核合格并取得道路危险货物运输操作证,持证上岗进行管理和作业。

(10) 承担救援维修条件。企业除承担车辆救援维修业务外,还应配备牵引车辆或救援维修工程车和通信工具。

2. 二类汽车维修企业的开业条件

1) 设备条件

企业配备的设备型号、规格和数量应与其生产纲领、生产工艺相适应,设备技术状况应完好,满足加工、检测精度要求和使用要求;允许外协的设备必须具有合法的技术经济合同书。

企业应具备下列专用设备:清洁作业设备,补给、润滑、紧固作业设备,试验、检测与诊断设备,专用设备,通用设备,计量器具以及主要手工具等。

(1) 清洁作业设备。其主要包括:

①汽车外部清洗设备。

②零件清洗设备。

(2) 补给、润滑、紧固作业设备。其主要包括:

①举升设备或地沟。

②机油加注器。

③齿轮油加注器。

④润滑脂加注器。

⑤各种工作介质加注器。

⑥轮胎螺母拆装机或专用拆装工具。

⑦悬架弹簧螺栓螺母拆装机或专用拆装工具。

(3) 检查、调整作业设备。其主要包括:

①试验、检测与诊断设备主要包括:

a. 发动机综合检测仪。

b. 气缸漏气量检测仪。

c. 曲轴箱窜气测量仪。

d. 润滑油质量检测仪。

e. 润滑油分析仪。
f. 工业纤维内窥镜。
g. 电器试验台。
h. 废气分析仪（从事汽油车维修）。
i. 烟度计（从事柴油车维修）。
j. 声级计。
k. 汽油泵、化油器、试验设备（从事汽油车维修）。
l. 喷油泵、喷油器、试验设备（从事柴油车维修）。
m. 电控汽油喷射系统检测设备（从事电控汽油喷射式轿车维修）。
n. 无损探伤设备。
o. 转向盘转动量检测仪。
p. 车轮动平衡机。
q. 转向轮定位仪。
r. 前照灯检测设备（允许外协）。
s. 制动检测设备（允许外协）。
t. 车速表试验台（允许外协）。

② 专用设备主要包括：
a. 磨气门机。
b. 气门座铣削及气门与气门座研磨设备或工具。
c. 充电机。
d. 喷烤漆房（从事轿车维修）或喷漆设备。
e. 制动鼓和制动盘修理设备。
f. 制动蹄摩擦片和制动块摩擦块修理设备。
g. 轮胎、轮辋拆装设备。

（4）通用设备。其主要包括：
① 钻床。
② 电焊设备。
③ 氧—乙炔焊设备。
④ 钎焊设备。
⑤ 液压或机械压力机。
⑥ 空气压缩机。
⑦ 砂轮机。
⑧ 钳工工作台及设备。

（5）计量器具。计量器具须经计量检定机构检定，并取得计量检定合格证。
① 量具主要包括：
a. 外径千分尺。
b. 游标卡尺。
c. 内径百分表、内径千分表。
d. 杠杆百分表。

e. 平尺。

f. 平板。

g. 前束尺。

h. 厚薄规。

i. 量杯。

②计量仪器（仪表）主要包括：

a. 万用电表。

b. 电解液密度计。

c. 高频放电叉。

d. 转速表。

e. 轮胎气压表。

f. 气缸压力表。

g. 发动机检测专用真空表。

h. 温度计。

③手工工具主要包括：

a. 千斤顶。

b. 扭力扳手。

c. 各种扳手。

d. 手电钻。

e. 各种拉压器。

f. 各种手动铰刀。

2）设施条件

（1）生产厂房和停车场的设备需要具备的条件：

①生产厂房和停车场的结构、设施必须满足汽车维护和汽车小修作业的要求，并符合安全、环境保护、卫生和消防等有关规定，地面应坚实、平整。

②停车场地界定标志明显，不准占用道路和公共场所进行维护、小修作业和停车。

（2）生产厂房和停车场的面积。企业的生产厂房和停车场的面积应与其生产纲领和生产工艺相适应。具体为：

①主要总成和零部件的维护和小修作业应在生产厂房内进行；主要设备应设置在生产厂房内；主生产厂房面积应不少于 200 平方米。

②停车场面积不少于 150 平方米。

3）人员条件

（1）技术管理人员应至少有 1 名具有本专业知识并取得任职资格证书，且为本企业正式聘用的助理工程师或技师以上的技术人员负责技术管理工作。

（2）技术工人。

①企业工种设置应与其从事的生产范围相适应，各工种技术工人数应与其生产纲领、生产工艺相适应，直接生产工人应不少于 15 人。

②各工种技术工人必须经专业培训，取得工人技术等级证书，并经过交通行业培训，取得上岗证，持证上岗。

③各工种均由 1 名熟练掌握本工种技术的技术工人负责，其技术等级如下：

a. 汽车发动机维修工、汽车底盘维修工、汽车维修电工、汽车维修钣金工和汽车维修漆工的技术等级不低于中级。

b. 其他工种不低于初级。

（3）质量检验人员。质量检验工作必须由专人负责，具体为：

①质量检验人员必须经交通主管部门专业培训，考核并取得质量检验员证，持证上岗检验；应至少有两名质量检验员。

②应至少配备 1 名经正规培训取得正式机动车驾驶证的试车员，其技术等级不低于中级汽车驾驶员。试车员可由质量检验员兼任。

（4）财务人员。应至少有 2 名经过专业培训并取得会计证的财务人员，其中有 1 名经过行业培训的财务结算人员。

（5）质量管理条件。

①必须具备并执行汽车维修技术国家标准和行业标准以及汽车维修相关标准。

②必须具备所维护小修汽车的维修技术资料。

③应具有进厂检验单、过程检验单、竣工检验单、维修合同文本和出厂合格证等技术文件。

④应具有并执行保证汽车维修质量的工艺文件、质量管理制度、检验制度、技术档案管理制度、标准和计量管理制度、机具设备管理及维修制度等。

（6）安全生产条件。

①企业应有与其维修作业有关的安全管理制度和各工种、各机电设备的安全操作规程。

②对有毒、易燃、易爆物品，粉尘，腐蚀剂，污染物，压力容器等均有安全防护措施和设施。

（7）环境保护条件。

①企业的环境保护条件必须符合国家的环境保护法律、法规和国家环境保护部门的规章、标准。

②应积极防治废气、废水、废渣，粉尘，垃圾等有害物质和噪声对环境的污染与危害，采取合适的处理措施和设施，使之符合环境保护法律、法规、规章、标准的规定。

（8）流动资金条件。流动资金应不少于 10 万元。

①中外合资（合作）维修企业和特约维修中心（站）的条件是：中外合资（合作）的二类汽车维修企业，除应具备合资（合作）维修企业特定的条件外，还必须具备本标准规定的各项条件。

②特约维修中心（站）进行二类汽车维修企业生产范围内的维护和小修作业时，必须具备本标准规定的各项条件。

（9）承担救援维修条件。企业除承担车辆救援维修业务外，还应配备牵引车辆或救援维修工程车和通信工具。

3. 汽车专项修理企业的开业条件

1）设备、设施、人员、流动资金的条件

企业配备的设备的型号、规格和数量，生产厂房和停车场的面积，各工种技术工人的数

量应与其生产纲领、生产工艺相适应。

设备技术状况应完好，满足加工、检测精度要求和使用要求；计量器具须经计量检定机构检定，并取得计量检定合格证。

生产厂房和停车场的结构、设施必须满足专项修理（或维护）作业的要求，并符合安全、环境保护、卫生和消防等有关规定；不准占用道路和公共场所进行专项修理（或维护）作业和停车。

技术工人须经专业培训，取得工人技术等级证书；并经交通行业培训，取得上岗证，持证上岗。

（1）车身修理。

①设备主要包括：

a. 吊装举升设备。

b. 剪板设备。

c. 焊接设备。

d. 钻床或手电钻。

e. 除锈设备。

f. 砂轮机。

g. 空气压缩机。

h. 车身校正设备。

i. 一氧化碳气体保护焊机。

j. 折弯机。

k. 其他常用工具。

②作业间和停车场面积的要求如下：

a. 作业间面积不少于80平方米。

b. 停车场面积不少于40平方米。

③直接生产工人应具备的条件是技术等级为中级的汽车维修钣金工应不少于1人。

④流动资金应不少于2万元。

（2）涂漆。

①设备主要包括：

a. 空气压缩机。

b. 喷烤漆房（从事轿车涂漆）或喷漆设备。

c. 调漆设备。

d. 砂轮机。

e. 除锈设备。

f. 吸尘、通风设备。

g. 其他常用工具。

②作业间和停车场面积的要求如下：

a. 作业间面积不少于100平方米。

b. 停车场面积不少于40平方米。

③直接生产工人应具备的条件是技术等级为中级的汽车维修漆工应不少于1人。

④流动资金应不少于5万元。
(3) 篷布、坐垫及内装饰修理。
①设备主要包括:
a. 缝纫机。
b. 锁边机。
c. 工作台或工作案。
d. 台钻或手电钻。
e. 熨斗。
f. 裁剪及其他专用工具。
②作业间和停车场面积的要求如下:
a. 作业间面积不少于30平方米。
b. 停车场面积不少于30平方米。
③直接生产工人应具备的条件是技术等级为中级的汽车维修缝工应不少于1人。
④流动资金应不少于1万元。
(4) 电器、仪表修理。
①设备主要包括:
a. 电器试验台或电器性能测试仪。
b. 绕线机。
c. 烘箱。
d. 钳工工作台及设备。
e. 钎焊设备。
f. 仪表检修工作台。
g. 万用电表。
h. 拉压器。
i. 台钻或手电钻。
j. 其他常用工具。
②作业间和停车场面积的要求如下:
a. 作业间面积不少于30平方米。
b. 停车场面积不少于30平方米。
③直接生产工人应具备的条件是技术等级为中级的汽车维修电工应不少于1人。
④流动资金应不少于2万元。
(5) 蓄电池修理。
①设备主要包括:
a. 充电机。
b. 熔铅设备。
c. 焊极板设备。
d. 钳工工作台及设备。
e. 电解液密度计。
f. 高频放电叉。

g. 电解液配置器具。

h. 废水处理和通风设备。

i. 万用电表。

j. 台钻或手电钻。

k. 其他专用、常用工具。

②作业间的要求是充电间与工作间应分开，充电间的地、池由耐酸材料制作；作业间面积不少于 30 平方米。

③直接生产工人应具备的条件是技术等级为中级的汽车蓄电池维修工应不少于 1 人。

④流动资金应不少于 1 万元。

（6）散热器、油箱修理。

①设备主要包括：

a. 清洗及管道疏通设备。

b. 氧—乙炔焊设备。

c. 钎焊设备。

d. 水压试验设备。

e. 空气压缩机。

f. 喷灯。

g. 工作台或作业架。

h. 其他专用工具。

②作业间和停车场面积的要求如下：

a. 作业间面积不少于 30 平方米。

b. 停车场面积不少于 30 平方米。

③直接生产工人应具备的条件是技术等级为中级的汽车维修散热器工应不少于 1 人。

④流动资金应不少于 1 万元。

（7）轮胎修补。

①设备主要包括：

a. 空气压缩机。

b. 漏气试验设备。

c. 轮胎气压表。

d. 千斤顶。

e. 轮胎螺母拆装机或专用拆装工具。

f. 轮胎、轮辋拆装、除锈设备或专用工具。

g. 轮胎修补设备。

h. 其他专用工具。

②作业间和停车场面积的要求如下：

a. 作业间面积不少于 30 平方米。

b. 停车场面积不少于 30 平方米。

③直接生产工人应具备的条件是技术等级为中等的汽车维修轮胎工应不少于 1 人。

④流动资金应不少于 1 万元。

(8) 安装汽车门窗玻璃。

①设备主要包括：

a. 工作台。

b. 玻璃切割工具。

c. 玻璃磨边工具。

d. 其他常用工具、量具。

②作业间和停车场面积的要求如下：

a. 作业间面积不少于 30 平方米。

b. 停车场面积不少于 30 平方米。

③直接生产工人应具备的条件是技术等级为中级的汽车维修木工应不少于 1 人。

④流动资金应不少于 2 万元。

(9) 空调器、暖风机修理。

①设备主要包括：

a. 台钻或手电钻。

b. 氧—乙炔焊设备。

c. 烘干箱。

d. 空调器作业台。

e. 暖风机作业台。

f. 压力测试仪。

g. 检漏计。

h. 水平仪。

i. 真空仪或真空泵。

j. 万用电表。

k. 温度计。

l. 研磨平板。

m. 制冷剂加注器。

n. 制冷剂回收、净化、回充装置。

o. 其他专用工具。

②作业间和停车场面积的要求如下：

a. 作业间面积不少于 30 平方米。

b. 停车场面积不少于 30 平方米。

③直接生产工人应具备的条件是技术等级为中级的汽车空调维修工应不少于 1 人。

④流动资金应不少于 2 万元。

(10) 喷油泵、喷油器修理。

①设备主要包括：

a. 喷油泵、喷油器的清洗和试验设备。

b. 化油器的清洗和试验设备。

c. 工作台。

d. 钎焊设备。

e. 其他专用工具、量具。

②作业间面积不少于30平方米。

③直接生产工人应具备的条件是技术等级为中级的汽车发动机维修工应不少于1人。

④流动资金应不少于2万元。

（11）曲轴修磨。

①设备主要包括：

a. 曲轴磨床。

b. 曲轴校正设备。

c. 曲轴动平衡设备。

d. 平板、V型块。

e. 百分表。

f. 外径千分尺。

g. 无损焊伤设备。

h. 其他专用工具、量具。

②作业间面积不少于60平方米。

③直接生产工人应具备的条件是技术等级为中级的汽车维修镗磨工应不少于1人。

④流动资金不少于2万元。

（12）气缸镗磨。

①设备主要包括：

a. 立式精镗床。

b. 立式珩磨机。

c. 压力机。

d. 吊装超重设备。

e. 气缸体水压试验设备。

f. 量缸表。

g. 外径千分尺。

h. 厚薄规。

i. 其他专用工具。

②作业间面积不少于50平方米。

③直接生产工人应具备的条件是技术等级为中级的汽车维修镗磨工应不少于1人。

④流动资金不少于2万元。

（13）车身清洁维护。

①设备主要包括：

a. 举升设备或地沟。

b. 汽车外部设备清洗设备。

c. 除尘、除垢设备。

d. 打蜡设备。

e. 抛光设备。

f. 其他常用专用工具。

②作业间和停车场面积的要求如下：

a. 作业间面积不少于 100 平方米。

b. 停车场面积不少于 30 平方米。

③直接生产工人应具备的条件是车身清洁人员不少于 3 人。

④流动资金应不少于 1 万元。

2）质量管理、安全生产、环境保护条件

（1）企业应具备并执行与其专项修理（或维护）作业有关的技术标准、工艺规范、技术资料，应有质量检验、管理办法。

（2）企业应有与其专项修理（或维护）作业有关的安全防护、消防设施和安全操作规程。

（3）企业的环境保护条件必须符合国家的环境保护法律、法规和国家环境保护部门的规章、标准。

汽车服务无论是技术性的，还是非技术性的，都具有明显的工程特色。技术性汽车服务的大多数工作内容本身属于机械电子工程领域，而非技术性的汽车服务的工作内容属于管理工程领域。汽车自出厂后进入流通、销售、购买、使用直至报废回收各环节的各类服务的工作内容相互联系，构成了一个有机服务体系，称为汽车服务工程。由此可见，汽车服务工程涉及的主要是服务性工作，以服务产品为其基本特征，因此属于第三产业的范畴。

5.2 汽车维修服务管理

5.2.1 汽车维修服务管理的规范

1. 客户维修接待

客户维修接待主要包括客户接待和维修接待。

客户接待主要包括进厂维修接待、预约维修接待和紧急维修救援接待。业务接待员应遵守礼仪规范：主动热情、真诚友好、仪表端庄、语言文明、自报工号，认真听取客户关于车况和维修要求的陈述，并做好记录。业务接待员应能及时为客户提供咨询服务。

车辆进厂时，业务接待员应查验车辆相关证件，与客户一起进行环车检查，并办理交接手续。检查时，对于可能造成污损的车身部位，应铺装防护用品。客户寄存随车物品，应在车辆交接单上详细记录，并妥善保管。车辆交接单经客户签字确认。业务接待员应安排需要等待维修车辆的客户休息。

经营者可通过电话、短信、网络等渠道受理预约维修服务，可采用回访、告示等方式提示客户采用预约维修服务。业务接待员应根据客户意愿和企业条件，合理确定维修车辆维修项目和进厂时间。经双方确认后，做好人员、场地、设备、配件准备，按时安排车辆进行维修。

经营者可通过电话、短信、网络等渠道受理紧急维修救援业务。业务员接待员接到求救信息后，应详细记录求救客户的姓名、车牌号码、品牌型号、故障现象、车辆所在地、联系电话等。经营者应区别不同情况实施救援：与客户对话可以解决的，应详细解答，具体指导，及时帮助处理；确需现场救援的，应提出最佳救援方案，主动告知救援收费标准，组织救援人员在规定时间内赶到救援现场；现场不能修复的车辆，经客户同意可拖车入厂，及时安排修理。

2. 进厂检验

质量检验员应根据车辆技术档案和客户陈述进行技术诊断。进厂检验应在专用的工位或区域，按照相关技术标准或规范对车辆进行检验，并做好进厂检验记录。需要解体检查或者路试的，应征得客户同意。进厂检验后，应告知客户车辆技术状况、拟订的维修方案、建议维修项目和需要更换的配件，以及预计的维修费用等。

3. 签订合同

业务接待员应根据车辆进厂检验结果和客户需求，本着自愿、合法、适用的原则，与客户协商签订汽车维修合同。

维修合同应包含以下主要内容：
（1）经营者、客户的名称。
（2）签约日期。
（3）车辆基本信息。
（4）维修项目。
（5）收费标准、预计维修费用及费用超出的解决方式。
（6）交车日期、地点、方式。
（7）质量保证期。

经营者对机动车进行二级维护、总成修理、整车修理时，宜使用当地主管部门推荐的汽车维修合同示范文本。维修过程应严格按照合同约定进行。确需增加维修项目的，经营者应及时与客户沟通，征得同意后，按规定签订补充合同。此外，经营者应将维修合同存入机动车维修档案。

4. 维修作业与过程检验

经营者根据维修合同确认的维修项目，开具维修施工单。维修施工单应详细注明维修项目、作业部位、完成时间和注意事项。根据实际情况，可以对维修车辆进行车身清洁。维修过程中，应采用合理的措施保护车身内外表面等部位。维修人员应执行相关的技术标准，使用技术状况良好的设备，按照维修施工单进行操作；不应擅自扩大作业范围，不应以次充好换用配件。维修人员作业后，应进行自检，并签字确认。质量检验员应核查配件更换情况，并依据车辆维修标准或维修手册的技术要求实施车辆维修过程检验，按规定填写并留存过程检验记录。维修过程检验不合格的作业项目，不应进入下一道工序，应重新作业。经营者宜采用可视窗或视频设备等方式，供客户实时查看在修车辆。业务接待员应掌握车辆维修情况，及时向客户反馈维修进度。车辆维修完工后，维修人员应对车辆外表和内饰进行清洁，将车辆停放在指定区域。

5. 竣工检验

质量检验员应核查维修项目完成情况，按 GB/T 3798.1—2016、GB/T 3798.2—2005、GB/T 3799.1—2005、GB/T 3799.2—2005 和 GB/T 18344—2016 等标准进行竣工检验，并填写维修竣工检验记录。对竣工检验中发现的不合格项目，应填写返工单，由维修人员返工作业。经营者应执行机动车维修竣工出厂合格证制度。

6. 结算交车

检验合格的车辆，业务接待员应查看外观，清点随车物品，做好交车准备，通知客户验收接车，并将维修作业项目、配件材料使用、维修竣工检验情况，以及出厂注意事项、质量保证期等内容以书面记录的形式告知客户。业务接待员应配合客户验收车辆，填写验收交接单，并引导客户办理结算手续。价格结算员应严格按照公示并备案的维修工时定额及单价、配件价格等核定维修费用，开具机动车维修结算清单、维修发票。维修结算清单应将维修作业的检测诊断费、材料费、工时费、加工费及其他费用分项列出，并注明原厂配件、副厂配件或修复配件，由客户签字确认。客户对维修作业项目和费用有疑问时，业务接待员或价格结算员应认真听取客户的意见，做出合理解释。客户完成结算手续后，业务接待员为客户办理出门手续，交付车辆钥匙、客户寄存物品、客户支付费用后剩余的维修材料以及更换下的配件。

7. 返修与抱怨处理

经营者应严格执行车辆返修制度，建立车辆返修记录，对返修项目进行技术分析。在质量保证期内，因维修质量原因造成车辆无法正常使用，且经营者在三日内不能或无法提供因非维修原因而造成车辆无法使用的相关证据的，经营者应当优先安排，无偿返修，不应故意拖延或无理拒绝。在质量保证期内，车辆因同一故障或者维修项目经两次修理仍不能正常使用的，经营者应当负责联系其他机动车维修经营者修理，并承担相应的修理费用。经营者应严格执行客户抱怨处理制度，明确受理范围、受理部门或人员、处理部门或人员及其职责、受理时限、处理时限等。经营者应留存抱怨办理的记录，定期进行分析、总结。

8. 跟踪服务

车辆维修竣工出厂后，经营者可通过客户意见卡、电话、短信或登门等方式回访客户，征询客户对车辆维修服务的意见，并做好记录；对客户的批评意见，应及时沟通并妥善处理；跟踪服务应覆盖所有客户。回访人员应统计分析客户意见，并及时反馈给相关部门处理；对返修和客户抱怨处理后的结果应继续跟踪。

5.2.2 汽车维修服务质量管理

1. 人员管理

企业负责人、技术负责人及质量检验员、业务接待员、价格结算员，以及从事机修、电器、钣金、涂漆、车辆技术评估（含检测）作业的技术人员条件应符合 GB/T 21338—2008 的规定。机动车维修技术人员的配备应满足有关要求。维修从业人员应按照作业规范进行维修作业。经营者应根据维修服务活动和从业人员的能力，制订和实施培训计划，做好培训记录。

2. 设施设备管理

设施设备管理的项目主要有厂区环境清洁，各类指示标志清楚，重要区域和特种设备设立警示标志，维修作业区应合理布局，划分的工位应有充足的自然采光或人工照明，维修、检测设备的规格和数量应与维修车型、维修规模和维修工艺相适应。经营者应依据设备使用书，制订设备操作工艺规程和设备维护计划，并认真实施。特种设备应重点维护，检测设备、量具应按规定进行检定、校准。经营者应建立设备档案，做好设备购置、验收、使用、维修、检定和报废处理记录。

3. 配件管理

经营者应向具有合法资质的配件经销商采购配件。经营者应建立采购配件登记制度，组织采购配件验收，查验产品合格证等相关证明，登记配件名称、规格型号、购买日期及供应商信息。经营者应建立配件质量保证和追溯体系。原厂配件和副厂配件应按制造厂的规定执行质量保证。经营者与客户协商约定的原厂配件和副厂配件的质量保证期不得低于上述规定。修复配件的质量保证期，按照经营者与客户的约定执行。经营者应制定配件检验分类制度，保留配件的更换、使用、报废处理的记录。客户自带配件，经营者应与客户做好约定，使用前查验配件合格证明，提出使用意见，由客户确认签字，并妥善保管配件合格证明和签字记录，保存期限不得低于该配件质量保证期和维修质量保证期。

4. 安全管理

经营者应建立安全生产组织机构和安全生产责任制度，明确各岗位人员的安全职责。经营者应制订安全生产应急预案，主要内容包括应急机构组成、责任人及分工应急预案启动程序、应急救援工作程序等。经营者应开展安全生产教育与督促检查，为员工提供国家规定的劳动安全卫生条件和必要的劳动防护用品。经营者应确保生产设施、设备安全防护装置完好，按照规定配置消防设施和器材，设置消防、安全标志。有毒、易燃、易爆物品，腐蚀剂，压力容器的使用与存放应符合国家有关规定的要求。机动车维修作业场所的相应位置应张贴维修岗位与设备安全操作规程及安全注意事项。

5. 环保管理

经营者应对维修产生的废弃物进行分类收集，及时对有害物质进行隔离、控制，委托有合法资质的机构定期回收，并留存废弃物处置记录。维修作业环境应按环境保护标准的有关规定配置用于处理废气、废水的通风、吸尘、消声、净化等设施。

6. 现场管理

经营者应制定现场管理规范，作业场所实行定置管理，工具、物料摆放整齐，标识清楚，做到工作台、配件、工具清洁，工具、配件、废料油污不落地，废油、废液、固体废弃物分类存放。

7. 资料档案管理

经营者应了解并收集与维修服务相关的技术文件，具备有效的车辆维修标准和承修车型的技术资料。必要时，应制定车辆维修所需的各种工艺、检验指导文件。经营者应建立机动车维修档案，并妥善保存。

车辆二级维护、总成修理、整车修理档案应包括维修项目、维修合同、具体维修人员及质量检验员、进厂检验记录、过程检验记录、竣工检验记录、出厂合格证副本、结算清单等，且保存期限不应少于两年。

8. 服务质量控制

经营者应按规定建立维修服务质量管理体系，制定服务质量方针，加以实施并持续改进。经营者应开展客户满意度调查，收集、整理客户反馈信息。经营者应定期对维修服务实际成果进行检查，并记录检查结果。对检查中发现的问题，应采取有效的整改措施。

本章小结

本章主要介绍了汽车维修服务工程的基本概念、目的与分类，国内各类汽车维修企业的开业条件和管理规范。

汽车维修服务是指汽车售后服务体系以外的社会机构独立提供的汽车技术服务。根据企业条件和服务资质，汽车维修服务企业可以为用户提供综合性的维修服务，如汽车整车大修；也可以只为用户提供单项的维修服务，如车身维修、发动机修理、汽车电器维修、汽车轮胎维修等单一性的服务。汽车用户可以根据自身和汽车的需求，选择相应的汽车维修服务企业。

汽车维修是汽车维护与汽车维修的总称，它们是两种不同的技术措施。汽车维修的目的是排除故障，使汽车的各项技术指标得到恢复，从而节约运行消耗，延长车辆使用寿命。车辆应遵循定期维护、视情修理的原则。汽车修理按照等级，可以分为整车大修、总成大修和零部件小修等。

汽车维修企业的开业条件应满足相关国家标准的要求。根据国家标准《汽车维修业开业条件》规定，我国的汽车维修企业分为三个类别：一类汽车维修企业、二类汽车维修企业和汽车专项修理企业。其中，一类汽车维修企业，可以从事整车大修和总成大修等维修作业，也可以从事零部件小修、汽车维护、汽车专项修理等；二类汽车维修企业主要是从事汽车维护作业，包括汽车一级维护、二级维护，也可以从事零部件小修和汽车专项修理；汽车专项修理企业，顾名思义，指仅仅从事汽车专项的维修或维护，如汽车电路维修、汽车车身清洁维护、汽车蓄电池维修、汽车轮胎修补等的企业。

汽车维修企业的作业和管理也应满足相关的国家标准。汽车维修服务规范对客户维修接待、进厂检验、签订合同、维修作业与过程检验、竣工检验、结算交车、返修与抱怨处理和跟踪服务等环节，都有明确的规定和要求。

汽车维修服务的管理包含了人员管理、设施设备管理、配件管理、安全管理、环保管理、现场管理和资料档案管理等。

另外，汽车维修企业也应按规定建立维修服务质量管理体系，制定服务质量方针，加以实施并持续改进。经营者应开展客户满意度调查，收集、整理客户反馈的信息。经营者应定期对维修服务实际成果进行检查，并记录检查结果。对检查中发现的问题，应采取有效的整改措施。

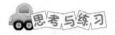

调查当地的汽车维修企业，了解企业的管理规范，并对照各类维修企业的开业条件标准，进行核查。

一、术语解释

1. 汽车维修服务。
2. 一类汽车维修企业。
3. 二类汽车维修企业。

二、简答题

1. 汽车维修服务的目的和分类有哪些？
2. 简述一类汽车维修企业的开业条件。
3. 简述二类汽车维修企业的开业条件。
4. 简述汽车专项修理企业的开业条件。
5. 简述汽车维修企业的服务规范。
6. 简述汽车维修企业的质量管理规定。

第6章　汽车美容与改装

本章知识点

本章主要介绍汽车美容与汽车改装的基本概念；阐述国内汽车美容市场的特点、汽车美容的分类及其基本内容；探讨汽车改装的基本概念。

教学要求

理解汽车美容的内涵，并理解汽车美容市场的主要特征；
理解汽车美容的基本方法；
理解汽车美容的分类；
理解汽车改装的基本内容和分类。

引入案例

"汽车美容"一词源于西方发达国家，英文名称为"Car Beauty"或"Car Care""Car Detail"。由于汽车工业的发展，社会消费时尚的流行，以及人们对事物猎奇、追求新异思想的影响，新车款式更新换代速度非常快，一些消费者为得到新车而不愿旧车贬值，因而在汽车消费与二手车市场之间，汽车美容装饰业也就应运而生。换句话说，汽车美容是工业经济高速发展、消费观念进步以及汽车文化日益深入人心的必然产物。

随着社会进步及人类文明程度的不断提高，汽车正以大众化消费品的姿态进入百姓生活，因而汽车的款式、性能以及汽车的整洁程度，无一不体现出车主的性格、修养、生活观及喜好。所以，许多人想让自己的"座驾"看起来干净漂亮，用起来风光舒适。围绕这一目的进行的一系列工作，就是许多人眼里笼统意义上的汽车美容。

而今天的汽车美容由于借鉴了人类"美容养颜"的基本思想，被赋予仿生学新的内涵，正逐步形成具有现代意义的汽车美容。如今，汽车美容不再是简单的汽车打蜡、除渍、除臭、吸尘及车内外的清洁服务等常规美容护理，还包括利用专业美容系列产品和高科技技术设备，采用特殊的工艺和方法对漆面增光、打蜡、抛光、镀膜及深浅划痕处理，全车漆面美容，底盘防腐涂胶处理和发动机表面翻新、轮胎更换维修、钣金、车身油漆修补等一系列养车技术，以达到"旧车变新、新车保值、延寿增益"的功效。

汽车改装（Car Modification）是指根据汽车车主的需要将汽车制造厂家生产的原型车进行外部造型、内部造型以及机械性能的改动，主要包括外观改装、内饰改装、动力改装、操控性改装与音响改装。

6.1 汽车美容

6.1.1 汽车美容概述

汽车美容在西方国家被称为汽车保养护理，汽车美容应使用专业优质的养护产品，针对汽车各部位材质进行有针对性的保养、美容和翻新。这些产品是采用高科技手段及优等化工原料制成，它不仅能使汽车焕然一新，更能让旧汽车全面彻底翻新，并长久保持艳丽的光彩，使经过专业美容后的汽车外观洁亮如新、漆面亮光长时间保持、有效延长汽车寿命。

汽车美容装饰是通过增加一些附属的物品，提高汽车表面和内饰的美观性。这种行为叫作汽车装潢，所增加的附属物品，叫作装饰品或者装饰件。根据汽车装饰的部位不同，可分为汽车外部装饰和汽车内饰装饰两种。

此外，更为专业的汽车美容是通过先进的设备和数百种用品，经过几十道工序，对车身、车室（地毯、皮革、丝绒、仪表、音响、顶棚、冷热风口、排挡区等进行高压洗尘、吸尘上光）、发动机（免拆清洗）、钢圈轮胎、底盘、保险杠、油电路等做整车处理，使旧车变成新车并保持长久，并且可对较深划痕进行特殊的快速修复。

汽车美容主要包括车表美容（汽车清洗、除去油性污渍、新车开蜡、旧车开蜡、镀件翻新和轮胎翻新）、车饰美容（车室美容护理、发动机美容护理和行李厢清洁）、漆面美容（漆面失光处理、漆面划痕处理和喷漆）、汽车防护（粘贴防爆太阳膜，安装防盗器、语音报警系统和静电放电器）和汽车精品（汽车香水、车室净化、装饰贴和各种垫套）五个方面。

6.1.2 汽车美容市场分析

随着我国居民收入水平的增长，我国汽车文化也日渐成熟起来。目前，我国的汽车消费已经开始从汽车代步时代向享受汽车文化的时代迈进，汽车已不再是人们身份和地位的象征，成为汽车消费者对个性化、多元化文化取向的集中体现。汽车大规模地进入家庭这一现象为汽车美容养护行业开辟了更广阔的市场。市场调查表明，目前我国60%以上的私人高档汽车车主有给汽车做外部美容养护的习惯；30%以上的私人低档车车主也开始形成了给汽车做美容养护的观念；30%以上的公用高档汽车也定时进行外部美容养护；50%以上的私车车主愿意在掌握基本技术的情况下自己进行汽车美容和养护。由此可见，汽车美容业在我国有着巨大的市场发展空间。

根据欧美国家统计，在一个完全成熟的国际化汽车市场中，汽车的销售利润在整个汽车业的利润构成中仅占20%，零部件供应的利润占20%，而50%~60%的利润是从汽车服务业中产生的，美国汽车服务业的营业额已经超过汽车整车的销售额。其中，单单一个汽车美容业年产值就已经超过3 500亿美元。

近两年，随着我国汽车消费者消费理念的逐步成熟，我国汽车美容行业迅猛发展并形成了一些比较成熟的经营模式。例如，镀膜已成为汽车美容界最关注的话题，其内容包括有机硅镀膜、玻璃纤维镀膜、物理镀膜、电泳镀膜。从简单的洗车——车蜡——封釉——镀膜，国内汽车美容行业进入一个不断升级的阶段。汽车美容养护业的巨大市场不断吸引商家进入，推动了整个市场的前进。国内汽车美容行业已经走过了起步阶段，汽车美容项目目前出现多样化、高端化的趋势，因此，有企业推出"星级美容"的概念。汽车美容的高技术含量使今后汽车美容业发展得更加迅速，美容项目的更新、美容技术的不断升级已经成为很重要的课题。

按照加入WTO时的承诺，我国允许外资企业进入国内汽车服务贸易领域，于是国外的汽车美容服务连锁机构如雨后春笋般在中国涌现，国外一些汽车美容公司纷纷将产品投放中国市场，在全国范围内办起了连锁店，并造就了一支汽车美容大军，从业人数逐年增加，汽车美容业呈现出一片繁荣景象。

尽管我国汽车美容市场非常庞大，但市场竞争仍是十分的激烈。据调查，目前汽车美容养护行业也存在消费者认识不成熟、企业经营不规范、缺乏专业人才、行业标准匮乏等问题。

现阶段，在汽车美容行业众多的品牌中，品牌的知名度、美誉度、忠诚度都达到国际标准的寥寥无几。服务市场的企业表面上形态各异、百花齐放、非常活跃，但实质上良莠不齐，形成品牌的屈指可数，整体上讲，目前还处于混乱状态。国内汽车服务行业很多都没有形成经营规模、店与店之间低价竞争、互相拆台，严重、无序的经营影响着这个领域竞争力及品牌化的形成。企业多属各自为政，一些连锁企业也不够完善和成熟，并且由于自身的限制对整体市场的掌控能力不足，没有形成全国性的服务品牌。

由于汽车美容行业不同于一般的服务业，专业性很强、技术含量较高，因此，汽车美容养护业的发展必将需要大量的技术专业人才和管理人才。当然不同规模的汽车美容养护店所需的专业人才数量是不相同的。按照每个汽车美容养护店平均配备5名美容技师、3名管理者计算，截至2010年，我国汽车美容行业从业人员约有240万人，其中汽车美容技师170万人，管理人员62.5万人；到2020年，汽车美容行业从业人员将达到366.4万人，其中汽车美容技师265.5万人，管理人员99.9万人。目前国内专营和兼营汽车美容的企业约有3万家，从业人员约为45万人，专业的美容技师还相当缺乏。

在缺乏精英人才的加入和松散的雇佣关系下，整个行业直接从市场第一线产生的有创意的东西就会少之又少。经营者长年累月都在经营着同样的业务，消费者长年累月都在享受着同样的服务，最终导致整个行业已经失去了发展的原动力。

尽管我国的汽车美容行业仍然处在发展的初级阶段，也存在很多问题，但随着汽车保有量的不断增加和消费者消费意识的升级，汽车美容业产值不断攀升，并将逐渐发展成我国服务业的一个新兴支柱产业。

我国汽车美容产业必将迅猛发展，主要取决于以下几个主要因素：

（1）我国汽车保有量不断增加。据统计，截至2017年年底，我国机动车保有量达3.10亿辆，其中汽车有2.17亿辆；机动车驾驶人达3.85亿人，其中汽车驾驶人有3.42亿人。近五年来，我国汽车保有量以年均 10% 以上的数量持续增加，汽车占机动车的比例也持续增加，从 2012 年的 54.93% 提高至 2017 年的 70.17%。其中，以个人名义登记的小型和微型载客汽车（私家车）达 1.70 亿辆。另外值得注意的是，我国西部地区机动车保有量达 6 436 万辆，年均增幅 19.33%，明显高于东部、中部地区。如此高的汽车保有量以及持续不断的高速增长，为我国汽车美容行业的发展提供了强大的支撑。

（2）我国汽车消费观念不断升级。我国汽车消费观念的升级不仅仅体现在消费者购车时更加理性，还在于用车、养车时更加科学和追求个性化。据统计，我国车主平均养护费用接近 5 000 元，我国汽车后市场的产值也突破了 1 万亿元。汽车美容行业，作为汽车后市场中非常重要的一环，必将成为消费者由重"量"到重"质"转变的受益者。据统计，我国汽车后市场的消费人群中，35 岁以下人群比例超过五成，未来将引领汽车消费的各个领域。而这一年轻群体对个性化、品质和体验的追求，恰恰成了汽车美容行业发展的强大驱动力。

（3）我国的二手车市场蓬勃发展。据统计，近年来我国的二手车交易量以年均近 20% 的速度迅速增长。2017 年我国二手车车源总数达 1 644 万辆，其中累计交易二手车 1 234 万辆，交易金额达 7 300 亿元以上。从全国范围来看，东部沿海省份二手车交易比较活跃，浙江、广东和山东分别占据前三位。我国二手车销售与消费的蓬勃发展也势必加速汽车美容行业的不断成长。

6.2 汽车美容的分类与典型作业

6.2.1 汽车美容的分类

汽车美容包括车身美容和内部美容。

1. 车身美容

车身美容主要包括高压洗车、除锈、去除沥青、焦油等污物，上蜡增艳与镜面处理，新车开蜡，钢圈、轮胎内部美容、保险杠翻新与底盘防腐涂胶处理等项目。经常洗车可以清除车表尘土、酸雨、沥青等污染物，防止漆面及其他车身部件受到腐蚀和损害。适时打蜡不但能给车身带来光彩亮丽的效果，而且多功能的车蜡能够无微不至地呵护爱车，可以防紫外线、防酸雨、抗高温及防静电。

2. 内部美容

内部美容又分为车内美容、发动机美容和行李厢清洁等内容。其中，车内美容包括仪表台、顶棚、地毯、脚垫、座椅、座套、挡阳板、车门衬里的吸尘清洁保护，以及蒸汽杀菌、冷暖风口除臭、车内空气净化等项目；发动机美容包括发动机冲洗清洁、喷上光保护剂、做翻新处理、"三滤"清洁（指的是燃油滤清器、机油滤清器、空气滤清器）等项目。

6.2.2 汽车美容的典型作业

1. 汽车漆面处理

汽车漆面处理前,应遵循以下规范:
1)漆面分析
(1)漆面形成。防锈层→底漆层→色漆层→清漆层。底漆浸泡,面漆分层均匀,喷涂烘干。
(2)面漆分类。
①金属漆:加入金属粉末,使漆面坚固靓丽。
②素色漆:基本为白、大红、黄色,主要为避免色差。
③珠光漆:在金属粉末基础上再加云母片。
(3)漆面状态的判断方法。
①视觉:在强烈日光或不同角度设置的太阳灯照射下,找出漆面缺陷。
②触觉:手背、手指套烟盒外膜,轻抚漆面。
(4)漆面伤害分析。
①氧化层。
②划痕分级。
a. 发丝划痕:洗车、擦车或轻微摩擦而产生的细划痕,一般手摸无感觉。
b. 浅度划痕:面漆被破坏,没有露出底漆的划痕为浅度划痕。
c. 中度划痕:面漆被破坏,露出了底漆的划痕为中度划痕。
d. 深度划痕:露出了汽车铁板的划痕为深度划痕。
氧化层、发丝划痕及浅度划痕可做研磨抛光处理,中度划痕和深度划痕则需喷漆。
③透镜效应。透镜效应是指当车漆表面上存在小水滴时,对日光产生聚焦作用,从而导致漆面被灼蚀,出现肉眼看不到的小孔洞。因此,雨后应及时清除水滴。
2)销售要点
(1)作为封釉、镀膜的预处理工序。
(2)正常使用两年以上的车漆深度氧化层处理。
(3)因养护失当造成的发丝划痕及浅度划痕处理。
(4)旧车交易前保值处理。
3)流程
(1)一般失光的流程(半年以内)。
①检查全车。
②洗车。
③用美容黏土擦全车。
④洗车。
⑤全车擦干(边、角、缝隙处)不要有遗漏。
⑥打蜡、封釉、镀膜中任何项目都可以,但项目不能同时施工。

(2) 正常行驶中摩擦的轻微划痕（一年左右没有做护理）。

①检查全车。

②洗车。

③用抛光机进行抛光处理。

④下一个工序打蜡、封釉或者镀膜工艺。

(3) 严重失光、深度氧化层处理方法（两年左右没有做过护理）。

①检查全车。

②洗车。

③可以选择干研磨或者湿研磨，然后把全车所有的橡胶件、电镀件用纸胶带全部粘好。

④用美容粗蜡进行全车研磨。在用抛光机的时候，要注意按先轻后重，最后再轻的工序进行工作。

⑤粗蜡研磨完以后要进行全车清洗，之后在用中切研磨剂进行研磨（主要是去除粗蜡留下的划痕），在洗车最后用镜面处理剂进行全车抛光处理（在做抛光时，一定要在漆面上多加水，要不然做不出效果）。

⑥做打蜡、封釉或者镀膜的服务项目。

⑦检查全车，指挥车辆让客户安全离开。

(4) 划痕的处理。

①检查全车。

②判断划痕的深浅。

③和客户交流这个划痕是否能处理，以及能处理到什么程度。

④准备施工（准备好需要的工具）。

⑤用1500号或者2000号的砂纸进行打磨，打磨时要注意手法（实操课时，老师会讲清楚，务必认真仔细听讲）。

⑥方法与漆面严重失光的第三步流程一样。

4) 注意事项

(1) 视漆面分析结果选择全车或局部研磨或不研磨直接进行抛光。

(2) 转速为1 800转/分以上，直线左右往返运动，严禁单点过度研磨造成漆面二次损伤。总而言之，应准确把握漆面厚度，并与车主就研磨效果充分沟通达成一致。

(3) 棱角处的漆膜厚度只有普通平面处漆膜厚度的2/3，所以不应过多研磨，以防打漏表面漆层。

(4) 研磨过程依照轻慢触—缓加重—轻慢起的步骤，同时根据漆面分析结果，把握力度与时间，尽量避免光晕。

(5) 研磨时要谨慎，但抛光动作要大，双脚跨立，大范围一气呵成。

(6) 有研磨必有抛光，有抛光不需要研磨。

①浅度划痕。这种划痕只是在清漆层留下浅的印痕，并未伤透清漆层，只需要进行抛光作业即可。

②中度划痕。这种划痕伤穿了清漆层，但还没伤到底漆，这种划痕需要进行重新喷涂作业。

③深度划痕。这种划痕已经伤到底漆层，需要进行填补灰土，找平后再进行色漆层和清

漆层的喷涂修复。

处理划痕要学会鉴别划痕处于什么样的程度，从而对划痕进行最合适的处理方法，不过不失最好。

2. 汽车清洗

1）**汽车外部的清洗**

在对汽车外部清洗时，应从汽车上部开始倒水，用海绵擦掉污水。用水清洗不了的污渍，使用中性洗涤剂；清洗车辆下部时应戴上胶皮手套，并用柔软布仔细擦拭水分；使用中性洗涤剂时，需擦干净车辆表面，以防在油漆面上留下洗涤剂。

2）**汽车内饰的清洗**

在对汽车内饰进行清洗时，应遵循以下步骤：

（1）取下脚垫，除泥去垢。用清水或清洗剂把门边框、门槛条、门铰链、脚踏板等边沿死角的泥巴、污垢清洗干净。

（2）把仪表台、中控区、储物盒、储物箱、凹槽、边角、椅缝的尘灰吹除，再用吸尘器把座椅、地毯上的灰尘清除干净。

（3）根据不同车型，采用毛巾、鹿皮、塑料薄膜等对音响区、车载电话等电子、电器产品进行安全保护。车上的电子、电器用品，电动控制开关如潮湿进水将引起故障或烧毁。

3）**汽车顶棚的清洗**

汽车顶棚通常是由化纤、丝绒、纯毛（高档车）等材料做成，清洗时对汽车顶棚材料、纹路、洁净情况的判断是技师应具备的能力。汽车顶棚清洗应使用绒毛清洁柔顺剂，从前往后，先往顶棚喷上少许绒毛清洁剂，湿润半分钟，然后把干净的毛巾折叠成四方形，顺其纹路方向擦拭，特别脏的地方可以反复进行。注意：毛巾一定要折叠成四方形，虽然看起来这是个细节，但这对丝绒化纤部分的清洗效果影响很大。因为毛巾揉成一团，力度就不一，效果也就不一样了。

4）**仪表台的清洗**

首先应做好除尘工作，同时应注意只能使用绒毛清洁柔顺剂，仪表台通常会沾一些灰尘和油污，只需喷上一些绒毛清洁柔顺剂用软布进行擦洗就有很好的效果。注意：防止清洗剂流入仪表的缝隙。

5）**中控区的清洗**

这个区域边角缝隙特别多，而且是音响、电话、空调等各种控制开关的分布区域，所以要特别的细心。在操作中不许直接对其喷清洗剂，而应把清洗剂喷在毛巾或软布上，轻轻擦拭干净。一些不易下物的角落可以使用棉签进行清洁。

6）**汽车座椅的清洗**

汽车座椅主要有丝绒、真皮两种。丝绒座椅的清洗：喷上绒毛清洁柔顺剂稍停留片刻，然后用干净毛巾折叠成方形或握成柱状，用力挤压污处，再从四周向中间仔细擦拭，直到除去污迹。处理干净后用另一块干净的棉布顺绒毛方向抹平，使其恢复本来面目。真皮座椅的清洗可以参照以上做法，但真皮的表面有许多细纹，容易吸附污垢，因此，清洗时可用软布结合软毛刷彻底清除细纹中的污垢。

7）地毯的清洗

原车地毯有许多是用化纤、丝绒做成的。因此，清洗地毯时，首先应用配有刷头的吸尘器进行清洁，然后喷上绒毛清洁柔顺剂，用毛巾擦拭干净。

8）车门饰板的清洗

车门饰板的清洁应该从上到下，注重每一个细节，从门边储物盒到门边上的玻璃升降器开关、后视镜开关都要用毛巾擦洗，并用驱水器吹干。

9）行李厢的清洗

行李厢用绒毛做衬的部分应用多功能绒毛清洁柔顺剂清洗，对于皮塑做衬的部分主要采用真皮的清洗方法进行清洗。同时为了整体效果，应把行李厢边沿、水槽的污垢清洗干净。有异味时，应做异味消除处理。

10）仪表盘、方向盘的清洗

仪表盘、方向盘多为塑料和皮革制品，存在较多细条纹，其上沾染的多为灰尘黏附物，容易清除。直接使用龟牌皮革塑料进行清洁上光处理，然后轻轻擦拭，既可得到一个干净光亮的表面，同时达到滋养、保护的作用。

11）汽车玻璃的清洗

汽车玻璃在车辆行驶中，玻璃表面上会沾染很深的交通膜、昆虫和厚重的油脂等，与空气的接触中，表面会形成一层氧化层，这些现象会影响驾驶员和乘客的视线，如不及时清洗，则有可能使驾驶员造成更严重的后果。龟牌防冻、防雾玻璃清洁水可以有效地解决以上的问题，使汽车玻璃光亮透明，如新的一般。注意：如果玻璃氧化层很厚、玻璃水难以去除，则也可使用玻璃抛光剂，效果会更好。

12）汽车异味的清除

由于车辆在行驶中，经常处于封闭与半封闭状态中，细菌和异味会吸附在内室的各个角落，都会对乘车人的健康造成危害，此时应使用异味消除剂来有效消除车内的异味，而且异味消除剂一般都有消毒、杀菌性能。

3. 汽车除臭杀菌

虽然杀菌方法多样，但原理大多还是物理杀菌、化学杀菌、臭氧杀菌、离子除菌等。从发展趋势看，出于对环保的越发重视，汽车室内杀菌方法将更多地注重采用物理杀菌和离子杀菌的原理，化学杀菌方式则由于对汽车部件的损害和容易产生新的有害气体而日渐式微。

化学杀菌主要是用一些消毒剂对汽车进行喷洒和擦拭，通过化学反应的方式达到除去病菌的目的。这种杀毒方法的优点是杀菌彻底迅速、施工简单易行，缺点也相当明显，后遗症较多，同时对汽车部件也有一定程度的损害作用，目前市场上常用的消毒液及使用方法如下：

（1）过氧乙酸。可用0.5%的过氧乙酸溶液喷洒汽车外表面和内部空间进行消毒，但消毒后要通风半小时以上。由于过氧乙酸具有腐蚀性和漂白性，所以车内的一些物品、衣物最好先取出，消毒后要对汽车的金属部件进行擦拭。

（2）84消毒液。通常这种消毒液含氯量为5%，使用时必须加200倍的水进行稀释，如果不按比例稀释会有一定的腐蚀性。84消毒液不具挥发性，对肝炎等病毒可通过浸泡起效，但对空中飘浮的飞沫没有什么作用。

(3) 甲醛消除灵。甲醛消除灵是一种很新的车内杀毒产品，目前并不多见，主要是通过经特殊处理的红色颗粒来吸附和消除车内的甲醛等有害气体，使用简单；缺点是该方法属化学消毒，可能会产生遗留症。

这里简单地介绍目前市面上常见的几种车内杀菌方法。

1）臭氧杀菌

这种杀毒方式在2003年"非典"期间曾独领风骚，它主要是采用一个能迅速产生大量臭氧的汽车专用消毒机来进行消毒。臭氧是一种具有广泛性的、高效的快速杀菌剂，它可以杀灭多种病菌、病毒及微生物。因此臭氧机制造出来的大量臭氧可以在较短的时间内破坏细菌、病毒和其他微生物的结构，使之失去生存能力。臭氧的杀菌作用是急速的，当其浓度超过一定数值后，消毒杀菌甚至可以瞬间完成。氧化反应除去车内的有毒气体，如 CO、NO、SO_2、芥子气等。与化学消毒不同，利用臭氧消毒杀菌一般不残存有害物质，不会对汽车造成二次污染，因为臭氧杀菌消毒后很快就分解成氧气，对人体有益无害，但目前的臭氧机质量良莠不齐。

2）离子除菌

离子除菌也是比较常见的一种车内空气清新方法，主要是通过购买车载氧吧释放离子来达到车内空气清新的目的。严格意义上，它不能算是一种空气杀菌方法，而只能是一种空气清新和净化方式。其优点是使用简单，基本不用车主动手；缺点也比较明显，空气净化过程缓慢，杀菌不彻底。

3）光触媒

光触媒是最近才兴起的一种新的杀毒方法，它的工作原理很简单，就是利用二氧化钛这种光的催化剂，见光产生正、负电子，其中正电子与空气中的水分子结合产生具有氧化分解能力的氢氧自由基，负电子则与空气中的氧结合成活性氧，二者均具有强大的杀毒、杀菌能力，对于汽车车厢内常见的甲醛、氨、苯等有机化合物具有分解作用，同时还可以清除车厢内的浮游细菌。由此可见，光触媒的主要杀毒要素为二氧化钛、太阳光等，因为二氧化钛只有在紫外线的作用下才能产生作用，同时需要一种不易被二氧化钛分解的树脂将二氧化钛固定在车厢内，并让二氧化钛能够接收到阳光的照射，这也是光触媒技术上最大的优势。另外，它的效果持久，一般施工一次，其功效可以保持两年左右，和蒸汽高温消毒需要经常施工相比，费用低廉。

4）竹炭除菌

竹炭同活性炭一样具有发达的空隙结构、具有很大的比表面积和超强的吸附能力。竹炭是以高山老竹为原料，采用高温热解技术，历时20多天精心烧制而成。竹炭每克比表面积高达500~700平方米，具有极强的吸附能力，对苯、甲醛、丙酮、氨、一氧化碳、二氧化碳等有吸附分解作用，属纯天然绿色环保产品，专用除臭、杀菌、防霉、吸潮、防虫、防蛀、净化空气。

4. 汽车贴膜

汽车贴膜（Auto Foil）就是在车辆前后风挡玻璃、侧窗玻璃以及天窗上贴上一层薄膜状物体。这层薄膜状物体也叫作太阳膜或者防爆隔热膜。它的作用主要是阻挡紫外线、阻隔部分热量以及防止玻璃突然爆裂导致的伤人等情况发生，同时根据太阳膜的单向透视性能，达到保护个人隐私的目的。此外，它也可以减少车内物品以及人员因紫外线照射造成的损伤，在某些层面达到节省燃油消耗的功效。

1）汽车贴膜的功能

汽车贴膜的具体功能有以下几个方面：

（1）隔热防晒。贴膜能很好地阻隔红外线产生的大量热量。优质的前挡玻璃膜对红外线的阻隔率能达到99%。

（2）隔紫外线。紫外线中的中波、长波能穿透很厚的玻璃，贴上隔热膜能隔断99%的紫外线，从而防止皮肤受伤害，同时也能减小汽车内饰老化速度。优质前挡膜能隔断99.9%的紫外线，相当于防晒霜SPF40的56倍。

（3）安全与防爆。膜的基层为聚酯膜，有耐撕拉、防击穿的功能，加上膜的胶层，贴膜后玻璃强度能增加100倍，从而防止玻璃意外破碎对司乘人员造成的二次伤害。

（4）营造私密空间。贴膜后，距离车身一米之外看不清车内，保护了隐私和安全。

（5）降低空调省耗。贴上隔热膜空调省耗降低近15%。由于空调制冷能力损失可以得到弥补，能瞬间减低车内温度，在一定程度上也可节省油耗。

（6）增加美观。根据个人喜好，通过贴膜使车辆外观更加个性化。

（7）防眩光。保持眼睛舒适，降低因眩光因素造成的意外情况。

需要注意的是，按照国家公安部交通安全法规的规定，前挡风玻璃的透光率必须大于70%，以不影响行车安全为前提。

2）汽车贴膜遵循的标准流程

汽车贴膜应遵循以下标准流程：

（1）观察车窗玻璃的安装情况。施工前一定要观察车窗玻璃的安装是否完整无缺和汽车玻璃的整体性，以保证后续的贴膜工作能够正常运行。

（2）施工人员着装、工具的准备。施工人员的着装不仅可以反映出施工单位的人员管理水平，同时还会对施工质量产生重要的影响。贴膜施工过程中，施工人员必须穿统一的工装，并且将纽扣全部扣好。这样可以避免施工过程中出现划伤漆面以及衣服的纤维飞散到施工表面上等情况。

"工欲善其事，必先利其器"。贴膜也不例外。需要准备的施工工具包括刮水板、压力喷壶、热风枪（功率、风速）、裁剪工具、吸水毛巾、荧光灯、胶带遮蔽膜及玻璃清洗剂等。

（3）对车内的必要部位进行遮盖，防止液体渗入。为了保证汽车隔热膜在施工过程中喷洒的清洗液以及润滑液不会影响到车载电子设备，并且最大限度地保证车内装饰件的初始状态，需要对车内的座椅以及仪表盘进行必要的遮蔽。

（4）对需要施工的车窗玻璃进行清洗。贴膜前需要对车窗内、外表面进行清洗（重点是内饰面和玻璃密封胶区域的清洗）。这主要是为了杜绝贴膜后隔热膜与车窗玻璃之间存在的污垢或者其他物体的施工质量问题，以保证膜和玻璃能够完美地结合在一起。

（5）膜的预切割。利用尺子测量前后风挡玻璃的尺寸，其中包括长度和宽度。从工具架上选择所要进行施工的隔热膜类型，并且将其按照已经测量好的风挡玻璃的尺寸进行裁剪。

（6）对隔热膜进行干烤整形（预收缩）。为了确保整形之后的隔热膜能够更加精确地贴合车窗玻璃的弧度，同时减少直接进行湿烤的过程中可能发现的各种问题，建议在对隔热膜进行湿烤之前首先进行干烤，以使隔热膜能够充分地预收缩。

（7）利用玻璃清洗剂配合洗车泥对挡风玻璃的外侧进行清洗，并且喷洒安装液。喷洒安装液是为了在湿法烤膜的施工过程中，能够保证隔热膜可以更好地实现润滑移动。

（8）对隔热膜进行湿烤整形（伏贴性）。隔热膜在经过前面的干烤整形操作之后，其形状与挡风玻璃的弧度基本上已经吻合了，但是为了进一步提高隔热膜的伏贴性，需要对隔热膜进行湿烤整形。

（9）对完成整形的膜进行切割。在对完成整形的隔热膜进行切割的过程中，需要一名施工人员在驾驶室内将荧光灯对准隔热膜切割的边缘，因为这样可以让车外人员更加方便地确定切割施工位置。

（10）用清洗液清洗挡风玻璃的内侧，并喷洒足够的安装液。喷洒清洗液是为了避免出现尘点并且减少边缘出现腐蚀的现象；而喷洒安装液是为了获得定型所需的黏度以及更好的施工效果。去除膜上的透明保护层，将膜贴到挡风玻璃的内侧。

（11）使用刮水板将安装液挤出。在利用刮水板去除安装液的过程中，应该尽量刮掉隔热膜与车窗玻璃之间的安装液，这样可以减少隔热膜的干燥时间，获得更好的黏结效果、整体性能以及视觉效果。

5. 汽车打蜡

汽车打蜡是车漆保护的基本手段，车蜡可以在车漆表面形成一层保护膜，有效隔离外部环境对车漆的不良影响。同时车蜡可增加车漆光泽，改善整车外观效果。在给汽车打蜡时，因汽车已经使用一段时间，汽车漆膜表面情况不尽相同。所以要求操作时，首先应对车漆状况进行判断后才能进行施工，如果车漆有氧化现象则需要做整车研磨去除氧化层，再经抛光后，才能打蜡；否则车蜡是附着在氧化层等污物上面的，保持时间不长，外观效果也不好。

汽车打蜡所需要的工具有打蜡毛巾、合成鹿皮、打蜡海绵、清缝牙刷、柏油清洁剂、车蜡、塑料或胶边上色泽还原剂。

汽车打蜡应遵循以下标准流程：
（1）洗车，具体内容参考汽车清洗部分的内容。其中，洗车的缝隙除垢放在最后清缝的步骤前以确保车身干爽，没有残余水分。
（2）去柏油、虫尸、树脂等。
①先将车身清洗干净，即可看出柏油颗粒。但如果车身为深色车就不易发现，也没有那种很不雅的感觉。
②用干净毛巾蘸上柴油或煤油，轻抹在柏油处或将柴油或煤油装在喷涂容器内，将其喷洒在柏油处。
③等待车身上的柏油溶解。
④擦拭溶解后的柏油。如果仍未能完全溶解，则可再多加些柴油或煤油使其溶解。
⑤擦拭干净后，立即用清水清洗该处并擦拭干净。
注意：不要让柏油清洁剂在油漆表面停留太久。
质量标准：全车无柏油、虫尸、树脂痕迹。
（3）涂抹车蜡。

①用打蜡海绵蘸适量车蜡，以划小圆圈旋转的方式均匀涂蜡；圆圈的大小以圆圈内无遗漏漆面为准，后圈盖前一圈的1/3，圆圈轨迹沿车身前后直线方向。

②全车打蜡顺序：把漆面分成几部分，按右前机盖—左前机盖—右前翼子板—右前车门—右后车门—右后翼子板—后备厢盖的顺序研磨右半车身，按相反顺序研磨左半车身，直到所有漆面都无遗漏地打蜡。

③在全部漆面上均匀涂一薄层车蜡，以漆面明显覆盖一层车蜡为准，喷漆的前后塑料保险杠也要涂蜡。

注意：打蜡需要在阴暗的地方，最好车体不是很热；用涂蜡海绵在车身上打圈，把车蜡均匀地涂抹在车身表面上，要求车蜡用量要适度，力度要均匀，动作要柔软，给人一种美的感觉，尽量不要涂抹到橡胶件、塑料件和玻璃上，特别是玻璃上，因为其清理困难而且难看。

质量标准：涂抹均匀，没有遗漏。

（4）擦蜡和提光。

①打蜡5~10分钟后，蜡表面开始发白，用手背抹一下，手背上有粉末，抹过的漆面有满意光亮，说明蜡已经干燥。用柔软干燥的毛巾抛蜡，直到整个车表没有残蜡。

②打蜡后应彻底清洁玻璃、保险杠、饰条、轮胎、钢圈等，顺序与涂抹车蜡一样。用纯棉毛巾把车蜡擦掉并用合成鹿皮摩擦漆面，直到漆面的倒影清晰可见为佳。

注意：必须等待车身上的蜡干后（即发白的时候），或用手去感觉，感觉到漆面光滑即可，擦蜡毛巾不要太硬，但一定是干的；擦蜡毛巾为纯棉材料，要求力度适中，使用时要折叠成方块状，五指并拢，压在毛巾上擦。

质量标准：没有迹印和蜡印，没有遗漏，倒影清晰可见，漆面色泽亮丽，有新车的感觉。

（5）清理缝隙。其顺序与涂抹蜡一样，将残留在汽车表面缝隙里的车蜡清理干净，让车保持彻底的干净。

注意：使用牙刷时不要太用力。

质量标准：缝隙里无污垢，干净。

（6）塑料胶边色泽还原（上光）。其顺序与涂抹蜡一样。

注意：尽量不要涂抹到漆面上和玻璃上，特别是玻璃上；因为塑料胶边色泽还原剂是一种很油性的液体，清理起来比较困难。

质量标准：色泽亮丽、很有油性的状态。

（7）检车交车。具体可参考"洗车服务流程及质量要求"。

检车标准：全车漆面干净整洁、手感光滑；车蜡均匀，车表没有残蜡或打花；亮度和颜色均匀，漆面有镜面效果，在漆面上可清晰反映报纸倒影。

（8）现场清理。

注意：工具、材料要归位，垃圾要迅速处理（在车流量高峰期除外），清洗脏的海绵球、牙刷。其中，毛巾和合成鹿皮最好在下班的时候才清洗，因为擦蜡和提光并不会使毛巾弄脏。

现场质量标准：干净、整齐。

6.3 汽车改装

汽车发展到今天，已经从最初的代步工具发展到文化范畴。在国外，改装车由来已久，最初出现的改装车是为了更好地参加比赛，所以许多喜欢参赛者纷纷改装自己"座驾"的发动机、排气管等设备，为的是能在比赛中达到更快的速度，从而获得好成绩，这种改变原车的方法就是现代改装车的由来。几十年过去了，随着汽车工业的发展以及赛车运动的深入人心，汽车改装也成为普通车迷汽车生活中的组成部分，并渐渐成为一种时尚。现如今，改装车在全球范围内得到了广泛认可，特别是在年轻人中颇有市场，驾驶一款改装后的车显得卓尔不群，在车流中总是能得到最高的回头率。

在我国，由于汽车历史比较短，人们对改装车并不熟悉，一般都以为不过是改变一下车的内在配置，或者对车的外形做一番调整，如将皮卡加盖儿、面包车去掉最后一排座椅变成具有运载能力的小货车等。其实，真正的改装车并不是调整一下车的配置或者改变车的外形，而是对车的核心部位做大的改动。例如，很多人想让自己的"座驾"变得可以同法拉利媲美，这就需要对车的发动机系列做详细的改进。一般来说，大部分改装迷改装汽车也就是为了提高汽车的澎湃动力，动力系统改装是汽车改装的重中之重。要提高汽车动力，就必须更换火花塞（俗称火咀）、高压导线（也叫火咀线）、海绵、省油加速器、水燃器、动力提升器、电子整流器以及排气管等。此外，还有很多人想改进车的舒适性和安全性，这就需要对车的底盘进行改进，主要改装项目包括避震器、刹车钢喉、轮圈、前顶吧、后顶吧、前底架、后底架等。

本章小结

本章主要介绍了汽车美容的基本概念、基本内容与分类，在国内的发展现状；要求重点掌握汽车美容的典型作业。

汽车服务的概念有狭义和广义之分，区别在于后者还包括汽车生产和使用环节所涉及的有关服务。名种技术性和非技术性的汽车服务构成了汽车服务工程这一有机体系。汽车服务的主要特征有系统性、广泛性、经济性、后进性等。

"汽车美容"在西方国家被称为"汽车保养护理"，汽车美容应使用专业优质的养护产品，针对汽车各部位材质进行有针对性的保养、美容和翻新。这些产品是采用高科技手段及优等化工原料制成，它不仅能使汽车焕然一新，更能让旧汽车全面彻底地翻新，并长久地保持艳丽的光彩，使经过专业美容后的汽车外观洁亮如新，漆面亮光长时间保持，有效延长汽车的寿命。

汽车改装是指根据汽车车主的需要，将汽车制造厂家生产的原形车进行外部造型、内部造型以及机械性能的改动，主要包括外观改装、内饰改装、动力改装、操控性改装与音响改装。

调查当地的汽车美容与改装业的发展状况。

一、术语解释

1. 汽车美容。
2. 汽车改装。

二、简答题

1. 国内的汽车美容市场有哪些特点？
2. 汽车美容包括哪些基本内容？
3. 汽车漆面处理的作业流程是什么？
4. 汽车清洗的作业流程是什么？
5. 汽车贴膜的作业流程是什么？
6. 汽车打蜡的作业流程是什么？
7. 简述汽车改装的基本内容。

第 7 章　二手车服务

本章知识点

本章主要介绍二手车服务的基本概念；探讨国内外二手车市场的现状和发展趋势；阐述二手车服务所涉及的主要内容。

教学要求

了解国内外二手车市场的现状和发展趋势；
掌握二手车鉴定评估的工作流程，并能对二手车进行技术状况鉴定和维修评估；
掌握二手车置换的工作流程；
掌握二手车拍卖的工作流程；
掌握二手车交易的工作流程。

引入案例

随着社会经济的快速发展和人民生活质量的不断提高，汽车刚性需求保持旺盛，汽车保有量呈快速增长趋势。截至 2016 年年底，我国汽车保有量达 1.94 亿辆，从 2004 年起年平均增速约为 23.1%。汽车保有量的持续攀升意味着购车置换和二手车交易概率提升，至此，二手车交易已逐渐成为中国汽车消费市场的重要组成部分。

自 1998 年国家贸易部颁布《旧机动车交易管理办法》至 2016 年，我国的二手车交易量增长了 58 倍，以平均高于 25% 的年增长速度递增。2016 年我国二手车交易量累计达 1 039.07 万辆，同比增长 10.33%，首次突破了千万级大关。2011—2016 年，我国二手车交易量与交易同比增长率见图 7-1。

与发达国家成熟的汽车市场相比，我国的二手车市场尚处于起步阶段。2016 年，我国新车销售量达 2 803 万辆，同比增长 13.65%；二手车交易量达 1 039 万辆，同比增长 10.33%。从数据可以看出，我国二手车交易量只有新车交易量的 37% 左右，远低于发达国家的水平，如图 7-2 所示，发达国家每年二手车交易量大约是新车交易量的 2~4 倍。

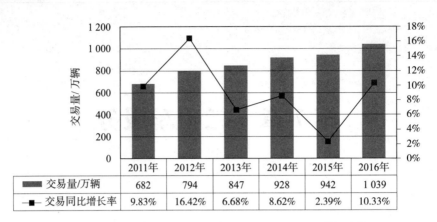

图 7-1　2011—2016 年二手车交易量及交易同比增长率①

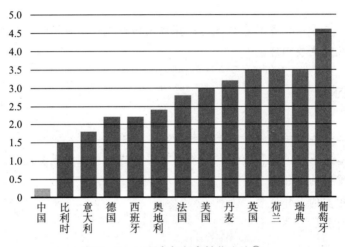

图 7-2　二手车与新车销售之比②

很显然，我国的二手车市场的发展与国际成熟的汽车市场相比仍旧存在很大的差距。但这也表明我国二手车市场具有巨大的发展空间和潜力。2016 年 3 月，国务院正式发布《关于促进二手车便利交易的若干意见》，从八方面促进二手车市场的繁荣发展；同年 12 月，环境保护部办公厅、商务部办公厅联合下发《关于加强二手车环保达标监管工作的通知》。频繁的利好政策出台，重要程度之大，政策力度之重，意味着我国二手车市场将迎来广阔的发展前景。

7.1　二手车服务概述

7.1.1　二手车的定义

2005 年 8 月 29 日商务部、公安部、工商总局、税务总局联合发布了《二手车流通管理

---

① 数据来源：中国汽车流通协会。
② 数据来源：瑞银国际。

办法》，并于同年10月1日起正式实施。此办法总则的第二条给出了二手车的定义，即二手车是指从办理完注册登记手续到达到国家强制报废标准之前进行交易并转移所有权的汽车（包括三轮汽车、低速载货汽车即原农用运输车）、挂车和摩托车。二手车是一个广义名词，可能是一次易主，也可能是多次易主，即便新买的车辆一天没有使用，但因易主而发生交易，也称为二手车。

随着人们消费观念的日渐成熟，在交通工具方面，二手车逐渐得到消费者的认可。相较于购买新车，购买二手车具有以下优势。

1. 经济实惠

二手车最大的优点就是便宜。对于同一种车型、不同年份的二手车，其价格仅相当于新车的1/3～1/2，且购买二手车，不需缴纳购置税，这对于经济相对不宽裕的消费者来说是极为划算的。

2. 保值率高

任何一辆在车管所登记注册的汽车，不管是否使用，或者使用多少，其价值总会随着时间的推移而不断下降。一般来说，一年后要贬值20%；两年后要贬值35%；三年后贬值高达50%。

3. 零件配备方便

购买新上市的汽车，一旦出现故障，可能会遇到跑了很多地方汽车零配件仍难买到的情况。而购买二手车会减少这种情况的发生，因为二手车一般是之前的车型，针对该车的零配、美容、保养等汽车服务行业已经非常健全和成熟，有关汽车的配件也比较充足，车主一般都不用再为买不到汽车配件而四处奔波。

4. 选择余地大

对于经济不宽裕的消费者来说，相同的钱，购买二手车的选择空间和余地要比新车大。

7.1.2 二手车市场的现状和发展趋势

1. 国外二手车市场

国外二手车市场相对于国内市场来说比较成熟，从美国、德国、瑞士和日本等二手车市场的情况来看，越是汽车行业发达的国家和地区，二手车市场就越活跃，并呈现出以下特点：

1）二手车销量和利润高于新车

目前美国、德国、瑞士和日本等二手车的销售分别是新车销售的3.5倍、2倍、2倍与1.4倍。其中，美国二手车市场的发展尤为突出，美国通常一辆新车的利润率不会超过5%，而一辆二手车的利润率普遍超过20%。美国二手车的利润占汽车行业总利润的45%，非常丰厚。二手车大交易量和高利润与二手车经营主体的多元化、交易方式的多样化、交易手续的简便以及发达国家汽车保有量较大有关。

2）二手车售后服务有保障

在国外，二手车施行规范化的售后服务标准。各国通过制定法规、行业协会管理以及品牌汽车企业来确定经营者的资质资格，规范其交易行为。从发达国家来看，它们通过技术质量认证，保证二手车的质量，同时使购买二手车的消费者，在一定时期内，享受与新车销售相同的售后待遇。

在美国，为了避免二手车市场信息不准确，购买二手车有一定的试用期，以避免消费者上当。通用公司规定，车龄在7年以内的二手车有1~2年的全美质量保证，与新车无异。

在日本，每辆二手车可以在全国享受1年或2.5万千米的售后维修服务。买车人如果不满意，则可以在车辆售出的10天或500千米以内退车。日本二手车市场也已经实现全国信息互联，来自不同区域的人们可以不受地域限制进行交易。根据规定，旧车的一切修复历史都要如实告知买主。

3）评估体系健全

二手车的评估是由第三方评估机构和评估公司来实现的。发达国家之所以能够实现二手车交易信息的透明化，与评估监管体系较为健全有关。

在瑞士有一套较科学的二手车评估系统即优诺泰斯评估系统，该系统由二手车协会制定，任何二手车的估价都由这一套系统来确定。二手车销售价格的制定，首先要经过技术检测部门测定，技术人员列出测试清单，然后对车辆进行估价，汽车销售商根据二手车的估价和原销售价格，最终确定二手车的实际售价。二手车车主可以得到一张保修单，享受2年的保修期。这种承诺不仅在瑞士，在全欧洲也通行。如果2年内车主将二手车转卖，则保修期会随车主的更换转移到另外一位车主。这样做既解除了车主购买二手车的后顾之忧，某种程度上也促进了二手车的销售。

早在1966年，日本就成立了日本汽车评估协会，该协会对规范二手车的评估行为起到重要的作用。二手车经销商要想获得二手车的评估资格，必须通过日本汽车评估协会的审查。二手车销售店内要有通过日本汽车评估协会组织的技能考试专业评估师。

4）按照购进与销售之间的差价征税

从北美洲、欧洲的情况来看，绝大部分国家和地区在二手车交易中是按照购进与销售之间的差价征税，英国按照差价毛率征收。

5）信息现代化

越是经济发达的国家，信息化程度就越高，如美国、英国、德国和日本等，品牌专卖店基本是新车与二手车同店销售，在互联网上进行二手车拍卖，利用先进的信息网络实现对二手车各种信息的查询，极大地方便了二手车的交易。例如，在美国，二手车都是明码标价。二手车市场管理也非常严格，每辆二手车的侧玻璃上都贴有车况和保修情况说明。每辆车都有车辆识别号码（Vehicle Identification Number，VIN），只要在相关汽车信息网站上输入该号码，即可了解该车的历史及现状。

2. 国内二手车市场

1）国内二手车市场的现状

二手车市场就是二手车交换关系的总和，包括二手车的供给、需求和交易机制等基本内容。当然，二手车市场也包括专门为机动车商品二次流动而设置的场所，即二手车交易的有形市场（如二手车交易中心），它具有中介服务商和商品经营者的双重属性。近年来，品牌专卖、大型超市、连锁经营等经营模式，二手车经纪公司、二手车拍卖、二手车置换、二手车租赁业务等交易模式先后在市场上出现，但这些外部条件的变化，还并没有改变我国二手车市场长期以来形成的以有形交易市场为主体的流通特征。

随着社会经济的高速发展和人民生活水平的不断提高，汽车作为生活消费品进入家庭的时代已经来临。与此同时，随着汽车保有量的日益增多，二手车流通行业得到迅猛发展，不论是交易数量还是交易金额都正在快速地增长。中国汽车流通协会资料显示，自2000年开始，中国的二手车市场开始步入快速发展的阶段，二手车市场的交易量从2000年的25.17万辆上升到2016年1 039.07万辆，增长了40倍；2016年交易的总额高达5 926亿元，比2000年的0.096亿元增长了61 728倍。

2）国内二手车市场的发展趋势

我国二手车具有广阔的市场发展前景。首先，二手车流通具有巨大的市场需求，二手车市场的容量取决于汽车的产销量和汽车保有量；我国目前二手车的交易量在汽车市场中所占的比例还很小，与发达国家二手车销售量占汽车总量的70%的比例相差很大，因此二手车交易市场的发展潜力还有待充分挖掘。其次，从二手车发展的外部条件分析，产业发展的外部环境也逐步得到改善。

（1）国家政策扶持二手车市场发展。二手车市场的发展离不开国家政策的支持。近年来，国家为促进二手车交易市场的发展，明确了二手车流通行业发展的总体目标和指导思想，此外，为了鼓励客户购买二手车以促进汽车销售，启动和促进了二手车市场发展的各种优惠政策，并且多项鼓励二手车交易措施开始出台。2016年出台的《关于促进二手车便利交易的若干意见》要求，各地政府不得制定实施限制二手车迁入政策，将推行二手车异地交易登记，并适当降低二手车贷款首付比例。已经实施限制二手车迁入政策的地方，要在2016年5月底前予以取消。

相关政策的出台与实施，表明国家对发展汽车工业，促进汽车销售的态度和力度。在国家利好政策的带动下，二手车市场在经营方式和服务质量方面将会不断地完善，从而建立起二手车交易新体系，扩大新的交易规模。

（2）各地对发展二手车市场给予大力支持。在国家对二手车流通的支持鼓励的政策背景下，各地为发展本地区二手车流通市场相继制定了一系列的优惠措施。根据国家发展二手车流通行业的总体目标和指导思想，一些地区制定了二手车交易流通的政策和规定，通过进一步整顿和规范二手车市场秩序，大力促进二手车市场健康、有序的发展，提升消费信心，拉动消费增长，提高监管水平。

（3）全社会重视、关注和支持二手车市场的发展。近年来，从国务院领导到国务院各部门都十分重视二手车市场的发展；各地区二手车交易市场也不断加强市场内部管理，对汽车管理体系进行规范和提升，加快了与国际接轨的步伐；一些汽车生产企业就二手车交易促进新车销售等问题专门设立相关机构进行推动；一些科研机构和高校也非常重视二手车市场的发展，并对其进行专题调查，开展课题研究，部分院校还专门增设了二手车鉴定评估及二手车流通等专业课程；新闻媒体也更加关注二手车市场的发展，一些报刊专门开设专栏，定期分析我国二手车市场的发展动态。

（4）二手车市场的服务功能不断加强。一些二手车交易市场已经开始统一使用规范的二手车价格评估鉴定系统，可对交易价格、审核开单、交易库进行查询；统一规范使用《二手车销售统一发票》《二手车买卖合同示范文本》，并如实提供车辆在使用、维修、事故、保险、行驶里程数以及报废期限等方面的真实情况和信息。

综上所述，随着国内经济的迅猛发展，人们生活水平及汽车消费水平的进一步提高，二手车流通行业将会进入一个高速、持续发展的黄金时代。在可以预见的未来，二手车的交易数量将会接近甚至超过新车，二手车的价格将接轨国际市场，二手车市场也将会实现从卖方向买方的过渡。

7.1.3 二手车服务的工作内容

二手车服务主要包括二手车鉴定评估、二手车置换、二手车拍卖、二手车经销和二手车经纪等。

1. 二手车鉴定评估

二手车鉴定评估是指二手车鉴定评估机构对二手车技术状况及其价值进行鉴定评估的经营活动。

2. 二手车置换

二手车置换是指为使二手车市场和新车市场相互带动、共同发展，通过"以旧换新"来开展二手车贸易，简化程序。

3. 二手车拍卖

二手车拍卖是指二手车拍卖企业以公开竞价的形式将二手车转让给最高应价者的经营活动。

4. 二手车经销

二手车经销是指二手车经销企业收购、销售二手车的经营活动。

5. 二手车经纪

二手车经纪是指二手车经纪机构以收取佣金为目的，为促成他人交易二手车而从事居间、行纪或者代理等的经营活动。

7.2 二手车鉴定评估

7.2.1 二手车鉴定评估的基础

1. 二手车鉴定评估的概念

二手车鉴定评估是指依法设立具有执业资质的二手车鉴定评估机构和二手车鉴定评估人

员，按照特定的目的，遵循法定或公允的标准和程序，运用科学的方法，对二手车进行手续检查、技术鉴定和价格估算的过程。

2. 二手车鉴定评估的特点

机动车作为一类资产，具有其自身独特的性质，主要表现为：一是单位价值较大，使用时间较长；二是工程技术强，使用范围广；三是使用强度、使用条件和维护水平差异大；四是使用管理严，税费附加值高。机动车本身的这些性质决定了二手车鉴定评估具有以下特点。

1）以技术鉴定为基础

机动车在使用过程中，随着使用里程和使用年限的增加，其实体的有形损耗和无形损耗不断加剧，且损耗程度大小取决于使用强度、使用条件及维修水平等。因此，评定机动车的价值状况，需要通过对被检车辆进行静态和动态检测来鉴定其损耗程度。

2）以单台为评估对象

二手车单位价值相差大、规格型号多，车辆结构差异大，因此为了保证评估质量，对于单位价值较大的车辆，一般都是分整车、分部件的进行鉴定评估。当然，对于以产权转让为目的，单位价值较小的车辆，有时为了简化鉴定评估工作的程序，也会采用"提篮作价"的评估方式。

3）考虑其手续构成的价值

由于国家对车辆实行"户籍"管理，因此，对二手车进行鉴定评估时，除了估算其实物价值外，还需考虑由"户籍"管理手续和各种使用税费所构成的价值。

3. 二手车鉴定评估的主体和客体

二手车鉴定评估的主体是二手车鉴定评估机构。由于二手车鉴定评估直接涉及买卖双方的利益，因此评估机构是脱离买卖双方的独立的第三方机构，即鉴定评估人员应站在公正、独立的立场对二手车进行鉴定评估，为买卖双方提供必要的技术支持。

二手车鉴定评估的客体是待评估的车辆，它是鉴定评估的具体对象。根据用途可将机动车辆分为三类：营运车辆、非营运车辆及特种车辆。其中，营运车辆又分为客运、货运和租赁等；特种车辆分为警用、消防、救护和工程抢险等车型。因此，机动车的合理分类有利于在鉴定评估过程中信息资料的搜集和应用。例如，同一种车型，由于用途不同，其在用状态所需缴纳的税费便会存在较大的差别，其重置成本的构成也会差异较大。

4. 二手车鉴定评估的目的

二手车鉴定评估的目的是正确反映机动车的价值及变动，为即将发生的经济行为提供公正的价格尺度。在二手车鉴定评估市场，其主要目的可以分为两类：一类是二手车产权发生改变；另一类是二手车产权不发生改变。

二手车产权发生改变是指机动车所有权发生转移的经济行为，包括二手车交易、转让、置换、拍卖、抵债、捐赠等。

二手车产权不发生改变是指机动车所有权未发生转移的经济行为，包括二手车纳税、保险、担保、典当、事故车损、司法鉴定（走私车、盗抢车、非法拼装车、报废车及财产纠纷等）。

5. 二手车鉴定评估的依据和原则

二手车鉴定评估时必须有正确科学的依据，主要包括理论依据、行为依据、政策法规依据及取价依据。其中，理论依据是资产评估学，具体的操作应符合国家规定；行为依据是指实施鉴定评估工作的依据，一般包括经济行为成立的有关决议文件及评估当事方的委托文件等；政策法规依据是指鉴定评估所遵循的法律法规，主要包括《国有资产评估管理办法》《国有资产评估管理办法施行细则》《二手车流通管理办法》和《汽车报废标准》等；取价依据是指在鉴定评估工作中直接或间接取得或使用对鉴定评估有借鉴或佐证作用的资料，主要包括价格资料和技术资料。

二手车鉴定评估的原则是对二手车鉴定评估行为的规范。为了保证鉴定评估结果真实、准确、合理、公正、得到社会认可，就必须遵循一定的原则，包括公平性原则、合法性原则、独立性原则、客观性原则、科学性原则、规范性原则、专业性原则及有效性原则等。

6. 二手车鉴定评估的程序

2013年12月31日，国家质检总局、国家标准委正式发布了《二手车鉴定评估技术规范》（GB/T 30323—2013），并于2014年6月1日正式实施。《二手车鉴定评估技术规范》规定了二手车鉴定评估必须遵循的最基本程序、方法和步骤，其作业流程如图7-3所示。

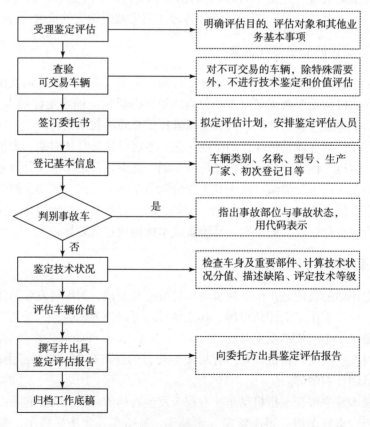

图7-3 二手车鉴定评估的作业流程

7. 二手车价值评估的基本方法

《二手车鉴定评估技术规范》（GB/T 30323—2013）同样规定了二手车鉴定评估的基本方法，并明确了二手车估值方法选用原则：一般情况下，推荐选用现行市价法；在无参照物、无法使用现行市价法的情况下，选用重置成本法。

7.2.2　二手车技术状况鉴定

二手车技术状况鉴定是其鉴定评估的基础与关键，也是二手车能够公平交易的前提条件。其鉴定方法主要包括静态检查、动态检查及仪器检查三种。其中，静态检查和动态检查是评估人员依据技能和经验对被评估车辆进行直观、定性判断。仪器检查是对被评估车辆的各项技术性能及各总成部件技术状况进行定量、客观的评价，是对二手车技术等级划分的依据。

1. 静态检查

静态检查是指二手车在静态情况下，评估人员根据技能和经验，利用简单的工具和用品对二手车的技术状况进行直观检查。其目的是能够快速、全面地了解二手车的基本技术状况。通过全面检查，发现一些较大缺陷，如严重碰撞、车身或车架锈蚀或有结构性破坏、发动机或传动系统严重磨损、车厢内部设施不良、损坏维修费用较大等，为其价值评估提供依据。二手车静态检查主要包括两部分，如图7-4所示。

图7-4　二手车静态检查的主要内容

1）识伪检查

在二手车市场，不可避免地会出现一些走私车辆、拼装车辆及盗抢车辆。走私车辆是指没有通过国家正常进口渠道进口的、未完税的进口车辆；拼装车辆是指一些不法商人为谋取暴利，非法组织生产、拼装无产品合格证的假冒、低劣汽车；盗抢车辆一般是指在公安车管部门已登记上牌、在使用期内丢失或被盗窃，并在公安部门已报案的车辆。如何界定这部分车辆，是一项十分重要且又艰难的工作。这必须凭借技术人员所掌握的专业知识和丰富经验，结合相关部门的信息资料，对被评估车辆进行全面细致的鉴别，将其与正常车辆区分开来，从而保证二手车交易规范、有序地进行。

2）外观检查

外观检查主要包括鉴别事故车辆、检查发动机舱、检查客舱、检查行李厢、检查车身底部和检查车身表面等内容。

（1）鉴别事故车辆。机动车发生事故无疑会极大地损害车辆的技术性能，但由于车辆在交易以前往往会进行整修、修复。因此，正确判别车辆是否发生过事故对于准确判断车辆技术状况、合理评定车辆交易价格具有重要意义。

（2）检查发动机舱主要包括检查发动机舱的清洁情况、发动机铭牌和排放信息标牌、冷却系统、润滑系统、点火系统、供油系统、进气系统、机体附件（支架、正时带、各种带传动附件的支架和调节装置）及发动机舱内其他部件等。

（3）检查车舱主要包括检查驾驶操纵机构、开关、仪表、指示灯或报警灯、座椅、地毯、杂物箱和托架、电器设备等。

（4）检查行李厢主要包括检查行李厢锁、气压减振器、防水密封条、内外部油漆是否一致、行李厢地板、备用轮胎、随车工具、门控开关、行李厢盖的对中性和闭合质量等。

（5）检查车身底部主要包括检查泄漏、排气系统、前后悬架、转向机构、传动轴和车轮等。

（6）检查车身表面主要包括车顶、发动机舱盖、行李厢盖、前后保险杠、车门、前后翼子板等。

2. 动态检查

在对二手车进行静态检查以后，还需进行动态检查。动态检查是指车辆路试检查，其目的是在一定条件下，通过对二手车的各种工况（如发动机起动、怠速、起步、加速、匀速、滑行、强制减速、紧急制动，从"低速"挡到"高速"挡，或从"高速"挡到"低速"挡的行驶）检查汽车的操纵性能、制动性能、滑行性能、加速性能、噪声和废气排放情况，以鉴定二手车的技术状况。其内容主要包括路试前的准备工作、发动机的工作检查、路试检查、自动变速器的路试检查和路试后的检查。

1）路试前的准备工作

在进行路试检查之前，须检查机油油位、冷却液液位、制动液液位、转向油液位、踏板自由行程、转向盘自由行程、轮胎胎压、各警示灯项目，各个项目均正常方可起动发动机。

2）发动机的工作检查

发动机的工作检查主要包括检查发动机的起动性、怠速、异响、急加速性、曲轴箱窜气量、排气颜色等项目，发动机工作正常方可进行路试检查。

3）路试检查

汽车路试一般行驶20千米左右。通过一定里程的路试检查汽车的工况，主要包括检查离合器的工作状况，变速器的工作状况，汽车的动力性、制动性、操纵稳定性、行驶平顺性、传动效率、噪声及驻车制动等项目。

4）自动变速器的路试检查

在进行自动变速器的路试检查之前，应先让汽车以中低速行驶5～10分钟，让发动机和自动变速器都达到正常的工作温度。然后检查自动变速器升挡、升挡车速、升挡时发动机转速、换挡质量、锁止离合器的工作状况、发动机的制动功能和强制降挡功能等项目。

5）路试后的检查

路试后须检查各部件是否有温度过高的现象；在发动机运转及停车时，散热器、水泵、气缸、缸盖、暖风装置及所有连接部位是否有漏水现象；车辆连续行驶10千米以上，停车5分钟后，机油、变速器油、主减速器油、转向液压油、制动液、离合器油、液压悬架等是否有泄漏现象；汽车的进气系统、排气系统是否有漏气现象；发动机点火系统是否有漏电现象等。

3. 仪器检查

二手车的技术状况好坏是由汽车的各种性能参数决定的，这些性能参数反映了汽车在特定性能方面的情况。良好的技术状况是保障二手车行驶安全的根本，同时也是正确评估二手车价格的基本依据。

利用静态检查和动态检查，仅能对二手车的技术状况进行定性判断，当对车辆各项技术性能及各总成、部件的技术状况进行定量、客观的评价时，通常需借助一些专用仪器和设备。

二手车的仪器检查主要包括汽车动力性检测、燃油经济性、汽车制动性检测、转向操作性检测、前照灯技术状况检测、排放污染物检测及喇叭声级检测等整车性能指标，以及发动机、底盘、行驶系统、空调系统、电子设备等各部件的技术状况。车辆性能检测指标与检测仪器设备如表7-1所示。

表7-1　车辆性能检测指标与检测仪器设备

检测指标			检测仪器设备
整车性能	动力性	底盘输出功率	底盘测功机
		汽车直接加速时间	底盘测功机（装有模拟质量）
		滑行性能	底盘测功机
	燃油经济性	等速百公里油耗	底盘测功机、油耗仪
	制动性	制动力	底盘检测台、轮重仪
		制动力平衡	底盘检测台、轮重仪
		制动协调时间	底盘检测台、轮重仪
		车轮阻滞力	底盘检测台、轮重仪
		驻车制动力	底盘检测台、轮重仪
	转向操作性	转向轮横向侧滑量	侧滑检验台
		转向盘最大自由转动惯量	转向力—转向角检测仪
		转向操纵力	转向力—转向角检测仪
		悬架特性	底盘测功机
	前照灯技术状况	发光强度	前照灯检测仪
		光束照射位置	前照灯检测仪
	排放污染物	汽油车怠速污染物排放	废气分析仪
		汽油车双怠速污染物排放	废气分析仪
		柴油车排气可污染物	不透光仪
		柴油车排气自由加速烟度	烟度计
	喇叭声级		声级仪
	车辆防雨密封性		淋雨试验台
	车辆表示值误差		车速表试验台
发动机部分	发动机功率		无负荷测功仪
			发动机综合测试仪

续表

检测指标			检测仪器设备
发动机部分	气缸密封性	气缸压力	气缸压力表
		曲轴箱窜气量	曲轴箱窜气量检测仪
		气缸漏气量	气缸漏气量检测仪
		进气管真空度	真空表
	起动系统	起动电流	发动机综合测试仪
		蓄电池启动电压	汽车电器万能试验台
		起动转速	
	点火系统	点火波形	专用示波器
		点火提前角	发动机综合测试仪
	燃油系统	燃油压力	燃油压力表
	润滑系统	机油压力	机油压力表
		润滑油品质	机油品质检测仪
	异响		发动机异响诊断仪
底盘部分	离合器打滑		离合器打滑测定仪
	传动系统游动角度		游动角度检验仪
行驶系统	车轮定位		四轮定位仪
	车轮动平衡		车轮平衡仪
空调系统	系统压力		空调压力表
	空调密封性		卤素检漏灯
电子设备			微机故障检测仪

检测汽车性能指标需要的设备有很多。其中最主要的有底盘测功机、制动检验台、油耗仪、侧滑检验台、前照灯检测仪、车速表试验台、发动机综合测试仪、专用示波器、四轮定位仪、车轮平衡仪等，这些设备一般在汽车的综合性能检测中心或汽车修理厂采用，操作难度较大。二手车鉴定评估人员不需要掌握这些设备的使用，但应掌握一些常规的、小型检测设备（如气缸压力表、真空表、万用表、正时枪、燃油压力表、废气分析仪、烟度计、声级仪及解码仪等），从而能够快速判断汽车常见的故障。

7.2.3 二手车的价值评估

1. 现行市价法

1）定义

现行市价法又称市场法、市场价格比较法，是指通过比较被评估车辆与最近售出类似车辆（参照车辆）的异同，并将类似车辆的市场价格进行调整，从而确定被评估车辆价值的一种评估方法。

2）基本原理

现行市价法的基本原理是通过市场调查，选择一辆或几辆与评估车辆相同或类似的参照车辆，分析参照车辆的构造、功能、性能、新旧程度、地区差别、交易条件及成交价格等，并与被评估车辆一一进行对照比较，找出两者之间的差异及差异反映在价格上的差额，经过调整计算出被评估车辆的价格。另外，由于运用现行市价法确定的二手车的价位高低很大程度上取决于参照车辆的成交价格，而参照车辆的成交价格除了体现其自身市场价值外，还受到买卖双方交易地位、交易动机、交易时限等多种因素的影响，所以参照车辆一般要在三辆以上。

3）应用前提

由于现行市价法是以同类二手车销售价格相比较的方式来确定被评估车辆价值的，因此，运用这一方法时一般应具备两个基本的前提条件。

（1）要有一个市场发育成熟、交易活跃的二手车交易公开市场，经常有相同或类似二手车的交易，有充分的参照车辆可取，市场成交的二手车价格反映市场行情，这是应用现行市价法评估二手车的关键。

（2）市场上参照的二手车与被评估二手车有可比较的指标，这些指标的技术参数等资料是可收集到的，并且价值影响因素明确，可以量化。

4）评估方法

运用现行市价法确定单台车辆价值通常采用直接比较法、类比调整法和成本比率估价法。

（1）直接比较法又称直接市价法，是指在市场上能找到与被评估车辆完全相同的车辆的现行市价，并依其价格直接作为被评估车辆评估价格的一种方法。

（2）类比调整法又称为类似比较法，是指评估车辆时，在公开市场上找不到与之完全相同但能找到与之相类似的车辆时，以此为参照车辆，并根据车辆技术状况和交易条件的差异对价格做出相应调整，进而确定被评估车辆价格的评估方法。

（3）成本比率估价法是用二手车的交易价格与重置成本（重置成本是购买一辆全新的与被评估车辆相同的车辆所支付的最低金额）之比来反映二手车的保值程度。这种方法是在评估实践中，通过分析大量二手车市场交易的统计数据，得到同类型的车辆的保值率（相反即为贬值率）与其使用年限之间存在基本相同的函数关系。

5）基本程序

采用现行市价法评估二手车价值时，一般可按如下程序进行：

（1）收集资料。收集被评估对象的资料，包括车辆的类别、型号、性能、生产厂家，了解车辆的使用情况、已使用年限，鉴定车辆现时的技术状况等。

（2）选定二手车市场上相同或相似的参照物，所选的参照物必须具有可比性。参照物与被评估对象完全相同的很难找，一般都存在一些差异，只要存在差异，就应进行调整。

（3）分析、比较。将参照物与被评估对象进行比较，分析它们之间的差异并确定程度，在此基础上进行调整。调整是针对参照物进行的，主要是针对参照物的价格进行调整，确定需调整的比较因素及其调整系数。

(4) 计算被评估对象的评估值。在分析比较的基础上,确定比较因素及其调整系数,代入有关计算公式进行评估值的计算,最终获得评估结论。

2. 重置成本法

当无任何参照物,无法使用现行市价法的情况下,应选用重置成本法。重置成本法是指在现时条件下重新购置一辆全新状态的被评估车辆所需的全部成本(即完全重置成本,简称重置全价),减去该被评估车辆的各种陈旧贬值后的差额作为被评估车辆现时价格的一种评估方法,即

$$车辆评估价值 = 更新重置成本 \times 综合成新率$$

式中,更新重置成本为相同型号、配置的新车在评估基准日的市场零售价格;综合成新率由年限成新率和技术鉴定成新率组成,即

$$综合成新率 = 年限成新率 \times \alpha + 技术鉴定成新率 \times \beta$$

式中,年限成新率 = 预计车辆剩余使用年限/车辆使用年限(乘用车使用年限为15年,超过15年的按实际年限计算;有年限规定的车辆、营运车辆按实际要求计算);技术鉴定成新率 = 车辆技术状况分值/100;α、β 分别为年限成新率和技术鉴定成新率系数,由评估人员根据市场行情等因素确定,且 $\alpha + \beta = 1$。

按重新购置车辆所用的材料、技术的不同,可把重置成本区分为复原重置成本(简称复原成本)和更新重置成本(简称更新成本)。复原重置成本是指用于被评估车辆相同的材料、制造标准、设计结构和技术条件等,以现时价格复原购置相同的全新车辆所需的全部成本。更新重置成本是指利用新型材料、新技术标准、新设计等,以现时价格购置相同或相似功能的全新车辆所支付的全部成本。一般情况下,在进行重置成本计算时,如果同时可以取得复原重置成本和更新重置成本,应选用更新重置成本;如果不存在更新重置成本,则考虑用复原重置成本。

重置成本由购置全新车辆的直接成本和间接成本组成。直接成本为现行市价的购买价格,而间接成本是指在购车时所支付的购置附加税、牌照费、注册登记手续费、养路费、车船所用税、保险费等费用。

在实际估算中,为了计算简便,通常间接成本只考虑车辆购置附加税,而车辆购置附加税是车价的10%,由于车价中含有17%的增值税,则

$$车辆购置附加税 = \frac{车价}{1.17} \times 10\%$$

此时,重置成本的简易计算公式为

$$重置成本 = 车价 + 车辆购置附加税$$

7.2.4 二手车鉴定评估的发展前景

1. 二手车评估网

中国新车市场的高速发展及中国汽车保有量的庞大基数,都预示着中国二手车市场具有巨大的潜力,面对庞大的二手车交易市场,使用统计方法与传统定价计算方法相结合的二手

车价格服务平台将应运而生，它拥有各个时期的二手车估价，掌握全国二手车价格的整体行情。通过建立二手车评估网，定期发布各种型号二手车价格信息，定时发售二手车价格指导期刊，从而建成具有权威性的二手车价格服务平台。如美国的 Kelley Blue Book、德国的 DAT、日本的中古车查定士协会等都是较为权威的机动车数据信息发布机构，其数据信息为本国的二手车交易提供了重要的参考价值。二手车鉴定评估机构精确鉴定评估业务只针对部分进口、价格高、数量少的特殊车辆，对于大部分消费者来说，只需在二手车评估网站上输入车型、车厂、年代等指数就可得到相应二手车的价格，如汽车经销商的收购价格、私售价格和市场零售价格等，或者通过鉴定评估机构发行的包含全国二手车市场行情的二手车价格指导期刊，对所需交易的二手车进行初步定价。

2. 二手车历史信息查询系统

利用车辆识别代码 VIN 的唯一性，为每辆车建立档案，撰写车辆历史报告。报告内容主要包括所有权及所有权变更、里程数、尾气排放检验结果、使用、维修、抵押、事故等重要信息。这些信息主要来源于生产商、车辆使用者、管理检验部门、消防与公安部门、租赁拍卖企业等多个途径，从而在确保车辆历史报告全面性的同时，保证了信息的准确性和公正性。在对每辆车辆建立历史档案的基础上，建立二手车历史信息查询系统。消费者在购买某二手车时，可以登录二手车历史信息查询系统，输入该车辆标识代码 VIN 即可查到其交通事故记录和维修记录等，获得所需购买二手车的历史信息报告，便可对二手车的使用历史及质量情况做到心中有数，避免了由于信息掌握不全面而造成的购车盲目性。

7.3 二手车置换

7.3.1 二手车置换的方式

二手车置换是指为使二手车市场和新车市场相互带动、共同发展，通过"以旧换新"来开展二手车贸易，简化程序。车主既可通过支付新车及二手车之间的差价来一次性完成车辆的更新，也可通过其原有二手车的再销售来抵扣购买新车的分期付款。二手车置换分为两种，一种是旧车置换新车；另一种是旧车置换旧车。

旧车置换新车的主要方式有以下三种。

1. 同一厂家置换

同一厂家置换即用品牌二手车置换同一品牌的新车（即"以旧换新"）。如品牌为"一汽大众"，车主可将旧速腾车折价卖给一汽大众的零售店，再买一辆新速腾。

2. 同一品牌置换

同一品牌置换即用本品牌二手车置换同一车系任一款新车。如品牌为"大众"（大众在中国有两家合资生产商，分别为一汽大众和上汽大众），假设有一辆旧速腾的车主看上了帕萨特，那么他可以在任何一家"大众"的零售店里换到他喜欢的帕萨特。

3. 不同品牌置换

不同品牌置换即只要购买本厂新车，置换的二手车不限品牌。国外基本上采用的就是这种二手车置换方式，目前国内大多数品牌也已开展此类置换业务。

总的来说，前两种置换方式的优点在于降低老客户换车门槛，培养客户的品牌忠诚度；缺点是适用范围有限，只限于同一品牌不同档次产品的更新换代，这两种置换方式适合产品线长、品种丰富的厂家。第三种置换方式考虑到了买车人的选择余地和便利程度，但对厂商和经销商来说非常具有挑战性，因为我国车主一般很少自始至终都在指定维修点进行保养维修，也很少保留车辆维修档案，所以车况极不透明；其次，不同品牌、不同型号的车载技术和零部件千差万别，而且若是个别车型已经停产，则其零部件更换会非常麻烦。

旧车置换旧车是二手车置换的一种，具体含义就是其字面意思，即拿自己的旧车直接置换旧车。旧车置换旧车一个最重要的优势就是办理速度快。随着二手车置换业的不断发展，越来越多的人也开始旧车置换旧车，即用自己年份已久的旧车换辆较新的二手车；另外，对于喜欢体验不同车型的人来说，旧车置换旧车更为划算。

7.3.2 二手车置换的流程

二手车置换的主要流程如图7-5所示。

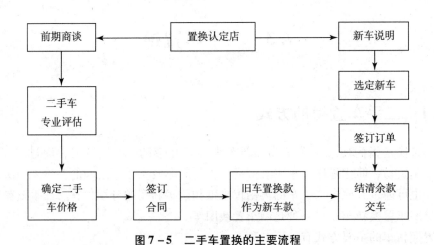

图7-5 二手车置换的主要流程

二手车置换需注意以下事项：

（1）二手车手续及二手车置换的证件必须齐全。外地转籍车辆，必须先咨询相关部门并得到同意后方可收购置换。

（2）要对所置换的车辆进行仔细的技术状况鉴定，以确定二手车的初步价格。

（3）对所置换的车辆应查询其是否有交通违章记录，是否已处置完毕。

（4）认真填写置换信息表或置换合同。

7.4　二手车拍卖

7.4.1　二手车拍卖的方式

二手车拍卖是指二手车拍卖企业以公开竞价的形式将二手车转让给最高应价者的经营活动。二手车拍卖本着公开、公正、诚信的原则，提高被拍卖车辆信息的透明度，以方便买者做出判断，它是二手车销售的一种有益补充，也是二手车交易体系中不可或缺的一个环节。二手车拍卖有两种方式，即现场拍卖和网上拍卖。

7.4.2　二手车现场拍卖的流程

1. 二手车委托拍卖流程

需要提供车辆所有人证件（身份证，户口本或企、事业单位代码证）、车辆行驶证、购置凭证、车船税证明、保险凭证等有效证件，才可进行二手车委托拍卖。二手车委托拍卖流程如图7-6所示。

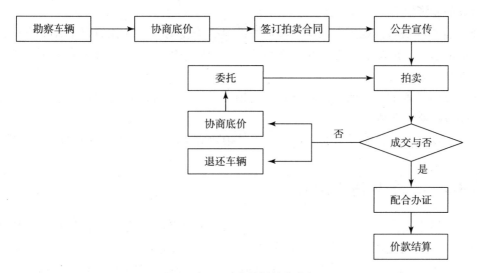

图7-6　二手车委托拍卖流程

2. 二手车竞买流程

竞买人参加二手车竞买时，应提供竞买人证件（身份证或企、事业单位代码证）和保证金后方可领取竞买号牌参加竞买。二手车竞买流程如图7-7所示。

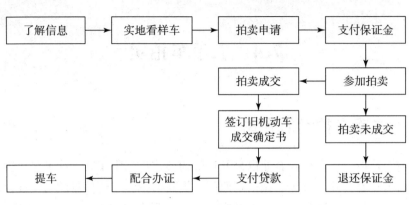

图 7-7 二手车竞买流程

3. 注意事项

（1）竞买人参加二手车竞买时，应提前了解所竞拍的车辆，仔细观察，了解其技术状况，有针对性地到市场上比较，对竞拍车辆给出合理价位，以免遭受不必要的损失。

（2）竞买人必须按规定办理登记手续，提交有关合法文件。进入拍卖现场前，必须办理入场手续，方能参与竞买。

（3）竞买人若委托代理人竞买，则代理人必须出示有效的委托文件及本人身份证件，否则以代理人身份竞买。

（4）竞买过程中，竞买人应认真严肃地进行竞买，一经应价，不得反悔，否则应赔偿由此造成的经济损失。

（5）竞买成功后，竞买人在检查车辆手续是否齐全时，应该注意以下几个方面：行驶证、登记证书、原始发票、购置税、养路费、车船使用税、车辆使用性质（如果是营转非车辆则强制报废年限为 8 年）。

（6）如对车辆的技术状况存有异议，则拍卖委托双方经商定可委托二手车鉴定评估机构对车辆进行鉴定评估。

（7）竞买成交后，买受人必须当场签署"拍卖成交确认书"和有关文件、合同等。

7.4.3 二手车网上拍卖

二手车网上拍卖是指二手车拍卖公司利用互联网发布拍卖信息，公布拍卖车辆直观图片及技术参数，通过网上竞价，线下交接，将二手车转让给超过保留价的最高应价者的经营方式。网上拍卖过程及手续应与现场拍卖相同。网上拍卖组织者应根据《拍卖法》及《拍卖管理办法》有关条款制定网上拍卖规则，竞买人则需要办理网上拍卖竞买手续。

目前除了二手车拍卖公司，许多互联网企业也开始涉猎二手车拍卖，通过互联网平台及其技术优势，促进二手车交易。由于二手车网络拍卖价格透明，交易范围广，买卖双方的成交过程简单便捷，因此二手车网络拍卖具有良好的发展前景。

7.5　二手车交易

7.5.1　二手车交易的模式

二手车交易是实现二手车所有权从卖方到买方的转移过程，它是一种产权交易。二手车必须完成所有权转移登记才算是合法、完整的交易。常见的交易模式有以下几种。

1. 纯 C2C 交易模式

纯 C2C 交易模式是指买卖双方直接在平台上进行交易，平台提供免费上门检测车况信息服务，验车成功后把二手车信息发到官网，同时评估师会陪同买家上门看车，确定交易后双方再通过交易担保与售后服务跟踪等方式实现交易。该模式的代表平台有人人车、好车无忧、瓜子二手车直卖网等。

2. 寄售模式

寄售模式是指卖车方与二手车交易平台签订协议，将所售车辆委托平台保管及寻找购车方，平台从中收取一定的场地费、服务费及保管费的一种交易行为。该模式的代表平台有优车诚品、大搜车、卓杰行等平台。

3. C2B 交易模式

C2B 交易模式是指卖车车主先通过线上平台预约卖车，然后开车到线下门店或检测点进行检测。由平台出具检测报告后，终端车商通过平台进行出价竞拍，价高者得，最后由终端车商把车卖给买方。该模式的代表平台有开新二手车帮卖、平安好车等。

4. B2C 交易模式

B2C 交易模式是指车商通过线上平台对二手车进行收购，然后再利用平台或线下卖场转卖给消费者，收取差价盈利的"买进卖出"模式。该模式的代表平台有优信二手车、优途二手车等。

5. B2B 交易模式

B2B 交易模式并不介入车辆的直接交易，而是搭建一个二手车商间的 B2B 拍卖交易平台。该平台对于卖车方来说，售价更高、更合理，手续变更更安全；对于买车方来说，买价虽然增高，但车况信息相对来说更加透明，更有保障。该模式的代表平台有车享拍、车易拍、优信拍。

7.5.2　二手车交易的流程

根据二手车交易特性，为杜绝盗抢车、走私车、拼装车和报废车的非法交易，从而切实维护消费者的合法权益，二手车交易科学合理地设计了"一条龙"的作业方式，使二手车交易在规范有序的流程内进行，减少了购销双方的来回奔波，其交易基本流程如图 7-8 所示。

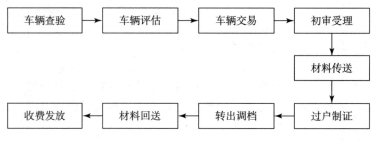

图 7-8　二手车交易基本流程

针对不同的交易模式，其工作程序有所不同。

1. 直接交易、中介交易类的工作程序

直接交易、中介交易类的工作程序如图 7-9 所示。

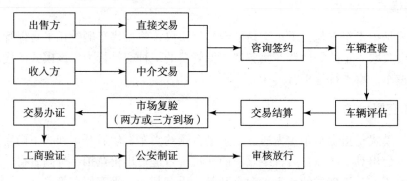

图 7-9　直接交易、中介交易类的工作程序

2. 经销类的工作程序

经销类的工作程序如图 7-10 所示。

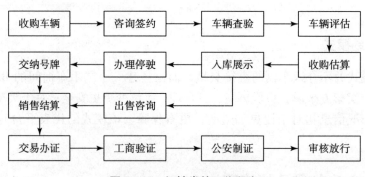

图 7-10　经销类的工作程序

3. 退牌、上牌类的工作程序

退牌、上牌类的工作程序如图 7-11 所示。

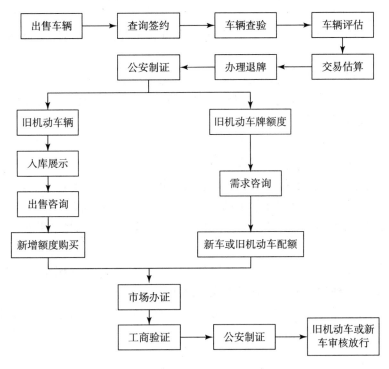

图 7-11 退牌、上牌类的工作程序

另外，二手车交易后需进行转移登记，应递交下列材料：

（1）现机动车所有人的身份证明。

（2）机动车所有权转移的证明、凭证。

（3）机动车登记证书。

（4）机动车行驶证。

（5）属于海关监管的机动车，还应当提交《中华人民共和国海关监管车辆解除监管证明书》或者海关批准的转让证明。

（6）属于超过检验有效期的机动车，还应当提交机动车安全技术检验合格证明和交通事故责任强制保险凭证。

本章小结

随着汽车保有量的上升，二手车交易也持续攀升，并已逐渐成为一个具有潜力的汽车后市场。二手车服务包括二手车鉴定评估、二手车经销、二手车经纪、二手车拍卖、二手车置换等服务，所涉及的服务面较广，需要从业人员掌握汽车构造原理、汽车故障诊断、营销、评估等方面的技能。

二手车鉴定评估是指依法设立具有执业资质的二手车鉴定评估机构和二手车鉴定评估人员，按照特定的目的，遵循法定或公允的标准和程序，运用科学的方法，对二手车进行手续检查、技术鉴定和价格估算的过程。

二手车置换是指为使二手车市场和新车市场相互带动、共同发展，通过"以旧换新"来开展二手车贸易，简化程序。

二手车拍卖是指二手车拍卖企业以公开竞价的形式将二手车转让给最高应价者的经营活动。

二手车经销是指二手车经销企业收购、销售二手车的经营活动。

二手车经纪是指二手车经纪机构以收取佣金为目的，为促成他人交易二手车而从事居间、行纪或者代理等经营活动。

二手车鉴定评估方法主要有现行市价法和重置成本法。

二手车技术状况鉴定是其鉴定评估的基础与关键，也是二手车能够公平交易的前提条件。其鉴定方法主要包括静态检查、动态检查及仪器检查三种。其中，静态检查和动态检查是评估人员依据技能和经验对被评估车辆进行直观、定性判断；仪器检查是对被评估车辆的各项技术性能及各总成部件技术状况进行定量、客观的评价，是对二手车技术等级划分的依据。

二手车置换主要有三种方式：同一厂家置换、同一品牌置换和不同品牌置换。

二手车拍卖有两种拍卖方式：现场拍卖和网上拍卖。

二手车交易是实现二手车所有权从卖方到买方的转移过程，它是一种产权交易。二手车必须完成所有权转移登记才算是合法、完整的交易。

参观二手车交易市场、二手车鉴定评估机构和二手车置换机构；了解二手车服务的具体工作流程。

思考与练习

一、术语解释

1. 二手车。
2. 二手车鉴定评估。
3. 现行市价法。
4. 重置成本法。
5. 二手车置换。

二、简答题

1. 二手车服务包括哪些内容？
2. 简述我国二手车交易市场的发展现状与存在的问题。
3. 二手车鉴定评估的目的是什么？
4. 二手车价值评估采用哪些方法？有何特点？

5. 对二手车进行静态检查时，需检查哪些项目？
6. 对二手车进行动态检查时，需检查哪些项目？
7. 如何采用现行市价法进行二手车价值评估？
8. 如何采用重置成本法进行二手车价值评估？
9. 简述二手车置换的工作流程。
10. 简述我国二手车拍卖的现状与发展趋势。

第 8 章 汽车回收再生服务

本章知识点

本章主要介绍汽车回收再生服务的基本概念；探讨汽车回收再生服务的现状及发展趋势；阐述汽车回收、拆解及废旧汽车资源化的基本内容。

教学要求

了解国内外废旧汽车回收再生的现状及发展趋势；
掌握汽车回收的特点、模式；
理解我国汽车报废标准；
掌握汽车回收的工作流程；
掌握汽车拆解的方法；
掌握废旧汽车资源化的方式。

引入案例

汽车产业已经成为我国现阶段国民经济的重要支柱产业。截至 2016 年年底，我国汽车保有量达 1.94 亿辆，仅次于美国，位居全球第二。随着中国正式迈向汽车大国的行列，资源短缺和环境恶化的问题日益显著，如何实现经济社会可持续发展已成为政府和社会各界普遍关心的问题。

据统计，2016 年全年我国生产并销售了 2 700 多万辆汽车，已连续八年蝉联全球第一。随着中国汽车产销高速增长，汽车报废高潮即将来临。截至 2016 年年底，全国废旧汽车报废量高达 716 万辆，这说明报废汽车的回收再生已逐步成为汽车产业链中的重要环节，如何有效地回收利用好废旧汽车中的可再生资源，是我国汽车工业可持续发展面临的一项重大课题。

然而，在汽车回收利用方面，我国与欧美、日本等汽车发达国家和地区之间仍然存在着明显的差距。积极参与国际资源再生市场活动，消化吸收国际先进的资源再生技术，加强国际交流合作，提高汽车回收利用水平，促进报废汽车合理处置、避免环境污染、实现资源再利用，达到经济效益、环境效益、社会效益和生态效益的协调发展已成为我国汽车产业健康发展亟待解决的问题。

8.1 汽车回收再生服务概述

8.1.1 汽车回收再生服务的概念

1. 报废汽车

按照《中华人民共和国报废汽车回收管理办法》(国务院令第307号)第二条规定,报废汽车(包括摩托车、农用运输车)是指达到国家报废标准或者虽未达到国家报废标准,但发动机或者底盘严重损坏,经检验不符合国家机动车运行安全技术条件或者国家机动车污染物排放标准的机动车;同时第十条规定,报废汽车拥有单位或者个人应当及时向公安机关办理机动车报废手续。

2. 汽车回收

汽车回收具体是指在汽车全生命周期内,对各阶段产生的废弃物以及完成寿命周期的报废产品,通过有效而快捷的回收网络,对回收物品进行科学拆卸,合理利用修复、再制造、表面处理等先进技术,使其重新获得报废产品使用价值的物流活动,旨在最大限度地提高资源再利用率,减少报废产品对生态环境的破坏。

3. 汽车再生资源

汽车再生资源是指对废旧汽车进行资源化处理后所获得的可以回收利用的物资。

4. 汽车再生资源利用

汽车再生资源利用包括废旧汽车的回收、拆解、再利用(再使用和再制造)以及回收利用(产品设计与资源再生)等活动。

5. 汽车再生工程

汽车再生工程是汽车再生资源利用工程的简称,是对废旧汽车进行资源化处理的活动,主要包括对废旧汽车所进行的回收、拆解及再利用等生产过程。

8.1.2 汽车回收再生服务的工作内容

汽车回收再生服务的工作内容主要包括废旧汽车回收、废旧汽车拆解、废旧汽车再利用和废旧汽车资源化四项。

(1)废旧汽车回收是指以生态学、经济学规律为理论基础,运用系统工程研究方法把汽车全生命周期作为研究对象,以资源高效利用和环境友好为特征的经济形态下的回收形式。

(2) 废旧汽车拆解是指将零部件从车辆上拆除下来,并对车辆进行无害化处理,即清除燃油和液体、电池等,以进行后续的再利用或处理。

(3) 废旧汽车再利用是指经过对废料的再加工处理,使之能够满足其原来的使用要求或者用于其他用途,不包括使其产生能量的处理过程。

(4) 废旧汽车资源化是以废旧汽车为再生资源开发对象,在符合法律规章要求及获得合适经济效益的前提下,通过采用新技术与新工艺,最大限度地回收利用可使用的零部件、可利用的材料及能源物质等具有使用价值财富的工程活动。

8.1.3 汽车回收再生服务的现状与发展趋势

1. 国外汽车回收再生服务的现状与发展趋势

国外发达国家对于报废汽车回收利用十分重视,它们在废旧汽车资源化方面开展的工作较早,而且已经形成了相对成熟的机制和体系。国外汽车回收再生具有管理途径法制化、回收措施系统化、回收处理责任化、处理形式产业化、资源回收最大化和处理技术高新化的特点。目前发达国家的废旧汽车回收利用率已经达到85%,再利用率达到80%。

1) 美国

美国是世界汽车消费大国,其汽车消费所产生的"垃圾"也十分可观。美国每年因老旧或交通事故而报废的车辆超过1 000万辆。美国从20世纪后期便开始重视废旧汽车的回收利用,有资料显示,美国通过立法来推动废旧汽车和轮胎的回收利用。早在1991年,美国出台了关于回收利用废旧轮胎的法律,从1994年起,凡是国家自主铺设的沥青公路,必须含有5%的旧轮胎橡胶颗粒;并且在严格的环境保护法规体系下,报废汽车不能随便遗弃,车主必须送到专门的报废汽车回收利用企业进行处理。每报废一辆车,车主可以获得4 000美元左右的高额补贴。

目前美国大约有1.2万家汽车拆解企业、2万家零部件再制造企业和200家拆后报废汽车粉碎企业。美国汽车工程师协会还对诸如起动机、离合器、转向器、水泵和制动主缸等一些具体零部件的再制造制定了行业标准。美国回收处理报废汽车的方式是采用破碎机将废旧汽车碎裂成块状,再通过磁选机和气流分选机进行不同材料的分离。破碎1 200万辆汽车可回收1 140万吨黑色金属、80万吨有色金属、390万吨残渣。报废汽车回收企业采用机械化操作,能够完全按照市场化运作方式进行回收利用,使报废汽车零部件回收率达80%以上,因此美国废旧汽车回收业已经成为一个年获利10亿美元的新产业。美国凭借完善的报废汽车回收利用体系和成熟的报废汽车回收利用技术一直走在世界前列。

2) 日本

日本政府从20世纪90年代开始加强对废弃物的管理和循环利用,由此也推动了以再生资源利用为特征的"静脉产业"的兴起与发展。日本废旧汽车再生利用主要是通过废旧汽车回收、拆解和金属切片加工(废钢铁破碎及分选)"三段式"来实现。目前,日本有近5 000多家报废汽车拆解企业,其中有近1/4的企业具有处理废弃物的特许;金属切片厂有140多家(其中一部分是独立的,还有的是附属钢铁厂和其他综合商社)。报废汽车回收利用率已达到80%左右。其中,20%~30%可使用的零部件被再利用;50%~55%作为原材料进入再循环阶段。同时,日本每年大约有20%的报废汽车以二手车的名义出口海外,大大缓解了报废汽车处理带来的环境和处理压力,也获得了一定的经济效益。

为了提高汽车循环再生利用率,日本三大(丰田、本田、日产)汽车公司采取了许多具体措施并取得了很大的进步。丰田汽车公司为了进一步提高先进再生技术的水平,成立了汽车再生技术中心,其主要任务和作用如图8-1所示。本田汽车公司一直将产品的可循环再生性作为研究的优先目标,本田汽车公司的汽车产品可再生研发代表性活动如表8-1所示。日产汽车公司把从报废汽车上拆解下来的可使用部件称作"尼桑绿色部件"(Nissan Green Parts),这种部件既可以再使用,也可以再制造。日产汽车公司的汽车产品可再生研发代表性活动如表8-2所示。

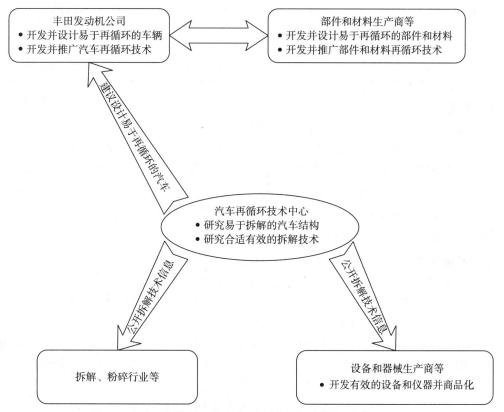

图8-1 丰田汽车公司的汽车再生技术中心的主要任务和作用

表8-1 本田汽车公司的汽车产品可再生研发代表性活动

年份	1983	1992—1994	1996	1997	1998	1999	2001
研发内容	全部采用聚丙烯塑料保险杠	大于100克的零件都会标注材料成分,以便回收时分类处理	设计易于拆解的保险杠结构	石蜡基塑酯材料制造仪表台	进行集成模块化设计,提高报废汽车安全气囊的安装与拆解效率	大于50克的零件都会标注材料成分,以便回收时分类处理	基于3R理念,选择制造材料和设计产品结构
评价技术		建立摩托车循环再生性评价系统		建立汽车循环再生性评价系统			基于3R理念,改进评价系统

表8-2 日产汽车公司的汽车产品可再生研发代表性活动

年份	1995	1996	1997	1998	1999	2000	2001	2002	2003	2004	2005
可循环再生性	到1998年,Sunny牌轿车的可循环再生率超过了90%				到2002年,March牌轿车的可循环再生率超过了95%				到2004年,全部Lafesta牌轿车的可循环再生率超过了95%		
环境影响	到1998年,铅的用量不到1996年的1/3				到2003年,铅的用量是1996年的1/10;为欧洲市场生产的品牌符合欧盟标准				到2005年,Cube最先达到MHLW(日本厚生劳动者)标准		
材料再生	到1997年,塑料的种类由36种减少到了6种			使用PET地毯		Hypermini部分部件可循环		使用同种材料制造仪表台和门窗装饰条			
可拆解性	一体化安全气囊系统			上下可分式仪表台结构;保险杠的固定点数减少;后灯为组合式结构						Lafesta采用易拆解线束	

3）德国

德国是一个汽车生产和消费大国。为了避免使报废汽车成为环境的污染源，德国自2002年7月1日起实施《旧车回收法》。该法明确规定汽车制造商和进口商有免费回收旧车的义务，并须将车体以环保的方式回收、再利用；自2006年起，汽车材料、零件的回收必须达到85%的回收利用率及80%的再利用率；自2015年起，分别提高到95%和85%。在管理体制上，施行联邦、州和地方（乡镇）三级联邦制管理，并明确各部门的主要任务。

德国的报废汽车主要交由经专业机构认证的汽车拆解企业处理。报废车辆处理方式主要为拆解，德国有4 000多家拆解企业，在废旧汽车拆解厂的拆解线上，汽车以逆向装配过程进行分解。其中，发动机、车架、塑料、导线和稀有金属等被分门别类地堆放到一起，可以使用的零部件供出售或修车使用，不能再用的零部件交由废物处理厂或破碎厂处理。德国每年注销机动车约350万辆，在本国报废拆解的不到100万辆，其余200多万辆通过不同途径卖到俄罗斯、波兰等东欧国家以及西班牙等欧盟国家。德国政府采取相关政策，促进增加投资，发展废旧汽车回收业，报废的汽车既能产生巨大收益，又减轻了对环境的污染和破坏，可谓一举两得。

国外汽车回收再生的发展趋势为：开发利用快速装配系统、可重复使用的紧固系统及其他能使拆卸更为便利的装置；开发由可循环使用的材料制作的零部件及工艺；开发易于循环利用的材料；减少车辆使用中所用材料的种类；开发有效的清洁能源回收技术；在设计汽车时，会将可循环利用、可拆解性考虑进去。

2. 国内汽车回收再生服务的现状与发展趋势

中华人民共和国成立初期，我国汽车拥有量只有几万辆，到改革开放前发展到100多万辆，20世纪80年代初期刚刚超过200万辆。为了节约能源，早在1980年，国家计划委员会（现为国家发改委）、中国共产党中央纪律检查委员会（简称中共中央纪委、中央纪委或中纪委）、中华人民共和国交通部及国家粮食和物资储备局遵照中华人民共和国国务院的指示精神，联合发文规定了汽车更新和回收手续，紧接着便出台了一系列管理政策及法规标准。

到了20世纪80年代末期,我国的报废汽车回收拆解体系已经初步形成。20世纪90年代,我国汽车工业得到了快速发展,全国汽车保有量从1982年的216万辆迅猛增到2001年的1 845万辆。与此同时,我国汽车报废更新速度也相应加快。这一时期,我国报废汽车回收拆解业逐步建立了一套符合中国国情的管理制度、操作程序和服务体系,是行业得到快速发展的阶段。但是在这一阶段,国内一些地区先后出现违反国家规定,在利益驱动下无证无照或证照不全就擅自回收拆解报废汽车并进行非法拼装的局面。

进入21世纪后,国家陆续出台了相关的管理政策及法规标准,如2001年,国务院颁布的《报废汽车回收管理办法》明确规定了报废汽车车主和回收企业的行为规范及依法应予禁止的行为;2005年,商务部颁布实施了《汽车贸易政策》,该政策对汽车报废与报废汽车回收的问题进行了详细的规定;2006年,国家发改委、科学技术部和国家环境保护局联合发布《汽车产品回收利用技术政策》,这是推动我国对汽车产品报废回收制度建立的指导性文件,这些政策虽然取得了一定的效果,但在制定过程中,往往只侧重报废汽车回收利用环节中的某一点或某几个点,没有像德国、日本等发达国家一样有一套完整的法律来管理约束整个汽车回收利用产业。这就导致目前我国汽车回收利用行业"散、乱、差"的现象非常突出。

截至2016年年底,中国汽车的保有量达1.94亿辆,达到报废的数量超过600万辆,而回收的数量只有179.8万辆。目前我国报废汽车回收拆解业主要存在拆解能力过剩、竞争秩序混乱、生产条件不足、技术人员不足、科技水平落后、服务机制不利等问题,这种问题的存在,严重影响了我国汽车回收利用行业的发展。

国内汽车回收再生的发展趋势为:在报废汽车回收利用产业发展进程中,将以提高报废汽车回收、再制造利用率和保护环境为目的,完善相关政策和标准的制定;加强科学管理和科技投入,提高回收利用水平,减少环境污染;推动企业规模化、市场化进程,引入多元投资渠道,加大企业技术装备改造力度,推进技术进步,促进报废汽车回收利用产业健康、有序、稳定和协调的发展。

8.2 汽车报废与回收

8.2.1 汽车报废

汽车经过长期使用,会导致车型老旧、性能降低、物料消耗增加、维修费用过高等情况,继续使用其经济性和安全性都无法保证,对于这种情况的汽车应予以报废。车辆报废应根据车辆报废的技术条件,提前报废会造成运力浪费,过迟报废则又增大运输成本,影响运力更新。

由中华人民共和国商务部、国家发改委、中华人民共和国公安部、国家环境保护局联合发布的《机动车强制报废标准规定》自2013年5月1日起正式施行。该标准规定内容如下。

1. 汽车报废标准规定

已注册机动车有下列情形之一的应当强制报废,其所有人应当将机动车交售给报废机动车回收拆解企业,由报废机动车回收拆解企业按规定进行登记、拆解、销毁等处理,并将报废机动车登记证书、号牌、行驶证交公安机关交通管理部门注销。

(1) 达到规定使用年限的。

(2) 经修理和调整,仍不符合机动车安全技术国家标准对在用车有关要求的。

(3) 经修理和调整或者采用控制技术后,向大气排放污染物或者噪声仍不符合国家标准对在用车有关要求的。

(4) 在检验有效期届满后连续 3 个机动车检验周期内未取得机动车检验合格标志的。

2. 各类机动车使用年限

(1) 小、微型出租客运汽车使用 8 年,中型出租客运汽车使用 10 年,大型出租客运汽车使用 12 年。

(2) 租赁载客汽车使用 15 年。

(3) 小型教练载客汽车使用 10 年,中型教练载客汽车使用 12 年,大型教练载客汽车使用 15 年。

(4) 公交客运汽车使用 13 年。

(5) 其他小、微型营运载客汽车使用 10 年,大、中型营运载客汽车使用 15 年。

(6) 专用校车使用 15 年。

(7) 大、中型非营运载客汽车(大型轿车除外)使用 20 年。

(8) 三轮汽车、装用单缸发动机的低速货车使用 9 年,装用多缸发动机的低速货车以及微型载货汽车使用 12 年,危险品运输载货汽车使用 10 年,其他载货汽车(包括半挂牵引车和全挂牵引车)使用 15 年。

(9) 有载货功能的专项作业车使用 15 年,无载货功能的专项作业车使用 30 年。

(10) 全挂车、危险品运输半挂车使用 10 年,集装箱半挂车使用 20 年,其他半挂车使用 15 年。

(11) 正三轮摩托车使用 12 年,其他摩托车使用 13 年。

对小、微型出租客运汽车(纯电动汽车除外)和摩托车,各省、自治区、直辖市人民政府有关部门可结合本地实际情况,制定严于上述使用年限的规定,但小、微型出租客运汽车不得低于 6 年,正三轮摩托车不得低于 10 年,其他摩托车不得低于 11 年。

小、微型非营运载客汽车、大型非营运轿车、轮式专用机械车无使用年限限制。

机动车使用年限起始日期按照注册登记日期计算,但自出厂之日起超过 2 年未办理注册登记手续的,按照出厂日期计算。

3. 各类机动车规定行驶里程

达到下列行驶里程的机动车,其所有人可以将机动车交售给报废机动车回收拆解企业,由报废机动车回收拆解企业按规定进行登记、拆解、销毁等处理,并将报废的机动车登记证书、号牌、行驶证交公安机关交通管理部门注销。

（1）小、微型出租客运汽车行驶60万千米，中型出租客运汽车行驶50万千米，大型出租客运汽车行驶60万千米。

（2）租赁载客汽车行驶60万千米。

（3）小型和中型教练载客汽车行驶50万千米，大型教练载客汽车行驶60万千米。

（4）公交客运汽车行驶40万千米。

（5）其他小、微型营运载客汽车行驶60万千米，中型营运载客汽车行驶50万千米，大型营运载客汽车行驶80万千米。

（6）专用校车行驶40万千米。

（7）小、微型非营运载客汽车和大型非营运轿车行驶60万千米，中型非营运载客汽车行驶50万千米，大型非营运载客汽车行驶60万千米。

（8）微型载货汽车行驶50万千米，中、轻型载货汽车行驶60万千米，重型载货汽车（包括半挂牵引车和全挂牵引车）行驶70万千米，危险品运输载货汽车行驶40万千米，装用多缸发动机的低速货车行驶30万千米。

（9）专项作业车、轮式专用机械车行驶50万千米。

（10）正三轮摩托车行驶10万千米，其他摩托车行驶12万千米。

8.2.2 汽车回收

1. 汽车回收的特点

汽车的购买、使用与报废更新（回收利用）是汽车消费的"三部曲"。废旧汽车回收作为汽车生命周期的一个阶段，对整个汽车生命周期过程具有重要影响。报废汽车回收利用是汽车工业产业链的延伸，是完善整个汽车工业产业链十分重要的环节，既要有利于节约资源和环境保护，也对保证公共安全事务方面负有重要责任。

1）回收利用的初始性

汽车回收是指废旧汽车的收集过程，称为废旧汽车收购或废旧汽车收集。收集或收购报废汽车的活动是汽车再生资源利用物流过程的开始，决定着可进行资源化的废旧汽车数量。

2）回收物流的逆向性

汽车产品回收业与销售的物流相反，是逆向物流的过程，即从消费者→流通者→生产商，沿着供应链下游向上游"反向"流动。根本目标是重新挖掘废旧汽车的使用价值，有效利用资源，保护环境。

3）回收活动的制约性

废旧汽车的回收活动受法律法规的制约。国务院于2001年颁布了《报废汽车回收管理办法》，规定对报废汽车的回收行业实行特种行业管理，并规定报废汽车只能由指定的回收企业收集和拆解。为了着力改善生态环境，节约能源资源，该办法的修订已列入国务院2017年立法工作计划。

4）回收效益的市场性

尽管报废汽车回收活动具有直接的社会效益，但是其回收经济效益又取决于市场规律。

2. 汽车回收的模式

自以 2006 年由国家发改委、科学技术部和国家环境保护局联合制定的《汽车产品回收利用技术政策》为代表的生产者延伸责任制出台后，汽车生产企业具有对废旧汽车回收处理的责任，首先通过回收渠道以一定回收价格从消费者手中购买废弃产品，然后通过拆卸、检测、分类、再制造等一系列逆向物流活动对其进行处理与再利用。生产企业从消费者手中收集废旧汽车到有效地资源化利用，可以通过多种渠道实现，作为回收责任主体，选择哪一种方式来回收和处理废旧汽车更有利于企业自身的发展，这是汽车生产企业高层领导面临的决策问题。根据参与汽车回收主体不同，汽车回收模式可分为四种，即汽车制造商直接回收处理模式、汽车销售商回收—制造商处理模式、汽车制造商联合体负责回收处理模式和第三方回收处理模式。

1）汽车制造商直接回收处理模式

汽车制造商直接回收处理模式是指由汽车制造企业直接负责本企业生产汽车报废后的回收、运输、储存、拆卸分解、再制造和销毁处理等逆向物流活动，并承担相关方面的成本和责任。该模式的回收主体是汽车制造商。德国是采用汽车制造商直接回收模式的典型国家，例如宝马汽车建有非常完善的汽车回收网络，对回收的报废汽车设立专门的回收研究中心进行分类处理。以汽车制造商为回收主体的回收模式流程如图 8-2 所示。

图 8-2 以汽车制造商为回收主体的回收模式流程

该模式的优点：

（1）汽车制造商自身回收再利用，能根据市场销售渠道掌握产品的流向，具有快速信息反馈的能力，使回收工作运作高效。

（2）汽车制造商熟悉自身产品设计流程，对于回收产品能够进行准确的拆卸，节省了拆卸时间和处理成本，在一定程度上直接提高了经济效益。

（3）拆卸下来的零部件和材料在经过适当处理之后即可进行生产再利用，很快实现了资源的循环再利用。

（4）有利于汽车制造商基于汽车的生命周期考虑如何提高回收再利用的技术水平问题，发挥汽车全生命周期各个环节的协调配合优势，使各环节之间的物质、知识和信息由市场不稳定交易变成完全内部或半内部化的交流，降低了各个环节的交易成本。

汽车制造商直接回收处理也有其自身的局限性，主要表现为：

（1）对于一个包含产品回收处理的汽车制造系统来说，生产制造系统的规划控制变得非常复杂。

（2）汽车制造商只对自己生产销售产生的报废汽车进行回收处理，其专业化程度较高，回收产品单一有限。但对于整个汽车产业来说，不同的汽车制造商均建立各自的回收处理中心，会造成资源的极度浪费。

(3) 采用自营方式容易使汽车制造商不能专注于自身核心业务,并且不能有效发挥专业化的优势。

(4) 若汽车制造商因经营不善不幸倒闭,则会造成部分报废汽车成为"孤儿产品",出现"无家可归"的情况。

2) 汽车销售商回收—制造商处理模式

汽车销售商回收—制造商处理模式是指汽车销售商从汽车制造商取得产品后进行销售,同时负责回收消费者返回的产品并转让给汽车制造商,由汽车制造商对其进行处理,利用正向物流渠道来完成逆向物流。以汽车销售商为回收主体的回收模式流程如图 8-3 所示。该模式中,汽车销售商作为销售和回收主体,起着连接消费者与制造商的作用。综合国内外汽车销售模式,汽车销售商可以是 4S 店、汽车超市等与汽车制造商相分离的独立销售商或者是汽车制造商投资建立的品牌店等。汽车制造商通过汽车销售商回收产品,不仅能回收到旧产品,还可以利用以旧换新等手段促进新产品的销售,这是双方都得利的行为。目前,日本主要采用此模式进行报废汽车的回收:消费者去销售店购买新车时,原有的旧车通过鉴定评估,如果还有一定的使用价值,则可用旧车抵价;如果没有使用价值,则车主需向销售点交纳一定的处理费。报废汽车由销售店回收的废旧汽车的数量占日本废旧汽车回收总量的近 99%。

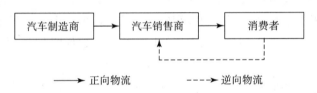

图 8-3 以汽车销售商为回收主体的回收模式流程

汽车销售商作为回收主体模式的优势在于:

(1) 可以充分利用现有的销售网络和销售人员,有助于提高回收率。

(2) 汽车销售商通过回收可以了解消费者的价值诉求,收集消费者对车辆的反馈意见,提高销售业绩。

此模式存在的问题在于:

(1) 独立运营的汽车销售商回收报废汽车将增加回收环节,提高回收成本。

(2) 由销售单一品牌的 4S 店回收则回收量较小。

3) 汽车制造商联合体负责回收处理模式

汽车制造商联合体负责回收处理模式是指生产同类汽车产品或者相似汽车产品的制造商,以合资等形式建立一个联合责任组织,由该组织负责这些汽车制造商生产的同类产品或相似产品的回收处理工作。该模式中,汽车制造商联合体是废旧汽车回收主体。以汽车制造商联合体为回收主体的回收模式流程如图 8-4 所示。

汽车制造商联合体负责回收处理模式相对于制造商回收模式来说具有以下优势:

(1) 通过资源共享,减少重复建设,提高资源利用效率,实现交易成本与运作成本的降低。

(2) 可以很好地解决"孤儿产品"问题。

(3) 对于小规模汽车制造商来说,只要加入制造商联合责任组织,就能解决进入逆向

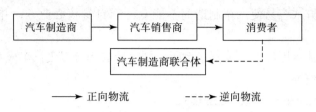

图 8-4　以汽车制造商联合体为回收主体的回收模式流程

物流领域的高门槛问题。

（4）制造商联合体可以为各企业提供廉价原材料，保证各企业运作过程中部分原材料的来源，实现企业之间的合作共赢。

（5）各企业可以共同分担市场风险、财务风险及技术风险等。

该模式的缺点：

（1）各成员企业回收过程中所使用的有些资源成本较难准确测算，影响成本分摊、利润分配。

（2）联合回收过程中易造成商业机密的泄露。

4）第三方回收处理模式

第三方回收处理模式是指汽车制造商通过与第三方签订合同，以支付费用等方式由第三方代表汽车制造商来实施废旧汽车的回收和处理责任。该模式中，第三方回收企业是废旧汽车回收主体。以第三方回收企业为回收主体的回收模式流程如图 8-5 所示。

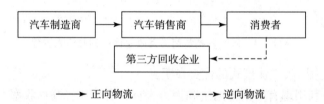

图 8-5　以第三方回收企业为回收主体的回收模式流程

该模式的优点：

（1）企业运营风险小，资源外向配置，与合作伙伴共担风险，降低了企业运营风险，使企业更能适应外部环境的变化。

（2）通过第三方回收处理，可以减少企业在逆向物流设施和人力资源方面的投资，降低逆向物流管理的成本。

（3）第三方回收企业服务多家汽车制造商，客户之间的物流业务在淡旺季相互补偿，可以大大提高社会资产利用率，因而可以降低管理成本。

（4）汽车制造商可以将精力集中在自己的核心业务上，更利于提高企业的竞争能力。

该模式的缺点：

（1）汽车制造商和第三方回收商在利益驱动下寻求成本最小、利润最大的途径，不利于汽车全生命周期内各个环节的协调配合优势的发挥，容易忽视汽车回收业追求社会效益和环境效益目标的达成。

（2）易造成汽车制造商商业信息的泄露。

(3) 不利于汽车制造商对终端客户信息的把握。

通过对不同主体下废旧汽车回收模式进行的分析,可以看出四种回收模式各有优劣,所适用的范围和条件也不同。不同回收主体下的废旧汽车回收模式具体比较如表8-3所示。

表8-3 不同回收主体下的废旧汽车回收模式具体比较

模式 属性	汽车制造商直接回收	汽车销售商回收	汽车制造商联合体回收	第三方回收
回收成本	较高	中	较低	低
规模经济	较低	中	高	高
信息反馈	快	较慢	较慢	慢
回收效率	中	较高	高	高
专业程度	较低	较高	中	高
风险承担	汽车制造商	汽车销售商	汽车制造商联合体	第三方回收企业

8.3 汽车拆解

8.3.1 汽车拆解的工作内容

废旧汽车拆解的工作内容主要包括以下几项。

1. 废旧汽车接收

废旧汽车拆解企业对具有《机动车报废证明》的报废汽车进行检查确认后才能接收。

从接收废旧汽车时开始,就必须建立废旧汽车拆解文档,其内容应包括车辆识别信息、车辆状态信息、报废证明、拆解日志及废旧汽车再生利用情况等。

2. 废旧汽车存放

废旧汽车拆解企业必须有足够的区域对废旧汽车进行存放。企业整个区域的面积及其划分应与拆解废旧汽车的数量和拆解车型相协调,一般被分为运输区、待拆解区、预处理区、拆解区、零部件存储区、压实区及辅助区几个区域。

废旧汽车存放时,应避免侧立和倒放。如果采用堆放方法存放车辆,则必须确保堆放的稳定性;如果没有保护装置,则堆放数量不超过四辆。车辆放置时,应避免损坏盛装液体的器件(如油底壳、油箱、制动管路)和可拆解部件(如玻璃窗框等)。拆解企业的运输区、待拆解区、预处理区和拆解区的地面应按照标准进行矿物油污染防护,设置沉井,以符合地下水保护要求。废旧汽车存放场地必须隔离,未经授权者不得进入。另外,场地须配备足够的灭火器。

3. 废旧汽车拆解

废旧汽车拆解是废旧汽车拆解企业主要的工作内容，工作过程主要有预处理、拆解和分类。

拆解人员必须经过拆解技术培训，获得相应的职业资格；遵守相关的法律法规，掌握拆解作业安全知识，了解环保要求。拆解设备的操作者必须具有劳动部门颁发的操作许可证。拆解设备的设计、使用和维护必须满足回收、再生和废弃物填埋的要求，以保证公共利益。

4. 拆解物品存储

拆解物品存储区一般分为可再用件存储区、可再循环材料存储区、液体存储区、含液体部件存储区、液体废弃物存储区及固体废弃物存储区等。应该有具体的措施保证可回收的部件处于自然状态，并对环境没有任何损坏。这种状态可通过封闭、覆盖、压实等方法进行处理，以保证对土壤和水质没有污染。蓄电池电解液应存放在耐酸的容器中。

5. 拆解车体压实

废旧汽车拆解下来的零部件和材料被分类存储后，将剩余的车体压实，以便于运输到破碎处理厂或剩余物处理场。

8.3.2 汽车拆解的方式

1. 拆解方式的分类

根据对废旧汽车回收利用的目标，即零件再使用还是材料再利用，可将拆解方式分为非破坏性拆解（Nondestructive Disassembly）、准破坏性拆解（Partly Destructive Disassembly）和破坏性拆解（Destructive Disassembly）。

准破坏性拆解主要是对连接件进行破坏拆解，而破坏性拆解是对被拆解零部件进行没有限制性条件的任意分解，可以使用各种工具将螺栓切断、在零件上穿孔或对零件锯切，以及利用液压工具将基础件、运动件和连接件分离。

对废旧汽车零部件的拆解可以分为两个层次，也称为拆解深度。第一层次拆解是指从车上直接拆卸部件；第二层次拆解是指对拆卸下来的部件进行更细的拆解。

第一层次拆解的次序是由外到内、由附件到主机，并遵循先由整车拆成总成、由总成拆成部件、再由部件拆成零件的原则进行，因此要求具备较好的可达性和可操作性。第一层次拆解的部件应包括催化转化器、轮胎、较大的塑料件、玻璃、含有铜、铝和镁等材料的零部件。此外，对含有汞的部件应尽可能地进行无害化处理。拆解下来的零部件是否可以再使用或者再利用，取决于元器件的市场价格、拆解时间和拆解成本等因素。

对零部件进行第二层次拆解，增加了拆解深度。例如，将接线盒的盒盖和印制电路板拆下来，分别回收处理。该层次拆解的目的是：

（1）减少零部件及其材料再利用过程中的危险物质和环境污染。

（2）分离有价值的零部件和材料。

(3) 提高回收利用的经济效益及其再利用材料的纯度。

2. 拆解方式的选择

废旧汽车拆解方式的选择是根据废旧汽车的状态或零部件损坏程度，首先选择拆解方式，然后再确定拆解深度。

对于报废汽车零部件的拆解不能完全按照装配的逆顺序进行考虑，其主要原因是废旧汽车的拆解具有以下特点：

(1) 有效性。选择非破坏性拆解，但没有效率和效益可言。
(2) 有限性。根据经济效益最大和环境影响最小的原则，确定拆解深度。
(3) 有用性。拆解下来的零部件由于变形或腐蚀等原因，没有使用价值。例如，对于因事故造成损坏的汽车，应根据损坏程度确定可拆解的零部件。

对可再使用的零部件，在满足经济效益的前提下应选择非破坏性拆解和准破坏性拆解的方式进行拆解。

对于以材料回收为目的的拆解，其拆解方式的选择还应满足以下要求：

(1) 可有效分离各种不同类型的材料。
(2) 可提高剩余碎屑的纯度。
(3) 可分离危险的有害物质。

8.3.3 汽车拆解的工艺流程

汽车拆解作业方式有两种，即定位作业拆解和流水作业拆解。定位作业拆解是指废旧汽车的解体与总成、零部件的拆解作业在同一个固定工位上进行，由各个拆解班组同时完成。流水作业拆解是指废旧汽车被放置在拆解生产线上，按照拆解工艺顺序和节拍依次经过各个工位进行拆解作业的方式。定位作业拆解占地面积小，所需设备比较简单，同时便于组织生产，适用于车型复杂的拆解企业；流水作业拆解效率高，拆解车辆的再生利用率高，但设备投资大，占地面积大，适用于生产规模大、拆解车型单一、设备数量较多的拆解企业。

1. 定位作业拆解的工艺流程

由于每次拆解的报废车型可能不同，因此拆解操作及其程序不仅具有个性，同时也存在共性。定位作业拆解的一般工艺流程为登记验收、外部情况检视、预处理、总体拆卸、拆解各总成的组合件和零部件及检验分类。载货汽车和乘用汽车结构的差别使得拆解程序也存在差别。

1）载货汽车总体拆解

报废汽车的总体拆解就是将汽车拆卸成总成和组合件的过程。载货汽车总体拆解的一般程序如下：

(1) 准备工作。
①鉴定。由现场管理、销售、保卫及参加解体作业人员共同对报废车辆的质量及完好程度、安全情况进行细致的分析，确定拆解深度和解体程序。

②预处理。检查废旧车辆是否有易燃物和危险品；放净油箱内的残余油料；放净润滑油并收集在专用容器内。

（2）解体程序。

①拆吊车厢。拆掉车厢与车架连接的U形固定螺栓，把车厢吊下。

②拆卸全车电气线路、仪表和照明设备以及蓄电池、起动机、发电机、调节器、点火和信号装置等。

③拆卸发动机罩和散热器。首先拆卸发动机罩，然后拆卸散热器与车架连接处的螺母、橡胶软垫、弹簧以及橡胶水管、百叶窗拉杆、拉手和百叶窗等，最后拆卸散热器。

④拆卸挡泥板及脚踏板。

⑤拆卸汽油箱。首先拆卸与汽油箱连接的油管、带衬垫的夹箍，然后拆卸汽油箱。

⑥拆卸方向盘和驾驶室。拆卸方向盘、驾驶室与车架连接处的橡胶软垫及螺栓、螺母，吊下驾驶室。

⑦拆卸转向器。首先将转向重臂与直拉杆分开，然后拆卸转向管柱和转向器。

⑧拆卸消声器。首先将消声器和排气歧管夹箍的固定螺栓拆下，然后拆卸消声器。

⑨拆卸传动轴。首先将万向节凸缘与变速器及主传动器凸缘接头的连接螺栓拆掉，拿下中间支承，然后拆传动轴。

⑩拆卸变速器。首先将变速器与发动机固定连接处的螺栓拆下，然后拆卸变速器。

⑪拆卸发动机及离合器总成。先拆卸发动机与车架的支承连接，然后拆卸发动机及离合器总成。

⑫拆卸后桥。首先将车架后部吊起，拆卸后桥与车架连接的钢板弹簧和吊耳，或先将后桥与钢板弹簧连接的U形螺栓拆下，然后将后桥推出车架。

⑬拆卸前桥。首先将车架前部吊起，拆卸前桥与车架连接的钢板弹簧和吊耳，或先拆卸前桥与钢板弹簧连接的U形螺栓，然后将前桥推出车架。

2）乘用汽车总体拆解

乘用汽车的总体拆解应按照"先易后难，先少后多"的原则，并正确选择拆解部位。对于遇到首次拆卸的新车型，要先拆卸容易作业的部位，后拆卸作业空间小、结构复杂的部位。切忌"遇到什么拆什么"的做法，要先观察，后行动。对于发动机前置后驱动结构的车型，其基本拆解程序如下：先拆车门、发动机罩、蓄电池、安全气囊，抽排各种油液，再拆发动机、变速器、离合器、传动轴、驱动桥、悬架、制动系统、转向系统及车身。

3）常见连接的拆解

汽车上有上万个零件，部件相互间的连接形式又有很多种，如螺纹连接、过盈配合连接、销连接、链连接、铆接、焊接、黏结和卡口连接等。这些连接拆解量大，技术要求高，其拆解方法介绍如下：

（1）螺纹连接的拆解。螺纹连接在全车拆解工作量中占50%~60%。在拆解过程中，最为麻烦和困难的是拆下锈蚀的螺钉和螺母，对于这类情况，一般可采用下列方法：

①非破坏性拆解。在螺钉及螺母上注些汽油、机油或松动剂，浸泡一段时间，用铁锤沿四周轻轻敲击，使之松动，然后拧出；或用氧—乙炔火焰将螺母加热，然后快速地将螺母拧出；或先将螺钉或螺母用力旋进1/4圈左右，再旋出。

②破坏性拆解。用手锯将螺钉连螺母锯断；用錾子铲松或铲掉螺母及螺栓；用钻头在螺栓头部中心钻孔，钻头的直径等于螺杆的直径，这样可使螺钉头脱落，而螺栓连螺母则用冲子冲去；用氧—乙炔火焰割去螺钉的头部，并把螺栓连螺母从孔内冲出。

(2) 螺钉组连接件的拆解。当在同一平面或同一总成的某一部位上有若干个螺钉和螺栓连接时，在拆解中应注意：先将各螺钉按规定顺序拧松一遍（一般为 1~2 圈）。如无顺序要求，则应按照先四周、后中间或按对角线的顺序拧松一些，然后按顺序分次匀称地进行拆解，以免造成零件变形、损坏或力量集中在最后一个螺钉上面而发生拆解困难。

先拆卸难拆部位的螺钉；对外表不易观察的螺钉，要仔细检查，不能疏漏。在拆去悬臂部件的螺钉时，最上部的螺钉应最后取出，以防造成事故。

(3) 折断螺杆的拆解。如折断螺杆高出连接零件表面，则可将高出部分锉成方形焊上一个螺母将其拧出；如折断螺杆在连接零件体内，可在螺杆头部钻一个小孔，在孔内攻反扣螺纹，用丝锥或反扣螺栓拧出，或将淬火多棱锥钢棒打入钻孔内拧出。

(4) 销、铆钉和点焊零部件的拆解。在拆解销钉时，可用冲子冲击销钉。对于用冲子无法冲击的销钉，只要直接在销孔附近将被连接的铰链加热就可以取出。当上述方法均无效时，只能在销钉上钻孔，所用钻头的尺寸比销钉直径小 0.5~1 厘米即可。

对于拆解铆钉连接的零件，可用扁尖錾子将铆钉头錾去，尤其对拆解用空心柱铆钉连接的零件十分有效。当錾去铆钉头比较困难时，也可用钻头先钻孔，再铲去。

拆解点焊连接的零件时，可用手电钻将原焊点钻穿，或用扁錾将焊点錾开。

(5) 过盈配合连接的拆解。汽车上有很多过盈配合连接，如气门导管与缸盖承孔间的连接、气缸套与缸体承孔间的连接、轴承件的连接等。拆解时，一般采用拉（压）法，如果包容件材料的热膨胀性好于被包容件，则也可用温差法。

(6) 卡扣连接的拆解。卡扣连接是应用于汽车上的新型连接方式，一般用塑料制成。在拆解时，要注意保护所连接的装饰件不受损坏，对一些进口车上的卡扣更要小心，因为无法购买到备件，故应使之完好无损，以便二次利用。拆解工具主要是平口螺丝刀和改制的专用撬板等。

2. 流水作业拆解的工艺流程

将待拆解报废汽车运送到汽车拆解线，并固定在拆解工作台上。然后，按工位进行拆解操作。流水作业拆解的工艺流程如图 8-6 所示。

1) 预处理

对报废汽车进行拆解前，首先要进行预处理工作。该工位的主要作业内容如下：

(1) 拆卸蓄电池和车轮。

(2) 拆卸危险部件。由认定资格机构培训后的人员按照制造商的说明书要求，拆解或处置易燃易爆部件，并进行无害化处理。

(3) 抽排液体。在其他任何进一步处理前，

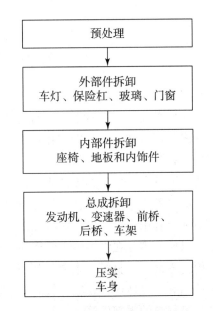

图 8-6 流水作业拆解的工艺流程

必须抽排下列液体：燃料（包括液化气、天然气等）、冷却液、制动液、风窗玻璃清洗液、制冷剂、发动机机油、变速器齿轮油、差速器双曲线齿轮油、液力传动液、减振器油等。液体必须抽取干净，所有操作都不应出现泄漏，储存条件符合要求。根据制造商提供的说明书，处置拆卸液体箱、燃气罐和机油滤芯等。

燃油的清除必须符合安全技术要求，冷却液的排出必须是在封闭系统内进行的。处理可燃性液体时，必须遵守安全防火条例，以防止爆炸。在进一步拆解前，由于某些部件的危险或有害特性，还应拆解以下物质、材料和零件：根据制造商的要求，拆卸动力控制模块（PCM）、含油减振器（如果减振器不被作为再利用件，而是作为金属材料进行回收时，则之前一定要抽尽液体减振器中的物质）、含石棉的零件、含汞的零件、编码的材料和零件、非附属机动车辆的物质等。拆解作业预处理的工艺流程如图8-7所示。

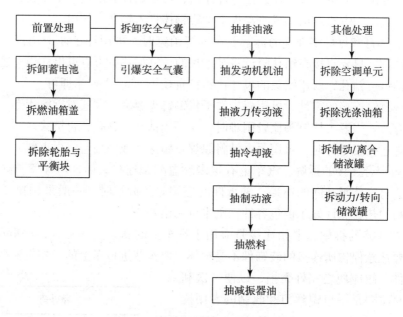

图8-7 拆解作业预处理的工艺流程

2）拆解

拆解厂必须组织有技术能力的人员，将可再使用部件无损坏地拆卸下来。拆解过程从外到内分成外部拆卸、内部拆卸和总成拆卸三个工位。

3）分类

从废旧汽车上拆下的零件或材料应首先考虑其可再使用和再利用。因此，拆解过程中应保证零部件不受损坏。在技术与经济可行的条件下，制动液、液力传动液、制冷剂和冷却液可以考虑再利用，废油也可被再加工，否则按规定废弃。再利用的与废弃的油液容器应标注清楚，以便分辨。在将拆解车辆送往破碎厂或进一步处理时，应分拣全部可再利用和可再循环使用的零部件及材料，主要包括三元催化转换器，车轮平衡块（含铅）和铝轮辋，前后侧窗玻璃和天窗玻璃，轮胎，较大的塑料件（如保险杠、轮毂罩、散热器格栅）以及含铜、铝和镁等材料的零部件等。

4）压实

预处理后或拆解后的汽车可先压实后再进行运输。

5）废弃处理

废弃物必须保证处置过程符合公共利益。

对废旧汽车的拆解过程必须按照要求填写操作日志，主要记录的内容有证明文件编号、拆解过程与再使用、再利用、能源利用和能量回收材料以及零部件的比例等。操作日志应包含拆解处理的最基本数据，保证对报废处理过程的透明性和可追溯性。所有进出废旧车辆的证明、货运单、运输许可、收据及各种细目，都应作为必备内容填写在日志中。

8.4 废旧汽车资源化

8.4.1 废旧汽车资源化概述

1. 废旧汽车资源化的内涵

废旧汽车资源化是以废旧汽车为再生资源的开发对象，在符合法律规章要求及获得合适经济效益的前提下，通过采用新技术与新工艺，最大限度地回收利用可使用零部件、可利用材料及能源物质等具有使用价值财富的工程活动。其目的是节约资源、减少能耗和保护环境，从而支持社会的可持续发展。

汽车制造不仅消耗大量的资源，而且汽车报废还会造成环境的污染和资源的浪费。当资源枯竭和环境污染成为制约社会发展的主要问题时，必然对国民经济的增长和人类生活质量的提高产生影响。当以科学发展观开始重新思考资源有效利用问题时，废旧汽车的资源化就成为必然的选择。

早在20世纪50年代末至60年代初，为解决资源短缺，周恩来总理就发出了"抓紧废物利用这一环节，实行收购废品，变无用为有用"的号召，并组织建立了16万个遍及全国每个角落的回收点，实行了"牙膏皮换牙膏"的政策，建成了当时世界上最完善的废旧物资回收系统。随后，发达国家吸取中国的经验，将其发展成一个集"回收"与"再制造"为一体的独立产业——再生资源产业，也称第四产业。巨额资金的投入、优惠政策的导向、前沿科技的支持，使其成为全球发展最快的朝阳产业。

2. 废旧汽车资源化的方式

废旧汽车资源化的基本方式可分为再使用、再制造、再利用和能量回收四种。其中，再使用和再制造是废旧汽车产品资源化的最佳形式，虽然，受汽车产品设计、制造等多种因素的影响，整车的再使用和再制造的比例还比较低。但是，某些总成的可再使用和再制造零部件比例还是比较高的。再利用（即零部件材料的回收）是目前整车回收利用的主要方式，是获得资源效益的首选途径。而能量回收是在当前循环利用技术水平低或回收利用经济效益差的条件下，不得已而采用的回收利用方式，应尽量限制。根据相关文献资料的统计，3 000 台斯太尔 WD615 型废旧发动机可采用的不同资源化方式的统计结果如表 8-4 所示。下面主要介绍前三种方式。

表 8-4　3 000 台斯太尔 WD615 型废旧发动机可采用的不同资源化方式的统计结果　　%

统计标准	资源化方式	再使用	再制造	再利用
零件价值		12.3	77.8	9.9
零件质量		14.4	80.1	5.5
零件数量		23.7	62.0	14.3

1）再使用

根据 GB/T 19515—2004/ISO 22628：2202《道路车辆可再利用性和可回收利用性计算方法》术语的定义，再使用是对报废车辆零部件进行的任何针对其设计目的的使用。简单地说，可再使用零部件是指从废旧汽车上拆解下来，经过检测确认合格后，可直接用于同型或同类产品的维修或制造的零部件。可再使用零部件主要有以下特点：

（1）回收拆解后，经检测其技术性能指标仍保持原设计要求，如起动机、刮水器、电动机、动力转向总成和后视镜等总成部件。

（2）回收拆解后，经检测其技术性能主要指标符合原设计要求，并不影响其继续使用，如车门、发动机罩等钣金件。

（3）回收拆解后，其表面虽然有轻微损伤，但结构要素仍保持完整，如前后保险杠、前照灯、组合式尾灯和挡泥板等装饰件。

（4）回收拆解后，经检测其技术性能指标（如公称尺寸、几何精度和热处理指标等）符合原设计要求，并且剩余使用寿命满足使用条件，如传动轴、连接件等零部件。

2）再制造

再制造是指以产品全生命周期理论为指导，以优质、高效、节能、节材和环保为目标，采用包括表面工程技术在内的各种新技术、新工艺，实施再制造加工或升级改造，制成性能等同或者高于原产品的零部件。其中，再制造加工是指对于达到技术寿命和经济寿命而报废的产品，在失效分析和寿命评估的基础上，把有剩余寿命的废旧零部件作为再制造毛坯，采用先进技术进行加工，使其性能恢复，甚至超过新品的生产活动；产品升级改造是指对技术性能相对落后的产品，往往是几项关键指标存在差别，采用新技术对其进行局部改造，可使原产品的性能改进或提高。再制造主要具有以下特点：

（1）再制造的产品是可拆解产品。拆解是再制造生产过程的开始，是零部件进行再制造的基本条件。产品被拆解并经过性能检测与可再制造性评估后，方可确定是否进行再制造。

（2）再制造不同于维修。维修是在产品使用阶段，为了保持其技术状况良好及正常运行而采取的技术措施，主要以换件为主，辅以单个或小批量的零部件修复。而再制造是将大量相似的废旧产品回收拆解后，按零部件的类型进行收集和检测，将有再制造价值的废旧产品作为再制造毛坯，对其进行批量化修复和性能升级。因此，再制造是一个将旧产品恢复到"新"状态的过程。可进行再制造的产品主要是具备以下特征：耐用性产品，某些功能受到损坏；通用件组成，各部件均可更换；剩余价值较高，且再制造的成本低于其剩余价值；产品的各项技术指标稳定；市场认同并且能够接受再制造产品。

(3) 再制造不同于再循环。再循环是通过回炉冶炼等加工方式，将废旧产品材料再生利用的过程，而材料循环再生要消耗较多的能源，而且对环境也有较大的影响。再制造是以废旧零部件为毛坯，通过采用先进加工技术，获得高品质、高附加值的再制造产品，消耗能源少，最大限度地回收废旧零部件中所蕴含的附加值，且成本低于新品制造。

汽车再制造工程是以废旧汽车的再生资源利用为目标，使汽车再生资源得到高质量再生的生产过程和充分利用的系统性工程活动。汽车再制造具有以下意义：

(1) 充分发挥废旧汽车零部件的使用价值。汽车寿命可分为物质寿命、技术寿命和经济寿命，其中物质寿命远远长于其技术寿命和经济寿命。由于部分废旧汽车总成和零部件还未达到物质寿命，因此可以通过再制造成新型零部件。

(2) 有利于提取废旧汽车零部件的附加值。再制造是直接以废旧汽车零部件做毛坯，所以能充分提取报废零部件的附加值。再制造作为从旧产品中获取最高价值的方法，是对产品的二次投资，更是使废旧产品升值的重要手段。

(3) 使汽车全寿命周期延长。传统的汽车寿命周期是由论证、设计、制造、使用和报废环节组成，而现代的汽车全寿命周期是"从研制到再生"，即汽车报废后通过回收利用使得零部件的寿命被延长，并形成资源的循环利用系统。

(4) 使汽车产业链得到延伸。在汽车全寿命周期延长的同时，汽车产业链也得到了延伸，即形成了汽车再制造产业。

(5) 可节约能源和降低污染。虽然传统的废旧产品回收利用也具有再生利用的意义，但这种回收利用层次较低，并且重新利用废旧产品的材料需要消耗较多的能源，造成环境的二次污染。与此相反，汽车零部件再制造不仅能节约能源，还降低了汽车零部件在制造过程中对环境的污染。

汽车再制造加工是采用相应的工艺技术使废旧汽车零部件恢复到新品的技术标准，或升级到超过新品技术标准的生产活动。再制造的方法主要包括机械加工法和表面技术法等，废旧汽车零部件再制造过程中应用的主要修复方法如图 8-8 所示。

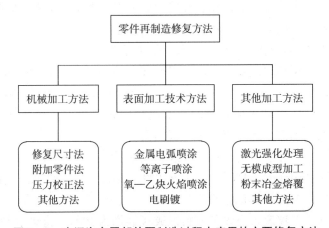

图 8-8 废旧汽车零部件再制造过程中应用的主要修复方法

对于废旧汽车零部件的再使用和再制造，比较典型的有日产汽车公司。日产汽车公司将可再利用部件称为"尼桑绿色部件"，这种部件既可以直接使用，也可以再制造。再使用部件是只经清洗并检测合格后就可以使用的部件，而再制造部件是经拆解、清洗、检测、更换或修复处理后可以使用的部件。可再使用的部件有 31 种，包括前照灯、组合式尾灯、车门、挡泥板、发动机罩、仪表、起动机、刮水器、电动机、传动轴、动力转向总成、连接件和后视镜等。可再制造部件有 11 种，包括发动机、自动变速器、液力耦合器、电子控制模块、制动蹄、动力转向泵、无级变速器、发电机和起动机等。

3）再利用

再利用是指对那些无法修复或再制造不经济的废旧汽车零部件，通过循环再生加工成原材料。其主要包括汽车废旧轮胎再利用、废旧汽车塑料再利用、废旧汽车玻璃再利用、废旧汽车金属再利用、废润滑油再利用和废旧汽车电器电子部件再利用等。

（1）废旧轮胎再利用。废旧轮胎是指被替换或淘汰下来已经失去作为轮胎使用价值的轮胎，以及工厂产生的报废轮胎。废旧轮胎很难降解，几乎不会自然消失，长期露天堆放，不仅占用大量土地，而且极易滋生蚊虫，传播疾病。此外，容易引发火灾等安全隐患，常被称为"黑色污染"。目前，我国废旧轮胎综合利用的途径大致有以下五种。

①直接利用。用作港口码头及船舶的护舷、防坡护堤坝、公路墙屏和海水养殖渔礁等，但使用量很少，不到废旧轮胎数量的 1%。

②旧轮胎翻新。翻新旧轮胎工业是橡胶工业的一个重要组成部分，又是资源再生利用与环保产业的组成部分。旧轮胎翻新不仅可以延长轮胎使用寿命、节约能源、节约原材料和降低运输成本，还可以减少环境污染。目前我国轮胎翻新企业有 500 多家，30% 以上属于中小企业，年翻新轮胎约 400 万条，大大低于世界水平。

③再生橡胶。100 多年来，再生橡胶被世界各国认为是废旧橡胶再生循环利用的合理途径。我国再生橡胶生产企业约有 600 家，生产能力扩大到 100 多万吨，最高年产量达到 51.2 万吨，成为世界第一再生橡胶生产大国。

④硫化橡胶粉。硫化橡胶粉是集环保与资源再生利用为一体的、很有发展前途的回收方式。胶粉工业在我国刚刚起步，还没有形成产业。

⑤热分解。废轮胎在高温下分离提取燃气、油、炭黑和钢铁等。据报道，采用此方法可以从 1 吨废轮胎中回收燃料油 550 千克、炭黑 350 千克。由于投资大，回收费用高，回收质量不稳定等原因，这种回收利用方式还有待进一步改进。

（2）废旧汽车塑料再利用。随着汽车保有量的增加，每年从汽车上拆解下来的废旧塑料数量也不断增加。采用塑料制造汽车部件可以减小汽车质量，提高汽车某些部件的性能。但是塑料是一种难以自燃、分解的物质，若是通过焚烧的方式来处理，则会造成严重的大气污染。因此对汽车的某些部件采取相应的技术进行回收再生，特别是量大或破损率高的部件，不仅具有较高的附加值，还可以减少环境污染。

①保险杠再生利用。几乎所有的保险杠表面均被涂装。按一般方法制造原材料颗粒时，涂膜杂质的存在使再利用作保险杠时，其抗冲击性能和表面品质降低。现在主要使用的除膜方法是碱洗法，但也需要开发其他涂膜除去技术。

②仪表台再生利用。仪表台由多种材料组成（表面为 PVC，衬垫为 PUR，芯部为 PP 复合材料），再生时，应先进行粉碎、造粒，再利用密度差进行风选。对芯部材料造粒后，可继续供仪表台制造使用；PUR 作为燃料再利用；PVC 供其他部件再利用，如散热器格栅。

③地毯再生利用。地毯由表层（PET 纤维和苶纶纤维）、衬垫层（PE）及吸声层（杂棉毡）三种不同的材料经热压黏合在一起，故分离困难。针对其特点，可采取切断和粉碎后进行风选。把密度小的纤维类用作燃料；密度大的塑料类经混炼提纯后再造粒，用作衬垫用料。

④车轮罩再生利用。车轮罩盖常用 PP 或 PA 制造。PA 的吸水性影响和残存涂膜的混入，致使再生品的性能降低。车轮罩盖所用的涂料属硬质涂料，造粒时用螺旋挤出机，并使其充分粉碎后，经检验对性能的影响不大，从而获得供制造原件的材料使用。至于其他污物和异物只要再生时注意清除即可。

⑤汽车座椅再生利用。车辆座椅由表面材料、泡沫塑料和钢骨架组成。钢骨架可以分离，但是表面材料和泡沫塑料一般是填埋或焚烧，这种方法对环境污染较大。目前，现代汽车股份有限公司开发出了片状泡沫塑料，它可以反复循环利用，表面材料用于地板制造材料。

⑥组合尾灯再生使用。组合尾灯的凸透镜和灯罩是由不同材料融合装配而成，分离比较困难。目前，现代汽车股份有限公司已经采用先进技术将其分离。

总而言之，汽车用塑料由于性能稳定和各具特性，按以上方法取得的再生材料可部分掺入原材料再使用。为了简化再生过程中的分离工序，在保证部件性能的情况下减少塑料的种类是基本手段。

（3）废旧汽车玻璃再利用。玻璃是由二氧化硅和各种金属氧化物组成的无机化合物，它由石英等硅酸盐矿物材料经过配料、熔制而成。玻璃在汽车上主要用于车窗、挡风等。轿车上玻璃的使用量约占轿车总质量的 3%。目前汽车用玻璃以夹层钢化玻璃和夹层区域钢化玻璃等安全玻璃为主。汽车废玻璃回收一般都是采用手工拆卸，汽车废玻璃的回收再利用方式主要如下：

①原形利用，即回收后直接用于原设计目的。

②异形利用，也称转型利用，是将回收的玻璃直接加工，转为原料的利用方法。这种利用方式又分为两种：加热方式利用和非加热方式利用。加热方式利用是将废玻璃粉碎后，用高温熔化炉将其熔化，再用快速拉丝的方法制得玻璃纤维；非加热方式利用是根据使用情况直接粉碎或先将回收的破旧玻璃经过清洗、分类、干燥等预处理，然后采用机械的方法将它们粉碎成小颗粒，或研磨加工成小玻璃球待用。

（4）废旧汽车金属再利用。汽车零部件制造材料以金属材料为主，金属材料中又以钢铁材料的用量为最多。有色金属和非金属材料因具有钢铁材料所没有的特性，所以在汽车制造中也得到了广泛的应用。如今，为适应汽车安全性、舒适性和经济性的要求，以及汽车低能耗、低污染的发展趋势，要求汽车减轻自身质量以实现轻量化，所以在汽车制造中钢铁的用量有所下降，而有色金属、非金属材料和复合材料等新型材料的用量正在上升。即便如此，目前钢铁材料仍旧是汽车制造工业中应用最广泛的金属材料，其用量超过汽车制造用材料的 2/3。

钢铁材料主要包括碳素钢、合金钢和铸铁，一般要求汽车结构零件大多采用碳素钢或铸铁制造，性能要求高的汽车结构零件则采用合金钢制造。从废旧汽车中回收废钢铁的成分十分复杂，并带有对钢铁性能有害的元素，如铜的质量分数可达 0.4%~2.5%、锡的质量分数大于 0.3%、锌的质量分数甚至超过 2.74%；其他元素含量也大大高于普通废钢的平均含量。废钢铁的质量将直接影响钢的使用性能、能源消耗和生产效率等。用于冶炼的优质废钢铁应具有成分符合规定、洁净无杂质、块度合适、无危险物等特点。因此，基于上述要求的废旧汽车金属回收利用过程是回收、解体、分选、压块、破碎和冶炼。其中，解体、分选、压块和破碎可采用机械处理的方法。

有色金属是构成现代物质文明的重要基础材料。在整个有色金属产品中，有25%~30%的有色金属来自废料的再生利用。

①再生铝。汽车工业是我国再生铝使用比例发展速度最快的一个领域，发动机、变速器等铝压铸件都使用再生铝，并且再生铝在汽车零部件的制造过程中，因其流动性好、容易脱模等因素，也有着原铝不能比拟的优越性能。废铝再生首先是回收，然后根据不同情况进行分类处理。废铝中含有多种其他化学成分，如硅、铁、镁和钛等。目前在技术上还没有经济的分离办法，只能在熔化前预先分类。根据不同的成分，分别用作不同的铸造合金，或用加入纯铝稀释的办法去调整合金的成分。

②再生铜。铜具有优良的再生特性，是一种可以反复利用的资源。可用于再生的废铜一般分为两大类：第一类称为新铜废料，主要是指工业生产过程中产生的边角料和机加工碎屑；第二类称为旧铜废料，是各类工业产品、仪器设备、零部件中的铜制品。这种资源的来源十分复杂，各种工业产品使用周期千差万别，其中再生铜只有在拆解工业产品之后才能得到，而且往往是多种铜合金混合在一起。例如，汽车用散热器中，散热管为H90黄铜，散热片为T2波浪带材，其又是用铅锡焊料焊接在一起，散热器室为H68合金等，其铜材料及零部件再生工艺为：拆解壳体→烘烤部分去掉铅锡焊料→坩埚炉熔化除渣→铁模铸造→黄铜铸锭→分析化学成分→供生产铸造黄铜件、轴瓦和阀件等。此外，汽车上的电子元器件、电动机、起动机和导线等都会用到铜材料。

③再生铅。当前铅的消费已成为继铁、铝、铜、锌之后，居第五位的金属材料。几千年来，人类对铅的需求不断增长，已使铅的矿产资源濒临枯竭。为解决一次资源的严重短缺，同时从降低原料和选冶成本以及满足需求增长等方面考虑，铅的二次资源——再生铅应运而生。汽车用废旧铅酸电池已成为主要的铅再生资源。废铅酸蓄电池属于危险废物，它对环境产生影响主要是硫酸以及铅、锑、砷和镍等重金属。废铅酸蓄电池以回收利用废铅为主，也包括对废酸和塑料壳体的回收利用。废铅酸蓄电池回收技术中，泥渣处理是关键，废铅酸蓄电池的泥渣主要成分是硫酸铅、二氧化铅、氧化铅和铅等，其中二氧化铅是主要成分。处理工艺主要为：拆解、活化处理、溶解和电解四部分，即对废电池采用机械破碎进行拆解，使废电池底壳同主体分离，再对电池主体进行活化处理，使废电池中的硫酸铅转化为氧化铅和金属铅的形式；然后进行溶解，使氧化铅转化成纯铅；再利用电解池，将电解液转化得到纯铅金属。

（5）废润滑油再利用。各种机械设备在使用润滑油的过程中，由于受到氧化、热分解作用和杂质污染，润滑油的理化性能达到各自的换油指标，被换下来的润滑油统称废润滑油。回收利用的废润滑油包括废内燃机油、废齿轮油、废液压油、废专用油（包括废变压器油、废压缩机油、废汽轮机油、废热处理油等）。废润滑油由于部分变质或混放其他杂质，影响了其润滑性能。废润滑油再生的方式可分为两种：净化和精炼。净化采用沉降、离心、凝聚、过滤和闪蒸等方法中的一种或数种联用，达到除去废油中水分及固定杂质的目的。该方式设备简单，处理方便，适于用户自行再生。此类再生油质量低于新油。精炼采用蒸馏、硫酸精制、溶剂精制、吸附或接触精制、加氢精制、化学脱金属等方法中的两种或数种联用，组成一个再精炼流程，将废油提炼成再生基础油，再调入与新油配方相同或基本相同的添加剂。这样的再生油能达到与新油同等质量的水平。

（6）废旧汽车电器电子部件再利用。拆解与粉碎是汽车电器电子部件回收利用的两个主要工序。在进行拆解前，应进行预处理。其目的是进行无害化处理，避免造成环境污染。对电器电子部件的可利用性进行分析，其中主要的限制因素是可获得的效益和可拆解的数量。

①线束。线束可以采用非破坏性的方法进行拆解，每条线束铜的质量可以达到10千克，其回收经济效益显著。

②接线盒。熔断丝、继电器和接线盒可用于同种车型，其中，对继电器进行拆解有较高的价值。因为接线盒中电路板的金属价值较高，可进行回收。

③传感器和执行器。这些部件属于分立部件，如果其中一些工作过程磨损很少，则可再使用。否则，就被作为碎屑回收。

④点火系统。点火系统被设计成可更换部件的系统，因此部件可以再利用。非再利用和破损部件可以回收到一定数量的铜。

⑤电子控制单元。对拆卸下来的电子控制单元外壳清洁后，可以进行用途确认。其中，电动机控制器件、防抱死控制器件、中央门锁系统控制器件及防滑差速器控制器件等，拆解后可以再使用；电子控制单元印制电路板中的贵金属可以回收；基于安全原因，智能型接线盒不能再使用。

⑥机电一体化器件。机电一体化部件中的元器件，可以做再使用部件使用。印制电路板中的贵金属可以回收。

⑦电池。根据欧盟指令的要求，蓄电池是必须拆解的部件。其主要原因是电解液对环境的污染。铅酸电池被拆解后可回收利用铅、塑料和酸液；火法回收废旧镍镉电池是比较成熟的技术，一般是先将电池破碎，利用金属镉易挥发的性质，在还原剂的作用下蒸馏回收镉，然后回收镍或者镍与铁生成镍铁合金；锂离子电池的处理方法主要集中于从电池正极中回收贵重金属钴。

⑧电动机、起动机和发电机。电动机作为独立部件可以作为再使用部件在同类型车辆中使用。对于尺寸不合适的电动机，整体不被分解而是直接被加工成废屑，因此工业化的再生还未实现；起动机拆解前需要进行质量检查，拆解后，可用部件应进行清洗，磨损部件应进行替换；发电机可以作为再使用部件进行使用，若发电机已经损坏，则主要回收铜材料；电动油泵一般被设计成可再使用部件，若电动油泵已经损坏，则主要回收铜材料。

⑨灯。灯的组成包括导线、灯泡、反射镜、灯罩和底座。灯泡若未损坏则可再使用，玻璃和塑料可以回收利用。其中，灯罩如果可以分离，则也可以作为再使用件。

⑩加热器。加热器很难拆解，因此对于加热器的深度拆解没有经济效益。

⑪显示器。由于LCD显示器中含有汞，因此只要可能，就应拆卸。

⑫通信与导航设备。由于通信与导航设备多属于选装设备，且价值较高，因此拆解时应尽量考虑再使用。

⑬娱乐装置。如收音机及其音响系统可整体再使用，可分离部件也可用作维修备件。若部件已经损坏，则作为电子碎屑回收。

⑭其他装置。其他部件主要是喇叭和开关的拆解和利用。如果器件的功能丧失，喇叭则以铜材料回收为主，开关则作为电子碎屑回收。

8.4.2　汽车再生资源利用技术分析

汽车再生资源的利用不仅可以减少环境污染，还可以减少对自然资源的依赖和过度使用，有利于保护自然环境。再生资源利用产业活动主要分为以下两个部分：

第一，以市场经营和机械技术为主的商业性活动。这个过程的技术含量较低，工艺及设备简单。主要是对取得的各种废旧产品，经简单加工变成各种新的生产要素，然后通过一定的交换渠道返回到原来的物质产品生产过程中去。

第二，以产业技术进行深度加工的生产过程。这个过程是对可再生资源通过采用各种劳动过程技术进行深度加工。经过深度加工的产品，部分可以直接变成生产活动需要的各种物质产品；部分可以转化成各种不同要求的新的生产要素，再加入到原来的生产过程中去，如从各种废料中提取稀有贵重金属等。在产业技术深度加工阶段，可以将对环境污染影响较大的有害废弃物变成无毒无害的物质产品，或者通过各种化学及生物净化手段后，直接进行无害排放，增强环境效益。

不同的再生资源利用技术的实施所取得的经济效益与劳动消耗是不同的，所以在技术方案选择中，应该拟出两种以上备选方案，通过技术经济评价对技术发展和应用的经济效益进行预测，并按照技术相对先进和经济相对合理的原则，对技术选择进行分析论证，从而找出符合客观规律、使技术与经济要素达到最佳匹配、具有最佳经济效果的方案。

技术方案的技术经济分析主要根据生产目标，充分利用已有的资料和数据，运用科学方法对技术可行性和经济合理性进行分析评价，并通过多个方案论证比较，从总体上判断其合理程度、应用价值和各方案的优劣顺序，为择优与正确决策提供可靠依据和有关建议。

1）工艺方案评价

工艺方案是应用具体技术方法进行生产的基本要求与过程，决定了生产流程、所需装备和生产节拍等有关生产活动。主要从三个方面对工艺方案进行评价，即技术评价、经济评价和综合评价。其中，技术评价有加法评分法、加权评分法和层次分析法三种；经济评价有计算法、图解法和临界产量法三种；综合评价有综合评分法和层次分析法两种。在不同的评价阶段，针对技术、经济和综合评价所采取的评价方法也不相同。

汽车再生资源利用分为以下几个基本阶段：

（1）废旧汽车回收拆解。
（2）零部件再利用（再使用、再制造）。
（3）回收利用（材料利用、能量利用）。
（4）填埋处理。

由于每个阶段所要达到的目的不同，因此，采用的工艺方案的评价指标也不相同。技术评价的主要指标有性能、质量、效率、能耗、环保和安全等。现有的汽车再生资源利用技术主要强调回收性和环保性。在回收性方面通过对废旧汽车的深度拆解使直接使用或经过再制造的部件以备件的形式再利用；对不可再利用的部件可以通过破碎处理，进行材料分离和分类回收；经过材料回收后的破碎残余物，其中可燃部分可以进行能量回收；最终使得产生的填埋量最少；在环保性上，要求在整个回收处理过程中污染排放总量小，且污染可以控制。

2）性能与质量评价

汽车再生资源利用的不同阶段，再生利用的目标产物不同。因此，对再生利用技术所获得的目标产物的性能和质量评价的指标也不同。例如，在汽车零部件再制造中，对于磨损表面要进行尺寸恢复和表面强化，通常采用堆焊、热喷涂或电刷镀等表面工程技术，并配合前、后处理和机械加工等工艺过程。对其工艺的技术评价指标主要有力学性能、最佳涂敷厚度和使用寿命等。

3）能耗与环保评价

废旧汽车的传统处理方法是将其做原料回炉冶炼、填埋或焚烧等，这不仅造成资源的极大浪费，还造成环境的严重污染。废旧汽车资源化则可以获得良好的资源和环境效益。例如，在废旧产品再制造中，零部件一般分为三种类型：第一，可再使用零部件；第二，可再制造零部件；第三，被新品替换的报废零部件。其中，第一种零部件基本上没有资源、能源消耗和污染排放；第二种零部件根据再制造过程中所采用的工艺不同，资源能源消耗和污染排放各不相同；第三种零部件的资源、能源消耗和污染排放与原始制造相同。

对整个零部件原始制造过程来讲，再制造投入的资源、能源和废弃物排放要少得多。再制造的资源、能源消耗和排放，主要取决于上述三种类型的零部件比例。因为被替换的新品零部件的资源环境特性同原始制造完全一样，所以应尽量扩大第一种零部件、第二种零部件的比例，减少第三种零部件的比例。

8.4.3 汽车再生资源利用效益分析

再生资源是有用的废弃物，具有利用价值。由于有限的自然资源面临枯竭，因此社会生产对再生资源存在着需求，各种再生资源已被纳入利用范围。由于再生资源中存在着一次资源开发与利用之后的物化劳动，而且含有的部分劳动并未完全消失。根据这种分析，再生资源的价值含量是由所含的各种一次资源价值和物化的劳动价值决定的，即

再生资源价值 = 一次资源价值 + 可利用的物化劳动价值

但是，在实际测算中，上式中的物化劳动价值一般难于估算，所以，试图通过求和方法测算再生资源的价值含量是不可能的。但由于废弃物是主产品在丧失其功能之后的产物，或者是主产品的生产加工过程中的副产品，它们的共同特征是供给量完全由主产品的供给量来确定，不存在单独的废弃物供给。这说明再生资源实际上是一种联产品，因此其价值可以间接的测算，常用的方法是价值节约法。价值节约法实质上就是再生资源的价值含量确定为在生产过程中，利用这种再生资源所能带来的资源物化所形成的价值节约量，包括物化劳动和资源的节约。

产品回收利用的总效益是指回收利用的总价值扣除回收总费用后所得到的效益，即

$$V_{total} = V_r - C_c = V_{re} + V_{rs} + V_m + V_e - C_{re} - C_{rs} - C_m - C_e - C_i - C_l$$

式中 V_{total}——回收利用的总效益；

V_r——回收利用的总价值；

C_c——回收利用的总费用；

V_{re}——再使用零部件的回收价值；

V_{rs}——再制造零部件的回收价值；

V_m——材料的回收价值；

V_e——能量的回收利用价值；

C_{re}——再使用零部件的回收费用；

C_{rs}——再制造零部件的费用；

C_m——材料的回收费用；

C_e——能量的回收利用费用；

C_i——焚烧处置费用；

C_l——填埋处置费用。

产品的回收效益率是指零部件的净回收效益与其本身所具有的回收利用总价值的比值，即

$$I = \frac{V_r - C_c}{V_r}$$

式中　I——产品的回收效益率。

本章小结

汽车产业已经成为我国现阶段国民经济的重要支柱产业。随着中国汽车产销的高速增长，汽车报废高潮马上来临，报废汽车的回收再生已逐步成为汽车产业链中的重要环节。

在我国，废旧汽车回收再生是一个新型产业，也是一个具有前景的行业。

报废汽车是指达到国家报废标准或者虽未达到国家报废标准，但发动机或者底盘严重损坏，经检验不符合国家机动车运行安全技术条件或者国家机动车污染物排放标准的机动车。

汽车回收是以生态学、经济学规律为理论基础，运用系统工程研究方法把汽车全生命周期作为研究对象，以资源高效利用和环境友好为特征的经济形态下的回收形式。

汽车再生资源是指对废旧汽车进行资源化处理后所获得的可以回收利用的物资。

根据参与汽车回收主体不同，汽车回收模式可分为四种，即汽车制造商直接回收处理模式、汽车销售商回收—制造商处理模式、汽车制造商联合体负责回收处理模式和第三方回收处理模式。

汽车拆解的业务内容主要有废旧汽车接收、废旧汽车存放、废旧汽车拆解、拆解物品存储和拆解车体压实。

废旧汽车资源化的基本方式可分为再使用、再制造、再利用及能量回收四种。

课外实践

参观某汽车公司的废旧汽车拆解线，在此基础上，任选某车型，在分析其具体结构的基础上，设计保险杠、仪表板、风窗玻璃和座椅的拆解方案。

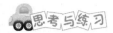思考与练习

一、术语解释

1. 报废汽车。
2. 汽车回收。
3. 汽车再生资源。
4. 汽车再生工程。
5. 废旧汽车资源化。

二、简答题

1. 根据参与汽车回收主体不同,汽车回收模式可分为哪几种?各有何特点?
2. 汽车拆解的主要工作内容有哪些?
3. 废旧汽车资源化有何方式?各具有什么特点?
4. 简述可再使用零部件的特点。
5. 废旧轮胎回收利用的途径有哪些?
6. 废旧汽车资源化技术评价包括哪几方面?如何评价?
7. 废旧汽车资源化回收利用效益如何分析?

第 9 章　汽车物流服务

本章主要介绍汽车物流与汽车物流实务；阐述汽车物流的概念及主要特征，汽车物流的类型及其基本内容；探讨汽车物流的发展现状及发展趋势。

教学要求

理解汽车物流的概念、汽车物流的类型；
理解汽车物流的模式、发展现状及存在的问题；
理解汽车物流的基本环节、汽车物流的活动、汽车物流的信息模式。

引入案例

安吉汽车物流有限公司成立于 2000 年 8 月，是一家为汽车及零部件制造企业提供服务的第三方物流公司。安吉汽车物流有限公司的历史沿革可以追溯至 1998 年 6 月，是当时上海汽车工业供销公司下属的长征储运经营部。经过 20 年的发展，公司成功实现了从企业内部物流到第三方物流的发展转型。安吉汽车物流有限公司是目前国内最大的汽车物流服务供应商，国家 5A 级物流企业，拥有船务、铁路、公路等 10 家专业化的轿车运输公司及遍布全国 50 家仓库及配送中心，仓储面积近 444 万平方米，年运输吞吐量超过 570 万辆商品车，全部实现了联网运营。安吉汽车物流的流程如图 9-1 所示。

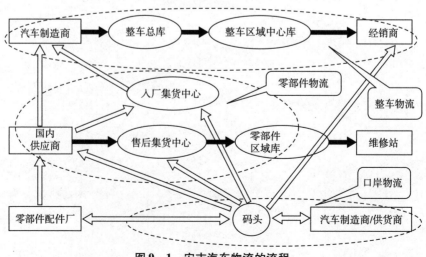

图 9-1　安吉汽车物流的流程

安吉汽车物流有限公司拥有整车物流、零部件物流和口岸物流三大业务板块，客户包括上汽大众汽车有限公司、上海通用汽车有限公司、上汽通用五菱股份有限公司、一汽丰田汽车有限公司、广汽丰田汽车有限公司、比亚迪股份有限公司等几乎国内所有汽车制造商。

9.1 汽车物流概述

"物流"一词，最初是日本经济界在20世纪50年代中期从美国的"Physical Distribution"一词演变来的。其原意是指"物流的分发"，日本译成"物的流通"，到了20世纪60年代中期，改称为"物流"。

20世纪80年代，美国物流管理协会对物流的定义几经修改，最终定义为："所谓物流，是指有计划地对原材料、半成品及成品由其生产地点到消费地点的高效流通活动。这种流通活动的内容包括为用户服务、需求预测、情报信息联络、物流搬运、订单处理、厂址及仓库地址选择、采购、包装、运输、装卸、废旧物资回收利用以及仓库管理。"

在我国，对物流概念的引入是在20世纪70年代末改革开放以后。20世纪80年代中后期，由于社会经济的迅速发展，对物流合理化的需求，我国实业界以及一些从事流通和生产制造研究的学者和专家开始对物流问题进行研究，进而把物流作为一门学科进行研究。在我国国家标准《物流术语》定义中，物流被定义为："物流是物品从供应地到接收地的实体流动过程中，根据实际需要，将运输、储存、装卸搬运、包装、配送、流通加工、信息处理（物流信息服务）等基本功能的有机结合。"

9.1.1 汽车物流的概念与类型

汽车物流是指汽车供应链上原材料、零部件、整车以及售后配件在各个环节之间的实体流动过程，它沟通原材料供应商、生产商、批发商、零售商、物流公司以及最终用户，是集现代运输、仓储、保管、搬运、包装、产品流通及物流信息于一体的综合管理。广义的汽车物流还包括废旧汽车的回收环节。汽车物流在汽车产业链中起到桥梁和纽带的作用，是实现汽车产业价值流顺畅流动的根本保障。

汽车物流是物流领域重要的组成部分，具有其他物流种类所不同的特点，是一种复杂程度极高的物流活动。随着我国汽车工业的飞速发展，在成本控制变得越来越重要的今天，汽车物流的成本控制也日益成为人们关注的焦点，通过资源整合来降低物流成本已经成为汽车企业所必须面对和亟待解决的问题。

按照汽车产业供应链的流程，汽车物流可以分为汽车生产供应物流、汽车生产物流、汽车销售物流、零部件供应物流和汽车回收物流五种。

汽车生产供应物流是指汽车生产企业购入原材料、零部件的物流过程；汽车生产物流主要发生在企业内部，即从仓库入口到生产线消耗点，再到成品车库入口前的物流；汽车销售物流是指汽车生产企业为保证自身经营效益，伴随不断的销售活动，把产品所有权转移给用户的物质活动，即从汽车的生产者到消费者之间的物流；零部件供应物流是以汽车零部件供应商或者汽车生产企业为起点，以汽车零部件流通为主（如零部件的调配更换、返厂等），以客户（汽车修配企业）为终点的物质活动；汽车回收物流是指对生产及流通过程中的废旧汽车或零部件进行回收利用时所产生的物质活动。其中，汽车整车及其零部件的物流配送业是各个环节必须衔接的、十分平滑的高技术行业，是国际物流业公认的最复杂、最具专业性的领域，其专业性和复杂性特别体现在汽车零部件向汽车生产商的发送上。

9.1.2 汽车物流的配送模式与特点

汽车物流的核心在于配送，汽车物流的配送模式主要有自营物流模式、第三方物流模式和过渡型物流模式三种。

1. 自营物流模式

自营物流模式又称自营物流配送模式或第一方物流，是指汽车制造企业依靠自身的力量，结合自身的经营特点，建立适合自身的物流体系，从汽车产品原材料、零部件、辅助材料等物质的购进，到汽车产品的生产、储运、包装和销售等物流活动全部由企业自身来完成。制造企业既是生产活动的组织者、实施操作者，又是企业物流活动的组织者与实施者。在这种模式下，企业拥有完整的物流设施和人员配备，隶属于企业的销售部门。这种自营物流模式对企业的运作水平要求较高，要求企业对物流、商品流和信息流进行有效的整合管理，才能充分发挥自营物流优势。采用这种模式的企业通常需要一定的规模要求。

2. 第三方物流模式

第三方物流模式又称3PL，为市场配送模式，生产企业为集中搞好主业，把原隶属于自己处理的物流活动以合同方式委托给专业的物流服务企业（即第三方）进行，同时通过信息系统与物流企业保持密切联系，以达到对物流全程的管理和控制物流活动方式。根据第三方服务对象多少，这种模式又分为两种：公用配送和合同配送。公用配送第三方面向的对象为所有企业，而合同配送第三方根据通过签订合同只为一个或几个特定对象服务。

3. 过渡型物流模式

过渡型物流模式是企业逐渐引入第三方物流模式的一种过渡型模式，是指企业在原有的物流职能或物流部门的基础上成立独立的物流公司，该物流公司具有独立的企业法人资格和经营自主权，并且自负盈亏，业务上以满足原制造企业的服务需求为主，有富余能力的情况下，可以承担社会上其他企业的物流业务，并随着业务运作专业化程度的加深以及业务范围的扩大，逐渐转变为完全社会化的第三方物流企业。

9.1.3 汽车物流的现状与发展趋势

1. 汽车物流的现状

汽车产业的快速发展需要高效、合理和现代化的物流系统，由于历史的原因和体制上的问题，同西方发达国家的高效汽车物流系统相比，我国汽车物流尚处于起步和发展阶段，整体水平相差较大。从我国汽车物流所提供的服务功能看，运输、仓储等传统业务所占的比例较大，物流服务收益的85%来自这些基础性服务。我国汽车物流业主要存下以下几方面的问题。

1）**技术支撑不够**

我国目前许多汽车物流企业的信息系统还很不完善，物流设施、设备的现代化水平较低，物流作业效率不高，整体技术水平落后于西方发达国家，没有为配送发展构筑强大技术支撑；由于汽车物流业起步晚、发展快，行业标准的制定相对滞后，物流企业管理、服务规范及运输工具均未形成统一的标准。另外，汽车物流供应链管理中，尚未实现贯穿始终的信息条码系统，各个供应链上的物流信息采集成本高、实时性低、系统性差，因此汽车物流标准还有待统一。

2）**存在管理瓶颈**

我国物流配送在管理人才上严重缺乏现代物流配送管理专业人才；在管理手段上，存在着手工操作、经验决策；在管理资源上存在着不合理配置；在管理体制上存在着行业分割、部门分割、市场分割等问题。这些管理瓶颈将制约汽车物流配送中心的创新与发展。

3）**第三方汽车物流发展缓慢**

近年来，第三方物流在我国得到迅猛发展，规模也不断扩大，国内也有不少从事这方面业务的大公司，但针对汽车制造企业提供服务的公司规模还很小，而且缺乏运作资金和管理经验，使得汽车制造企业对于第三方物流公司的服务疑虑重重。把业务外包给第三方物流公司存在以下弊端：业务外包不但成本难以降低，而且可能对企业经营造成障碍，无法提升企业价值链、优化企业业务流程；外包业务后可能使企业生产经营在一定程度上依赖于第三方物流公司，对企业本身生产经营构成威胁，损害企业的核心竞争力；外包业务还可能造成核心要素泄露。总之，诸多因素造成第三方汽车物流企业发展缓慢。

虽然我国汽车物流业面对诸多问题，但随着我国汽车制造业的发展和繁荣，汽车物流业必将得到快速发展。

2. 汽车物流的发展趋势

1）**汽车物流中的第三方物流迅速崛起**

现代化生产突出的是专业化分工和协作，每个企业只做自己最擅长的事，发挥自己的核心优势，争取实现最大的附加值。汽车产业的未来发展趋势必将是加强专业化分工和协作，零部件生产功能和物流配送功能都将从制造业中剥离出来，把物流管理的部分功能委托给第三方物流系统管理，以降低成本、减少投资，从而将有限的资源集中配置到企业的核心业务上，以促进汽车新产品开发与产品质量提高。第三方物流配送模式将会得到迅速发展，成为未来的主导型物流模式。

2）**构建高水平的汽车物流信息系统**

未来，我国的汽车制造企业也必将走向全球化，企业的资源、生产、销售将分布在全球市场上，市场的瞬息万变要求企业提高快速反应的能力，使汽车物流信息化、网络化成为企业实现其物流管理一个必不可少的条件。企业物流系统增强了物流信息的透明度和共享性，使企业与上下游节点形成紧密的物流联盟。汽车制造企业通过数字化平台及时获取并处理各种信息，提高对客户需求的反应速度。汽车制造企业在信息系统的规划中确定物流系统对信息系统的个性化要求，建立高效的网络信息交换系统。

（1）借助先进的信息技术，建立供应链管理运行的支持系统和平台，通过信息共享和集成来减小协调过程中的不确定性，对整个物流渠道的产品、服务和信息实行管理，以获得最大的运行效率和效益。

（2）利用计算机网络技术全面规划汽车供应链中的物流、商流、信息流和资金流，构建电子商务采购和销售平台。

（3）通过应用条码技术、EDI 技术、电子订货系统、POS 数据读取系统等信息技术，做到供应链成员能够及时有效地获取需求信息并及时响应，以满足客户的需求。

（4）汽车制造相关企业各种资源的计划与控制通过信息系统集成，形成企业内外部各业务系统间通畅的信息流，并通过采购与上游供应商连接，通过客户关系管理（CRM）与下游分销商和客户连接，促进整个供应链物流渠道的畅通，提高整个供应链的效率。

3. 强化零部件供应链管理，整合资源

供应链管理是一种集成的管理思想和方法，是对供应链中的物流、资金流、信息流、业务流等进行的计划、组织、协调、控制的一体化管理过程。供应链管理的基本概念是建立在合作竞争信念之上的，它能够通过共享信息和共同计划提高整个物流系统的效率，使物流渠道从一个松散连接着的独立企业的群体，变为一种致力于提高效率和增加竞争力的合作联盟。供应链管理主要通过控制和协调供应链节点企业的行为方式来达到降低系统成本、提高产品质量、改善服务水平等目的，从而全面提高整个供应链系统的综合竞争力。

供应链管理要求汽车企业对整个供应链流程进行整合，通过汽车物流的功能整合、过程整合和资源整合来全面整合汽车供应链。汽车企业物流是以汽车制造商为中心，即以产品的生产制造和市场营销为主线，以相关信息流来协助供应商和客户行为的协作型竞争体系或市场竞争共同体，体现了汽车企业与顾客和供应商相联系的能力。汽车企业通过与物流公司、供应商、经销商建立战略伙伴关系，实现了从原材料采购到产品完成整个过程的各种资源计划与控制，实质性降低供应链成本。

9.2 汽车物流实务

9.2.1 汽车物流的基本环节

从构成物流链的基本环节看，汽车物流和其他物流一样，主要包括以下几个环节。

1. 运输

运输是物流业务的中心活动。运输过程不改变物质资料或产品的实物形态，也不增加其数量，物流部门通过运输来解决物质资料或产品在生产地点和消费地点之间的空间距离转移问题。在汽车物流活动中，运输就是一个将汽车零部件、配件、整车从供应地向需求地转移的过程，是汽车物流活动的核心业务。

2. 存储

存储是物流活动的一项重要业务，是物流的重要职能，与运输构成了物流的两大支柱。汽车的存储是指汽车产品离开生产领域但尚未进入消费领域之前，在汽车销售渠道流通过程中的合理停留。它把采购、生产、销售等企业经营的各个环节有效地衔接起来，起到桥梁的作用。

3. 装卸搬运

装卸搬运是各项物流过程中不可缺少的一项业务活动，装卸搬运活动的内容包括物品的装上和卸下、搬运、分类等作业。装卸搬运本身不产生价值，但在流通过程中，装卸搬运工作做得好坏对能否有效保护货物的使用价值及物流费用大小有很大的影响。装卸搬运过程中采用机械化、电子化和自动化作业可以大大加快货物的中转及流通速度。

4. 包装

包装是保证整个物流系统流程顺畅的重要环节之一。包装是包装货物和包装操作的总称，是物品在运输、保管、交易、使用时，为了保持物品的价值、形状而使用适当材料的容器进行保管的技术和被保护的状态。根据包装在商品流通中的作用不同，可以分为销售包装和运输包装。总体上讲，包装要起到保护产品、方便使用、便于运输、促进销售的作用，但需要降低包装成本。

5. 配送

配送是物流的一种特殊、综合的活动形式，是面向区域内进行的多品种、短距离、高频率的商品送达服务。配送是集包装、装卸运输、保管、运输于一体，并通过这些活动完成将物品送达的目的。汽车物流的核心在于配送，汽车物流配送的主要模式有市场配送模式、合作配送模式和自营配送模式。

6. 流通加工

汽车物流的流通加工是指汽车零部件、配件或整车从供应者到生产者或者从生产者到消费者之间的移动过程中，为保证产品质量、促进产品销售而实现物流高效化，从而对物品进行的有关加工作业。

7. 物流信息服务

汽车物流信息服务是指通过建立物流信息网或者利用公共信息网、企业内联网，有效地为客户提供有关物资的购、储、运、销一体化服务及其他有关的信息咨询服务，以沟通与协调各个部门相关企业、各物流环节的物流作业。物流信息服务是物流服务中的一个辅助系统，贯穿于物流各组成业务活动中。

9.2.2 汽车物流的活动

汽车物流的活动是指汽车物流功能的实施与管理过程。汽车物流活动由汽车零部件、配件或整车的包装、装卸搬运、运输、存储、流通加工、配送、信息处理等项工作构成，通常这些构成也常被称为汽车物流活动的基本环节或基本职能。汽车物流活动本身一般不创造产品价值，只创造附加价值。汽车物流是一个不可省略或者说不可跨越的过程，随着这个过程的发生，就会产生费用、时间、距离以及人力、资源、能源、环境等一系列问题。正确地对待这些问题、科学地解决这些问题，才能降低物流费用。

汽车企业物流活动的构成要素有六个，其中实现汽车零部件、配件或整车空间移动的运输以及时间移动的储存是两个中心要素，另外四个要素是因包装物流顺利进行而开展的包装、搬运、流通加工和信息处理。

汽车物流的管理就是通过物流管理组织对整个物流活动（如包装、流通加工、储存搬运、运输、配送等）进行的计划和控制工作。它是通过对物流的计划—实施—评价过程反复进行的，内容十分广泛。但是汽车物流管理的总原则却是唯一的，那就是汽车物流合理化。

汽车物流管理具有以下几个特点：
(1) 以实现客户满意为第一目标。
(2) 以企业整体最优为目的。
(3) 以信息为中心。
(4) 重效率更重效果。

9.2.3　汽车物流的信息模式

汽车物流信息是反映汽车物流各种活动内容的知识、资料、图像、数据、文件的总称。在汽车物流过程中，伴随着物流的进行，会产生大量反映物流过程的有关输入输出物流结构、流量与流向、库存动态、物流费用、市场情报等信息，并不断传输和反馈，形成物流信息。同时，应用计算机进行加工处理，获得实用的物流信息，有利于及时了解和掌握物流动态，协调各个物流环节，有效地组织好物流活动。

从构成要素上看，汽车物流信息技术作为现代信息技术的重要组成部分，本质上都属于信息技术范畴，只是因为信息技术应用于汽车物流领域而使其在表现形式和具体内容上存在一些特性，但其基本要素仍然同现代信息技术一样，可以分为以下四个模式。

1. 基础技术

基础技术即有关元件、器件的制造技术，它是整个信息技术的基础，如微电子技术、光子技术、光电子技术、分子电子技术和量子技术等。

2. 系统技术

系统技术即有关物流信息的获取、传输、处理、控制的设备和系统技术，是建立在信息基础技术之上的，是整个信息技术的核心。其内容主要包括物流信息获取技术、物流信息传输技术、物流信息处理技术和物流信息控制技术。

3. 应用技术

应用技术即基于管理信息系统技术、优化技术和计算机集成制造技术而设计的各种物流自动化设备和物流信息管理系统，如自动化分拣与传输设备、自动导引车、集装箱自动装卸设备、仓库管理系统、运输管理系统、配送优化系统、全球定位系统和地理信息系统等。

4. 安全技术

安全技术即确保物流信息安全的技术，主要包括密码技术、防火墙技术、病毒防治技术、身份鉴别技术、访问控制技术、备份与恢复技术和数据库安全技术。

9.2.4 汽车物流的信息管理

现代物流理论认为，物流服务的核心目标是在物流全过程中以最小的综合成本来满足顾客的需求，它具有及时化、信息化、自动化、智能化、服务化和网络化等特征。物流服务最主要的优势体现在依靠对物流信息的科学运筹和管理，通过系列化的、先进的物流技术支撑，实现及时化、信息化与智能化的物流服务操作与管理，集存储保管、集散转运、流通加工、商品配送、信息传递、代购代销、连带服务等功能于一体。因此，包括汽车企业在内的企业物流信息流程及信息处理系统，必须与现代物流服务工作相适应。

汽车物流信息系统实际上是汽车物流管理软件和信息网络技术相结合的产物，小到一个具体的物流管理软件，大到利用覆盖全球的互联网将所有相关合作伙伴、供应链成员连接在一起，提供物流信息服务的系统。汽车物流信息管理必须实现以下基本功能。

1. 需求管理功能

需求管理功能也称客户管理系统，其职能是收集客户需求信息、记录客户购买信息、进行销售分析与预测、管理销售价格和处理应收款及退款等。

2. 采购管理功能

采购管理功能主要是面对供货商的管理工作，包括向汽车零部件厂商发出订购信息和进货验收、供货商管理、采购决策、存货控制、采购价格管理、应付账款管理等信息管理。

3. 仓库管理功能

仓库管理功能即该系统对储存管理、进出货管理、机械设备管理、分拣处理、流通加工、出货配送管理、货物追踪管理、运输调度计划和分配计划等内容信息的处理，同时与客户管理系统建立连接。可以对所有包括不同地域、不同属性、不同规格、不同成本的仓库资源实现集中管理。

4. 财务管理功能

财务管理功能主要是对销售管理系统和采购管理系统所传送过来的应付、应收账进行会计操作，同时对配送中心的整个业务与资金进行平衡、测算和分析，编制各业务经营财务报表，并与银行金融系统联网进行转账。同时，结合成熟的财务管理理论，针对物流企业财务管理的特点，根据财务活动的历史资料进行财务决策，然后运用科学的技术手段、根据有关信息、特定的手段和方法进行财务预算、财务控制，并进行财务分析。

5. 配送管理功能

配送管理功能即以最大限度地降低物流成本、提高运作效率为目的，按照实时配送原则，在多购买商并存的环境中，通过在购买商和各自的供应商之间建立实时双向连接，构筑一条顺畅、高效的物流通道，为购买、供应双方提供高度集中的、功能完善的和不同模式的配送信息服务。

6. 物流分析功能

物流分析功能即通过应用地理信息系统技术与运筹决策模型来完善物流分析技术；通过建立各类物流运筹分析模型以实现对物流业务的互动分析，提供物流一体化运作的合理解决方案，以实现与网络伙伴的协同资源规划。

7. 决策支持系统功能

决策支持系统功能即根据获取的外部信息，结合内部各系统的业务信息，编制各种分析报告和建议报告，并提供分析图表与仿真结果报表，以供物流配送中心的高级管理人员作为决策依据。通过建立决策支持系统，及时地掌握商流、物流、资金流和信息流所产生的信息并加以科学利用，在数据仓库技术、运筹学模型基础上，通过数据挖掘工具对历史数据进行多角度、立体的分析，实现对企业人力、物力、财力、客户、市场、信息等各种资源的综合管理，为企业管理、客户管理、市场管理和资金管理等提供科学决策依据，从而提高管理层决策的准确性和合理性。

本章小结

本章主要介绍了汽车物流的概念和类型，汽车物流的模式与特点；介绍了汽车物流的发展现状、存在的问题并探讨了汽车物流未来的发展趋势；阐述了汽车物流的基本环节、汽车物流的活动、汽车物流的信息模式和汽车物流的信息管理。

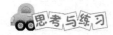

调查当地汽车物流的发展状况，并熟悉汽车物流的运行过程。

思考与练习

一、术语解释

1. 汽车物流。
2. 汽车物流活动。
3. 汽车物流信息。

二、简答题

1. 汽车物流的配送模式有哪些？各有什么特点？
2. 汽车物流的基本环节有哪些？
3. 汽车物流的信息模式有哪些？
4. 汽车物流的信息管理所要达到的基本功能有哪些？

第10章　其他汽车服务

本章知识点

本章主要介绍汽车驾驶培训、汽车租赁、汽车俱乐部、汽车广告与展览、汽车救援、汽车智能交通；阐述汽车驾驶执照及报考条件、考试内容和合格标准，汽车租赁的分类、流程，汽车俱乐部的分类及提供的服务，汽车广告策划的流程和汽车展览策划的流程，汽车救援的服务内容及发展，汽车智能交通的组成及发展概况。

教学要求

理解汽车驾驶培训、汽车租赁、汽车俱乐部、汽车广告与展览、汽车救援和汽车智能交通；

了解汽车救援体系建设存在的问题及解决办法和汽车智能交通的发展现状及趋势；

了解我国汽车租赁、汽车俱乐部、汽车救援和汽车智能交通与发达国家之间的差距。

引入案例

神州租车有限公司，简称神州租车，成立于2007年9月，总部位于中国北京。截至2015年年底，神州租车在国内74个主要城市设有738个服务网点，构建了覆盖全国各主要城市及旅游地区的服务网络，是目前中国最大的全国性大型连锁汽车租赁企业。

神州租车借鉴国际上成熟的汽车租赁模式，结合中国客户的消费习惯，为客户提供短租、长租及融资租赁等专业化的汽车租赁服务。公司开创性地提出专业化的24小时取还车服务和客户服务，树立了"免费上门送取车"的租车行业新服务标杆。同时，公司还向客户提供全国救援、异地还车等完善的配套服务。

秉持"Any One, Any Time, Any Car, Any Where"的服务理念，经过十几年的发展，神州租车获得了客户的一致认可和社会各界的广泛好评，获评"21世纪未来之星"企业、"中国潜力企业榜"企业、"最具增长潜力商业模式"，荣获中华网"年度最佳租车服务奖"、《商业评论》"管理行动奖"金奖、中国品牌节"品牌中国大奖最佳服务奖"、《时尚旅游》"中国旅游金榜"最佳租车公司奖。神州租车成为中国最具认知度的汽车租赁服务提供商，处于中国汽车租赁行业绝对的领导地位。

10.1　汽车驾驶培训服务

10.1.1　汽车驾驶执照

汽车驾驶执照分为三种，分别为中华人民共和国机动车驾驶证、中华人民共和国学习驾驶证和中华人民共和国临时驾驶证。

1. 中华人民共和国机动车驾驶证

中华人民共和国机动车驾驶证，简称正式驾驶证。正式驾驶证由证夹、正证、副证三部分组成。它是取得驾驶员资格的技术证明，凭此证可以在全国范围内驾驶准驾车型的民用机动车。

各类机动车辆的性能、结构不同，考试科目和要求也不一样，不同车型对驾驶员的驾驶技术、经验及应变能力等方面的要求也不同。为了保证交通安全，根据各种机动车辆的驾驶特点，车辆管理机关依据驾驶员考试的车型，经审查及考试合格后，在其持有的驾驶证中相应准驾车型记录栏内予以签章，即表示该驾驶员准许驾驶此类机动车辆，称之为准驾，并且用英文大写字母表示。准驾车型的代号及所代表的车型如表 10-1 所示。

表 10-1　准驾车型的代号及所代表的车型

准驾车型	代号	准驾的车辆	准予驾驶的其他准驾车型
大型客车	A1	大型载客汽车	A3、B1、B2、C1、C2、C3、C4、M
牵引车	A2	重型、中型全挂、半挂汽车列车	B1、B2、C1、C2、C3、C4、M
城市公交车	A3	荷载 10 人以上的城市公交车	C1、C2、C3、C4
中型客车	B1	中型载客汽车（含荷载 10 人以上 19 人以下的城市公交车）	C1、C2、C3、C4、M
大型货车	B2	重型、中型载货汽车；大、中、重型专项作业车	
小型汽车	C1	小型、微型载客汽车以及轻型、微型载货汽车；轻、小、微型专项作业车	C2、C3、C4
小型自动挡汽车	C2	小型、微型自动挡载客汽车以及轻型、微型自动挡载货汽车	
低速载货汽车	C3	低速载货汽车（原四轮农用运输车）	C4
三轮汽车	C4	三轮汽车（原三轮农用运输车）	
普通三轮摩托车	D	发动机排量大于 50 毫升或者最大设计车速大于 50 千米/小时的三轮摩托车	E、F

续表

准驾车型	代号	准驾的车辆	准予驾驶的其他准驾车型
普通两轮摩托车	E	发动机排量大于 50 毫升或者最大设计车速大于 50 千米/小时的两轮摩托车	F
轻便摩托车	F	发动机排量小于 50 毫升或者最大设计车速小于 50 千米/小时的摩托车	
轮式自行机械车	M	轮式自行机械车	
无轨电车	N	无轨电车	
有轨电车	P	有轨电车	

2. 中华人民共和国机动车学习驾驶证

中华人民共和国机动车学习驾驶证，简称学习驾驶证。学习驾驶证是学习驾驶机动车的证明，凭此证在教练员的随车指导下，可按规定学习驾驶机动车（不准单独驾驶车辆），学习驾驶证的有效期为 2 年。

3. 中华人民共和国机动车临时驾驶证

中华人民共和国机动车临时驾驶证，简称临时驾驶证。临时驾驶证的有效期不超过 1 年。

10.1.2　机动车驾驶证申请的基本条件

1. 年龄条件

（1）申请小型汽车、小型自动挡汽车、轻便摩托车准驾车型的年龄为 18 周岁以上、70 周岁以下。

（2）申请低速载货汽车、三轮汽车、普通三轮摩托车、普通两轮摩托车或者轮式自行机械车准驾车型的年龄为 18 周岁以上、60 周岁以下。

（3）申请城市公交车、中型客车、大型货车、无轨电车或者有轨电车准驾车型的年龄为 21 周岁以上、50 周岁以下。

（4）申请牵引车准驾车型的年龄为 24 周岁以上、50 周岁以下。

（5）申请大型客车准驾车型的年龄为 26 周岁以上、50 周岁以下。

2. 身体条件

1）身高

申请大型客车、牵引车、城市公交车、大型货车、无轨电车准驾车型的人员，身高应在 155 厘米以上；申请中型客车准驾车型的人员，身高为 150 厘米以上。

2）视力

申请大型客车、牵引车、城市公交车、大型货车、无轨电车或者有轨电车准驾车型的，两眼裸视力或者矫正视力达到对数视力表 5.0 以上；申请其他准驾车型的，两眼裸视力或者矫正视力达到对数视力表 4.9 以上。

3）辨色力

无红绿色盲。

4）听力

两耳分别距音叉 50 厘米能辨别声源方向。

5）上肢

双手拇指健全，每只手其他手指必须有三指健全；肢体和手指运动功能正常。

6）下肢

下肢运动功能正常。申请驾驶手动挡汽车，下肢不等长度不得大于 5 厘米。申请驾驶自动挡汽车，右下肢应当健全。

7）躯干、颈部

躯干、颈部无运动功能障碍。

10.1.3 申请报考机动车驾驶证的注意事项

（1）申请报考人员应交验身份证（居民身份证或护照），暂住人员还应交验暂住证，境外人员还应交居留证。

（2）进行身体条件检查时，应交 2 寸正面免冠彩照两张。

（3）填写机动车驾驶人员申请表时，应交 1 寸近期彩照 6 张及身份证复印件 1 份。

（4）若报考人员原先已持有驾驶其他类别机动车辆的驾驶执照，应将所持有的驾驶执照复印 1 份一同上交。

（5）申请增加准驾车型的，应当在所持机动车驾驶证核发地提出申请。

10.1.4 汽车驾驶培训的流程

报考汽车驾驶执照的基本流程如图 10-1 所示。

10.1.5 汽车驾驶培训的内容

汽车驾驶培训的内容为报考申请机动车驾驶证的考试科目内容，划分为科目一：道路交通安全法规与相关知识；科目二：场地驾驶；科目三：道路驾驶。

1. 科目一的考试内容与合格标准

（1）道路交通安全法律、法规和规章。

（2）交通信号及其含义。

（3）安全行车、文明驾驶知识。

（4）高速公路、山区道路、桥梁、隧道、夜间、恶劣气象和复杂道路条件下的安全驾驶知识。

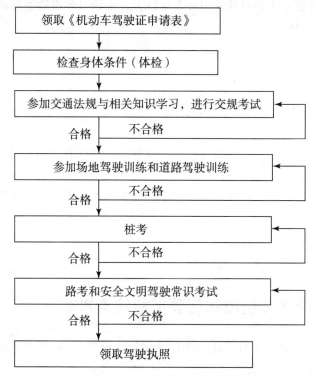

图 10-1 报考汽车驾驶执照的基本流程

（5）出现爆胎、转向失控、制动失灵等紧急情况时的临危处置知识。

（6）机动车总体构造、主要安全装置常识、日常检查和维护基本知识。

（7）发生交通事故后的自救、急救等基本知识，以及常见危险物品知识。

合格标准：满分为100分，成绩达到90分为合格。

2. 科目二的考试内容与合格标准

1）基本考试项目

桩考、坡道定点停车和起步、侧方停车、通过单边桥、曲线行驶、直角转弯、限速通过限宽门、通过连续障碍、百米加减挡、起伏路行驶。

大型客车、牵引车、城市公交车、中型客车、大型货车准驾车型考试项目不少于六项。大型客车、城市公交车必考项目：桩考、坡道定点停车和起步、直角转弯、通过单边桥、通过连续障碍；牵引车准驾车型必考项目：桩考、坡道定点停车和起步、曲线行驶、直角转弯、限速通过限宽门；中型客车、大型货车准驾车型必考项目：桩考、坡道定点停车和起步、侧方停车、通过单边桥、通过连续障碍。其他考试项目随机选择。

小型汽车、小型自动挡汽车、残疾人专用小型自动挡载客汽车、低速载货汽车、普通三轮摩托车、普通两轮摩托车准驾车型考试项目不得少于四项。小型汽车、低速载货汽车、残疾人专用小型自动挡载客汽车，必考项目：桩考、坡道定点停车和起步、侧方停车；小型自动挡汽车必考项目：桩考、侧方停车；普通三轮摩托车、普通两轮摩托车准驾车型必考项目：桩考、坡道定点停车和起步、通过单边桥。其他准驾车型考试项目由省级公关机关交通管理部门确定。

科目二考试应当先进行桩考。桩考未出现扣分情形的，补考或者重新预约考试时可以不再进行桩考。

其他准驾车型的考试项目，由省级公安机关交通管理部门确定。

2）合格标准

满分为 100 分，设定不合格、减 20 分、减 10 分、减 5 分的项目评判标准。符合下列规定的，考试合格。

（1）报考大型客车、牵引车、城市公交车、中型客车、大型货车准驾车型的，成绩达到 90 分。

（2）报考其他准驾车型的，成绩达到 80 分。

3. 科目三的考试内容与合格标准

1）考试内容

（1）在道路上驾驶机动车完成考试项目的情况。

（2）遵守交通法律、法规的情况。

（3）综合控制机动车的能力。

（4）正确使用灯光、喇叭、安全带等装置的情况。

（5）正确观察、判断道路交通情况的能力。

（6）安全驾驶行为、文明驾驶意识。

基本考试项目包括上车准备、起步、直线行驶、变更车道、通过路口、靠边停车、通过人行横道线、通过学校区域、通过公共汽车站、会车、超车、掉头、夜间行驶。

大型客车、牵引车、城市公交车、中型客车、大型货车、牵引车、小型汽车、小型自动挡汽车、残疾人专用小型自动挡载客汽车、低速载货汽车准驾车型考试项目不得少于 10 项，必考项目：上车准备、起步、直线行驶、变更车道、通过路口、靠边停车。其中，大型客车、牵引车、城市公交车、中型客车、大型货车准驾车型还应当进行夜间或者低能见度情况下的考试；其他汽车准驾车型还应当抽取不少于 20% 进行夜间或者低能见度情况下的考试。

省级公安机关交通管理部门可以根据各地实际情况增加汽车准驾车型的考试项目，确定其他准驾车型的考试项目。

2）合格标准

满分为 100 分，设定不合格、减 20 分、减 10 分、减 5 分的项目评判标准。符合下列规定的，考试合格。

（1）报考大型客车、牵引车、城市公交车、中型客车、大型货车准驾车型的，成绩达到 90 分。

（2）报考其他准驾车型的，成绩达到 80 分。

4. 安全文明驾驶常识考试内容及合格标准

1）考试内容

根据所考的驾照类型从相应的安全文明驾驶常识考试题库中按比例抽取 50 道题进行答题，小车类驾照从 800 道题中抽取，大车类驾照从 1 023 道题中抽取，每题 2 分；考试时间为 30 分钟，答题过程中答错 12 分（6 道题）终止本场考试；考试题分单选题（包括对错题）、多选题，前 45 题为单选题，后 5 题为多选题；考试题目包括图片题、情景知识题和文字描述题。

2）合格标准

90 分及 90 分以上为合格。

10.2　汽车租赁服务

在经济发达的国家，汽车租赁服务行业已经成长成一个规模宏大、管理成熟、年营业额达数千亿美元的独立产业。随着我国经济的持续发展和人民生活水平的不断提高，以及共享经济的方兴未艾，人们对方便快捷的出行方式的需求越来越强烈，汽车租赁服务业必将有着巨大的发展潜力和美好的前景。

10.2.1　汽车租赁的定义与分类

1. 汽车租赁的定义

汽车租赁是指在约定的时间内，汽车租赁经营人将租赁汽车交付给承租人使用，收取租赁费用但不提供驾驶劳务的经营方式。汽车租赁的基础是汽车产权和使用权的分离，核心思想是资源的共享服务。

2. 汽车租赁的分类

1）按租赁期长短分类

按租赁期长短可以把汽车租赁划分为长期租赁和短期租赁。

（1）长期租赁。长期租赁是指租赁企业与用户签订长期（一般以年计算）租赁合同，按照长期租赁期间发生的费用（通常包括车辆价格、维修维护费、各种税费开支、保险及利息等）扣除预计剩存价值后，按合同月数平均收取租赁费用，并提供汽车税费、保险、维修及配件等综合服务的租赁形式。

（2）短期租赁。短期租赁是指租赁企业根据用户要求签订租赁合同，为用户提供短期（一般以小时、日、月计算）内的用车服务，收取短期租赁费，解决用户在租赁期间各项服务要求的租赁形式。在实际租赁经营中，一般 15 天以下为短期租赁，15～90 天为中期租赁，90 天以上为长期租赁。

2）按经营项目分类

按经营项目可以把汽车租赁划分为融资租赁和经营性租赁。

（1）融资租赁。融资租赁是指承租人以取得汽车所有权为目的，却不承担所有权的一切风险的租赁行为。租赁经营者以租赁的形式实现标的物所有权的转移，它的实质是一种具有"边租边卖"性质的销售业务，在一定程度上带有融资服务的特点。

（2）经营性租赁。经营性租赁是指承租人与租赁经营者通过签订各种形式的付费合同来取得汽车使用权的租赁行为。租赁经营者则通过提供车辆功能、税费、保险、维修、配件等服务来实现投资收益。

10.2.2　汽车租赁的经营模式

汽车租赁经营模式主要有特许连锁经营模式、会员制模式、汽车租赁企业与汽车生产厂密切合作模式和多元化经营模式。

1. 特许连锁经营模式

特许连锁经营模式是指著名的汽车租赁公司以统一的服务标准、统一的公司名称，在其他不熟悉的国家（或地区）寻找具有一定能力的合作伙伴，在较短的时间内，用少量的投入广泛开展业务，形成区域性的、规模化的经营网络。

2. 会员制模式

汽车租赁公司出面组织成立俱乐部，广泛征求吸收客户加入俱乐部成为会员，会员可以享受优惠和满意的服务，还可以享受由于消费积累而给与的奖励，以吸引、固定更多的客户加入，扩大经营业务。

3. 汽车租赁企业与汽车生产厂密切合作模式

国际知名的汽车租赁公司一般都会与知名的汽车生产厂密切合作。当租赁公司的车辆使用到一定时间后，由专门部门按标准进行整修，然后由厂家检验、收回、翻新后再投入租赁市场。这样在经济上对汽车租赁企业更有利，在提高汽车生产厂的知名度和市场占有率上更有利，密切合作对双方的共同发展都有促进作用。

4. 多元化经营模式

对于经营性租赁企业，同时开展融资性租赁，还可以开展二手车销售、车辆保险等与之相关的多种业务，这样可以起到相辅相成的链式作用。特别是二手车销售业务的开展，可以消化租赁业淘汰的旧车，从而有效地扩展了车辆更新的空间和速度。

10.2.3　汽车租赁的业务流程

为了提高汽车租赁这种服务产品质量，控制企业运营风险，汽车租赁企业应制定和实施合理、严格的业务流程。其具体的业务流程涉及租车、还车和实施救援三个方面。

1. 租车

客户到达汽车租赁站点后，应由业务人员负责接洽，简要介绍租赁业务情况，解答客户提出的有关价格、车辆使用限制、信用担保、交还车程序等方面的疑问；根据客户租车的目的、用途、所需车型、所用时间等具体情况为客户制定租赁方案，尽可能地满足客户需求。

通过接洽达成意向后，业务员应按照公司有关制度仔细查验客户所提供的证件、证明

（包括各项身份证明、承租方驾驶证等）。经严格确认、留存复印件和必要的抵押后，与客户签订正式汽车租赁合同。之后，业务人员应陪同客户到财务部缴纳押金、预付租金；到车管部门交接所需车辆并会同客户一起试车、验车，客户试车满意后，双方共同在租赁车辆交接单上登录验车情况，并签字确认，直到客户驾车离站。

在此过程中，业务人员应始终具备较强的风险防范意识，一旦出现难以确认的情况或用户提出超出公司控制条件的要求时，应及时上报主管领导，进行慎重的个案处理。另外，对于长期租赁的客户，业务人员应定期与客户保持联系，了解车辆使用状况，提醒客户定期回公司对租赁车辆进行维护和保养，以确保车辆的安全、车况良好，以延长车辆的使用寿命。

2. 还车

当客户到租赁公司交还承租车辆时，业务人员应给予客户主动热情的接待，和客户一起迅速查验汽车租赁合同、车辆交接单等相关单据及其租车时所用证件、证明，会同车管部门对照车辆交接单对车主交还的车辆进行现场勘验；验车结果经车管部门和承租方共同确认后，双方签字验收。然后，由业务人员引导客户至财务部门进行账务结算（若有车损情况，双方应相互协商，由技术部门出具合理赔偿单据，承租方依据单据缴纳赔偿金后，方可进行账务结算），财务部门出具结算证明，还车手续结束，汽车租赁合同终止。

3. 实施救援

当收到客户要求救援的信息后，业务人员首先应及时建立与客户的现实联系，询问客户所在的具体地点、联系方式、车辆状况、车损程度、是否需要替换车辆等情况；然后通知车管、技术部门安排救援（包括救援车辆、替换车辆的派遣，随车修理工具、通信工具的准备或准备拖车），并及时提醒或协助客户向公安交管部门和保险公司报案，会同本公司自己的车管人员迅速赶赴现场；到达事故现场后，应仔细进行检查，与客户和公安交管部门一起确认事故原因、责任方及车辆损坏程度，协助保险公司进行定损，双方在救援单据上记录情况并签字确认；最后由工作人员进行维修及必要的车辆替换并跟踪办理保险理赔手续。

10.3 汽车俱乐部服务

随着我国经济的发展以及人们生活水平的提高，人们对包括汽车在内的大件耐用消费品需求不断增加，这不仅推动了汽车的生产，也推动了汽车售后服务市场的发展。为了满足车主不断膨胀的服务需求，汽车俱乐部应运而生，并迅猛发展壮大。

在汽车俱乐部里，会员们一起切磋驾驶技术、交流爱车心得、结伴驾车出行、讨论修理技术、寻觅配品备件、互相救助救援；同时有些俱乐部还向车主提供包括汽车的日常保养、维修、年检、故障、事故处理等服务，有的甚至提供汽车金融、保险和租赁等服务。

10.3.1　汽车俱乐部的类型

目前，国内的汽车俱乐部很多，俱乐部组织者也各不相同，有汽车生产厂家组织成立的，有汽车销售商组织成立的，也有社会团体组织成立的，还有汽车发烧友或大学生们组织成立的。随着汽车俱乐部服务专业化程度越来越高，俱乐部主要发展形成了四大类汽车俱乐部。

1. 汽车爱好者俱乐部

汽车爱好者俱乐部是由具有相同爱好的车主组织起来的俱乐部，如老爷车俱乐部、越野车俱乐部、改装车俱乐部等。

2. 汽车品牌俱乐部

汽车品牌俱乐部主要由拥有同一品牌汽车的车主组织起来的汽车俱乐部，如克莱斯勒俱乐部、路虎俱乐部等。

3. 汽车救援俱乐部

汽车救援俱乐部主要是为车主提供各种及时救援服务，著名的有国际旅游联盟（Alliance International de Tourisme，AIT）、美国汽车协会（American Automobile Association，AAA）等。

4. 其他汽车俱乐部

如开展汽车租赁为主的租赁型俱乐部，以提供保险、金融服务为主的俱乐部等。

10.3.2　汽车俱乐部的服务项目

汽车俱乐部大致可分以下几种类型：救援型、租赁型、汽车文化型、企业型、汽车品牌型和综合型。由于有着庞大的汽车服务需求市场基础，所以汽车俱乐部的服务多种多样。汽车俱乐部的主要服务项目有以下几种。

1. 汽车救援

汽车救援是俱乐部的一个服务项目。汽车救援保证在承诺时间内到达，做到急修"手到病除"，大修免费拖至特约维修站，并为会员提供备用车、备用油。如果因发生事故而要求救援，则还将协助车主报警。由于它收费低，反应速度快，救援质量好，得到了很高的评价。

2. 金融服务

金融服务在国外的汽车俱乐部中是很大的一部分业务，包括从信用卡开始到汽车贷款等很多服务。国外的许多服务都是借助信用卡实现的，如异地租车。在中国，虽然有信用卡，却缺少信用体制，这就使租车手续非常麻烦，需带户口本、押金等。联名信用卡最大的特点就是把汽车服务包括进去，有了这张信用卡，租车行就不用担心租车客户不付钱的问题，如果持卡人不向银行付钱，那么俱乐部会采取一系列追索办法，化解风险。

3. 车辆保险

在车辆出险后，向保险公司索赔是一件比较耗费精力的事情。但如果你是这类俱乐部的会员，就可以放心地把理赔的烦琐手续留给俱乐部去忙自己的事情，而且会先期得到由俱乐部垫付的车辆保险理赔款。

4. 维修保养

为了维修出险车、故障车，有些俱乐部拥有自己的维修、配件、美容服务网络，这些服务网点在服务质量和工期上均接受俱乐部的严格审查，配件费用和工时费用由俱乐部严格监督。会员可在这个网络里享受相当程度的打折优惠，而且出现问题后，会员也是投诉俱乐部而非修理厂。

5. 展销咨询

咨询是为消费者购车充当"参谋"。一些汽车俱乐部举办诸如"双休日家用轿车展销及免费咨询活动"，活动期间，工作人员向用户免费发放各种宣传材料，介绍各种家用轿车的技术参数和性能；同时免费提供售车咨询及汽车维修咨询服务。

6. 汽车旅游

一些汽车俱乐部创造性地提出了"汽车旅游"的新概念，为汽车旅行提供各种条件。

7. 赛事运动

从1995年卡丁车运动传入我国到今天，我国已经先后成立了一批卡丁车俱乐部。但由于卡丁车大部分为国外进口，成本高，各项费用昂贵，故限制了卡丁车运动的普及。随着我国经济的发展和消费水平的提高，卡丁车运动必将像台球、保龄球运动一样，成为一项全民健身的运动项目。

8. 连锁租赁

连锁租赁是汽车俱乐部推出的重要举措。例如，一家汽车俱乐部通过互联网技术，打破区域界线，实现"一地入会，各地驾车"。租车时不需要押金，不必办理烦琐的租车还车手续，可以在各地租车、驾车和还车。

总之，汽车俱乐部的服务项目包含着会员的汽车从购买到报废的全过程、全方位的服务，会员车辆的更新手续、年检、保养、装饰、维修、救援、理赔以及为会员提供应急车辆也都是俱乐部的基本服务项目。

10.4 汽车广告与展览服务

10.4.1 汽车广告服务

汽车文化对广告的发展起着不可估量的作用。日本丰田车的经典广告语"车到山前必有路,有路必有丰田车"影响了中国人十几年。现在,汽车广告已经非常普遍。各式各样的广告充斥着电视、网路、广播、杂志,甚至公共汽车的里里外外,特别是当举办体育比赛、商贸洽谈会、文化节、艺术节、博览会时,汽车广告更是无所不在。一些商家还将专用运输车和售后服务车作为流动广告牌走街串巷。投资大、冲击力强、视觉效果显著的汽车广告已经成为各种广告中必不可少的一部分。随着以电动汽车为主的新能源汽车发展和人们对环境保护的更加重视,汽车行业的竞争更加激烈,各大汽车公司兼并联合实施全球营销战略,使众多的知名品牌涌入世界各地,给综合了视觉、听觉、平面、立体等各类效果的广告和整个广告创造行业创造了更多的契机,在全球范围内掀起了新一轮的汽车广告投入热潮。

1. 汽车广告类型

汽车广告的种类繁多,通常有报纸广告、杂志广告、广播广告、电视广告、路牌广告、电影广告、电话广告、邮递广告、霓虹灯广告、网络广告、车上广告、手机广告等。不同媒体类型的汽车广告受众和达到的效果、目标不同:有的媒体的汽车广告侧重于推销汽车或者车用零配件;有的媒体的汽车广告主要宣传汽车行车安全知识;有的媒体的汽车广告旨在拓展出租业务。虽然不同媒体的主要目的不同,但都在不同程度上增加了人们对汽车的了解和认识,引起了人们对汽车的兴趣和热情。

2. 汽车广告策划的过程

汽车广告策划的过程一般可分为汽车广告调查和市场分析、确定汽车广告目标、制定汽车广告策略、选择汽车广告媒体、确定汽车广告预算、实施汽车广告以及汽车广告的效果预测和监控。

1)**汽车广告调查和市场分析**

首先,掌握汽车销售企业内部和外部资料,明确汽车销售企业整体营销对汽车广告提出的要求,确定汽车广告在整个营销体系的位置;其次,了解和研究广告的车型和服务,掌握其特有的个性。

2)**确定汽车广告目标**

首先,根据汽车广告调查和市场分析提出汽车广告应在本计划期内达到的目标;其次,由汽车销售企业最高决策层会同营销部门负责人一起确定汽车广告目标;最后,确定汽车广告目标中的重要内容。

3)**制定汽车广告策略**

汽车广告策略是汽车销售企业为实现汽车广告战略目标而采取的对策与方法,是保证实现汽车广告目标的一种谋略思想。汽车广告策略包括汽车广告定位、汽车广告创意、汽车广告文案等内容。

4）选择汽车广告媒体

根据不同媒体的特点以及汽车广告将要设定达到的特定受众，选择合适的汽车广告媒体或媒体组合。

5）确定汽车广告预算

汽车广告目标确定后，汽车广告预算的确定成了汽车销售企业的重要工作。它要求汽车企业营销部门、财务部门一起确定汽车广告预算投资，进而对汽车广告费进行具体的预算分配。

6）实施汽车广告

选择合适的汽车广告媒体、汽车广告方式、汽车广告的范围及汽车广告时机，把汽车广告的主题和汽车广告创意付诸实施，以期取得理想的效果，从而达到汽车广告的目标。

7）汽车广告的效果预测和监控

在整个汽车广告策划和实施过程中，应及时地进行信息反馈，经常对汽车广告效果进行科学准确的分析，以调整和修正汽车广告策划。

10.4.2 汽车展览服务

汽车展览不仅是汽车企业家、汽车专家及有关人士的表演舞台，还散发着浓浓的汽车文化气息。每当举行汽车展览时，观众一进入汽车展厅，就会感到这种文化气息。展厅内对各种汽车知识的讲解，吸引着万千观众。

汽车展览还经常召开多种形式的研讨会，研讨汽车技术、汽车创新、汽车安全、汽车与环境保护问题，为汽车行业的发展、大众的汽车消费开拓美好未来。汽车展览给消费者带来了更多的概念车、新车型、汽车展会风格和文化氛围，让人们感受到世界汽车工业跳动的脉搏。

1. 汽车展览策划的过程

汽车展览策划的过程包括展览会时间及地点的确定、展览会内容的确定、展览会工作人员及责任的确定、展览会费用预算的确定、公关活动的安排以及做好展览会的效果测定等。

1）展览会时间及地点的确定

展览会的时间和地点依据内容和规模确定。对于规模不大的展览会，其地点可以安排在室内，而且不受天气影响，但是布局较为复杂，费用较大；对于规模很大、室内安排受限的展览会则需要安排在露天，虽然容易受天气影响，但是费用相对较低，布局也较为容易。

2）展览会内容的确定

展览会分为专项展览会和综合展览会。专项展览会围绕某一品牌、车型举办，综合展览会可以容纳多个不同品牌、车型同时展览。

3）展览会工作人员及责任的确定

车辆介绍人员要安排那些对展览车辆有较全面了解、具有一定语言表达能力的人。在服务中应着装整齐、仪容端庄、面带微笑、尊重每一位客户。车辆介绍人员可以戴着印有厂家名称的绶带,也可以佩戴标签。接待预定顾客的业务人员要热情接待客户,主动介绍预定的规定及优惠政策。迎宾礼仪小姐要热情迎客,做好引导工作。广告及新闻报道人员要安排展览会的广告制作,策划各种车辆及展览会的广告内容,确定发布会的内容、时机、范围和形式。展览会的领导机构应分工明确、责任到位。

4)展览会费用预算的确定

做好展览会的经费预算是展览会策划者的头等大事,要具体列出展览会的各项费用,进行核算,并有计划地分配资金。

5)公关活动的安排

做好展览会的公关活动安排,特别在展览会开幕式上,邀请政府相关部门领导人,有关知名人士参加出席。展览会期间可以安排知名人士给消费者签名、一些与消费者和参观者互动的节目和活动,并赠送纪念品,使展览会开得生动活泼、不拘一格。

6)做好展览会的效果测定

每举办一次展览会,都要做好展览会的效果测定工作,可以采用展览期间发放问卷调查、统计参观人数和销售利润、有奖问答等多种方式进行该项评测。

2. 国际和国内汽车展览会

1)国际汽车展览会

法兰克福车展、巴黎车展、日内瓦车展、北美车展和东京车展是世界著名的五大汽车展,它们中最短的也有 50 年以上的历史。这些车展都对世界汽车发展起到了推动和促进作用,在世界汽车工业发展史上有着不可磨灭的功绩。

(1)法兰克福车展。德国法兰克福车展是世界最大的汽车展之一。法兰克福车展的前身为柏林车展,创办于 1897 年,1951 年移到法兰克福举办,每年一届,轿车和商用车轮换展出。法兰克福车展是全球规模最大的车展,有"汽车奥运会"之称。每年举办一次的法兰克福国际车展一般安排在 9 月中旬开展,为期两周左右。参展的商家主要来自欧洲的一些国家、美国和日本,尤其以欧洲的一些国家汽车商居多。

(2)巴黎车展。巴黎车展起源于 1898 年的国际汽车沙龙会,巴黎车展是世界上第一个车展,是世界五大车展之一。1898—1976 年,每年一届;此后每两年一届,于 9 月底至 10 月初在巴黎举行。巴黎车展始终围绕着"新"字做文章,因此巴黎车展成为概念车云集的海洋,各款新奇古怪的概念车常常使观众眼前一亮。

(3)日内瓦车展。日内瓦车展起源于 1905 年,正式创办于 1924 年,是世界五大车展之一,每年一届,在瑞士日内瓦举办。每年 3 月份举行的日内瓦车展,是各大汽车商首次推出新产品的最主要的展出平台,素有"国际汽车潮流风向标"之称。日内瓦车展在展览面积为 7 万多平方米的室内展馆举行,面积虽然不大,却是生产豪华轿车的世界著名汽车生产厂家的必争之地。与其他世界车展相比,日内瓦车展是最受传媒关注的,被业内人士看作最佳的行业聚会场所。

(4)北美车展。北美车展创办于 1907 年,最初叫作底特律车展,是世界上最早的汽车展之一,1989 年更名为北美国际汽车展。拉开每年车展序幕的是北美车展,一般在每年的 1 月 5 日前后开始。

北美国际汽车展的举办地在美国的汽车之城——底特律，由底特律汽车经销协会主办。展览面积约为 8 万平方米，每年总能出现四五十辆的新车车展，是全球汽车工业的一个重要展示窗口。展会每年可为底特律带来平均 4 亿美元以上的经济收益。

（5）东京车展。东京车展始于 1954 年，创办于 1966 年，是世界五大车展中历史最短的。东京车展于每年 10 月底举行，奇数年为轿车展，偶数年为商用车展，是亚洲最大的国际车展，被誉为"亚洲汽车风向标"。在汽车展览期间，各种各样的汽车电子设备和技术同时展出，成为东京车展的一大亮点。

2）国内汽车展览会

随着中国成为汽车生产和消费大国，国内也创办了多个车展，其中，影响力较大、中外汽车厂家最愿意参加、被国际汽车界认可的是单年在上海举办的上海国际车展和双年在北京举办的北京国际车展。

（1）上海国际车展。上海国际汽车工业展览又称上海国际车展，创办于 1985 年，每 2 年举办一届。经过多年积累，上海国际汽车展已成为中国最权威、国际上最具影响力的汽车大展之一。车展期间，主办方组织"中国汽车设计论坛"并组织 F1 联动等配套活动。

（2）北京国际车展。北京国际车展于 1990 年创办，每 2 年定期在北京举办，至今已走过 20 多年的发展历程。现在，北京国际车展已经发展成企业发展战略发布、全方位形象展示的窗口、全球最前沿技术创新信息交流的平台和最高效的品牌推广宣传舞台。

国内除了大大小小的各类汽车展览会，各类汽车配件的展出也层出不穷，其中以全国汽车配件交易会最为成功，它是中国汽配行业的传统盛会，是中国汽配行业的首选展会。另外，与汽车相关的展会还有很多，如汽车改装展览会、汽车用品展览会等。

10.5 汽车救援服务

10.5.1 汽车救援的现状

汽车救援可以追溯到第一次世界大战时期，当时的汽车救援是给前方做补给，主要运送的是军用物资。第二次世界大战结束后各国经济恢复并入工业化，特别是 20 世纪 50 年代，随着汽车产量的增大，汽车救援这一新兴行业也随之产生。

汽车救援大约是从汽车 4S 店开始的，那时沃尔沃、大众等品牌汽车将道路救援作为卖点之一提供给车主。如果车主遇到故障，如突然不能起动、熄火后无法起动、没油、没电，甚至路途中爆胎等，就可以联系 4S 店或者最近的汽车救援服务公司，向专业的汽车救援技术人员求助，他们会询问并判断汽车大概的问题，再赶往现场进行救助。

一般的汽车救援服务包括：

（1）送油。车辆没油了。

（2）充电。车辆没电无法起动时。

（3）送换轮胎。路中爆胎，需要换后备轮胎或使用新的轮胎。

（4）现场故障排除。快速排查汽车故障问题，30 分钟内的故障进行现场小修解决问题。

（5）故障拖车。将故障车辆拖到维修点。

（6）现场救援指导。在不使用救援工具的情况下，指导被困车辆脱离困境。

还有一些其他的道路救援服务，如酒后代驾、派送锁匠服务等。

随着我国国内汽车市场的不断发展，汽车救援服务需求大增。从 1995 年国内首家专业救援公司大陆汽车俱乐部救援中心成立以来，中国的汽车救援市场已发展了 20 多年，但是由于汽车救援行业经营内容众多，加上一些相关政策的制约，也没有单独的单位对其进行管理，只能依靠行业自律，而且这个行业中，大家各自为政，没有行业标准，没有约束机制，没有成熟模式，导致汽车救援行业发展远远落后于汽车工业的发展，处于业内外公认的"初级阶段"。大体上，我国汽车救援发展经历了以下三个阶段。

（1）起步阶段（2008 年以前）。私人汽车在经济发达地区开始普及，相应的紧急道路汽车救援服务行业开始起步。紧急汽车救援服务的主体以 4S 店为主的汽车修理行业。

（2）成长阶段（2009—2015 年）。家用汽车在地一级城市开始普及。汽车保有量急剧增长。随着保有量的增加，二手车市场快速成长、远距离驾车出游的增多，紧急汽车救援行业得到快速的成长，专业化分工也越来越细化。区域性汽车俱乐部得到较大的发展，部分有实力的 4S 店俱乐部会发展成具有一定规模的区域汽车俱乐部，区域汽车俱乐部成为越来越重要的紧急汽车救援组织者，全国性的紧急汽车救援服务网络开始走上轨道。

（3）成熟阶段（2015 年以后）。汽车基本普及到中国的城镇家庭，成为人们生活必不可少的工具。紧急汽车救援行业高度专业化，类似美国汽车用户协会（AAA）的全国性的、以紧急汽车救援为主的综合性汽车用户服务网络将成为道路交通紧急汽车救援最主要的组织主体。

10.5.2　汽车救援体系的建立

要达到汽车救援的服务要求，完成汽车救援任务内容，汽车救援机构必须具备相当的能力，其主要特征为：技术独特、装备精良；投资大、回收期长；服务要求高、管理难度大。要想达到这样的能力，服务机构必须拥有维修经验丰富、故障诊断能力强、熟悉道路的员工，还要有雄厚的资金和先进的管理模式和管理经验。作为汽车救援处于"初级阶段"的我国，要建立和发展拥有这种救援服务能力机构的汽车救援体系，必须借鉴国外的先进经验。

无论在北美、欧洲、澳大利亚等发达地区和国家，还是在东南亚国家，汽车救援的职责主要由汽车俱乐部承担，如美国汽车协会、全德汽车俱乐部、英国汽车协会、日本汽车联合会、澳大利亚汽车俱乐部和加拿大汽车协会。这些协会的许多人建立了会员制俱乐部为早期驾驶爱好者服务，以协助成员创造一个援助车队。

美国汽车协会（AAA）成立于 1902 年。9 个汽车俱乐部于 1902 年 3 月在芝加哥召开会议，宣布成立美国汽车协会，并接纳了 1 000 个会员。AAA 现有 4 800 万个会员。100 多年来，AAA 服务的范围和种类不断扩大，目前有以下几项主要服务：出行服务、会员服务、预订服务、金融服务、保险服务，汽车救援服务作为主要服务嵌入到上述各项特色服务之中。

全德汽车俱乐部（Allegemeiner Deutsche Automobil Club，简称 ADAC）成立于 1903 年，现有 1 500 万个会员，是一家企业化运作、非营利性、混合性的组织。拥有保险、空中救援、旅游、通信、汽车金融、汽车运动等领域的经营性公司 18 个，然而最基本的汽车救援等服务是以会员制的方式向客户提供的，收取少量的年费，服务时不收费或少收费。ADAC 追求高质量的救援网络建设，除不断完善自有的网络拓扑外，发展了 4 100 多个合作伙伴，与他们签订特约服务合同，建立通信联系、疏通指挥渠道，巩固、发展合作伙伴关系，以实现更加有效地、及时地向公众提供服务的目的。

日本汽车联合会（Japan Automobile Federation，简称 JAF）成立于 1962 年，现有会员 1 720 万个。JAF 公开宣称自己为公众组织，它的宗旨是："为增强驾车人的安全与提高安全意识服务，努力改善驾驶安全与公共交通环境与秩序。"这样的宗旨还体现在它提出的三原则之中，即面向服务的原则、面向挑战的原则和开放的原则。

成立于 1920 年的 NRMA 是澳大利亚汽车俱乐部协会最大的成员实体，在新南威尔士地区有 240 万个会员，拥有 500 辆救援车，现代化呼叫中心每年的救援呼叫量达 280 万次。路面救援到达时间在 45 分钟以内，恢复行驶率高达 94%。

就目前我国汽车救援行业的实际情况看，汽车救援行业从业机构主要有以下几种。

（1）专业型汽车俱乐部。专业型汽车俱乐部是我国道路路面汽车救援业务的主力军，或者说是主营、专业从事汽车救援的机构。我国专业型汽车俱乐部是近十年发展起来的，历史不长。市场定位为有车族，以会员制方式吸纳客户，客户交纳会费，便可得到俱乐部提供各种专业的、无偿或优惠的服务，如汽车救援、车务服务、保险代理服务、参加自驾游、修车洗车、保养维护等。鉴于我国特殊的市场经营环境，这些俱乐部一般都以"某某汽车俱乐部有限公司"的名义进行工商注册，取得了合法的经营权。

（2）汽车销售机构。汽车销售机构，俗称 4S 店。为了汽车销售业务的需要，维持与客户的良好关系，提高购买本品牌汽车车主的认同感，提高品牌忠诚度，以利售后服务市场的开拓，向客户提供售后服务。汽车救援服务是他们为客户服务的主要内容。

（3）汽车修理机构。汽车修理机构从事汽车救援业务是其主营业务的延伸，也是扩大经营、获取更多维修生意的重要手段。它们遍布全国、数量众多、占有修理技术与零部件供应便利等优势，事实上已经成为汽车救援行业的主力军。

（4）专业拖车公司。专业拖车公司也是汽车救援行业不可缺失的一部分。专业拖车公司分面向社会提供服务（如保险公司对购买汽车保险的客户免费提供拖车服务、与交警部门合作的汽车救援公司对事故车辆提供救援服务）和仅为本集团服务（如汽车租赁公司为客户提供汽车救援服务）两种。专业拖车公司的救援服务主要是拖车服务，一般不做路面恢复行驶作业。各类救援拖车快速到达现场，迅速将抛锚车辆脱离现场，做到及时清障、恢复交通，以利出行。

结合我国汽车救援行业发展的实际，需要从以下几方面入手，构建适合我国国情的汽车救援体系。

（1）尽快实施行业准入制度，规范市场行为。明确汽车道路救援行业在国民经济中的地位，实行行业准入制度，规范市场行为是发展道路救援业的当务之急。行业准入应包括救援机构的准入和救援从业人员的准入两部分，使救援行业能在统一服务标准和作业标准的前提下向车主提供有保障的服务。通过行业准入，确定汽车救援机构的合法地位，提高救援机构的运营资质和诚信等级,在客观上促进救援行业的健康发展。

(2) 坚持走救援行业市场化的道路。政府应在制定行业准入的同时引入竞争机制,开放救援服务市场。汽车道路救援要依靠社会力量,遵循商业和市场经济的规律来谋求发展。汽车救援服务业不是暴利行业,有很强的社会公益色彩,必要的优惠政策支持是其持续发展的保障。政府通过统一税制、减免所得、实施优惠等政策手段予以扶持。同时政府应制定优惠的投资政策鼓励社会各界和有实力的企业向救援行业的投入。高新技术在救援行业的使用可大大提高服务水平,也可降低运营成本,政府应鼓励、扶植高新技术使用。由于汽车的移动半径越来越大,道路汽车救援服务必须形成网络才能服务于社会。鼓励整合资源,鼓励联盟经济,依靠社会力量有效地利用资源通过商业联盟形成全国性的救援网络。

(3) 协调部门分工,统一多头管理,整合重复建设。避免多头管理,应由国家统一管理,统一出台行业政策、规划,将汽车道路救援服务纳入国家统一的应急体系,建立一套有中国特色的服务于国家和百姓的救援体系。

10.6 汽车智能交通服务

10.6.1 汽车智能交通系统的概念、特点和组成

1. 汽车智能交通系统的概念

汽车智能交通系统(Intelligent Transportation System,简称ITS)是未来汽车交通系统的发展方向,它是将先进的信息技术、数据通信传输技术、电子传感技术、控制技术及计算机技术等有效地集成运用于整个地面交通管理系统而建立的一种在大范围内、全方位发挥作用的、实时、准确、高效的综合交通运输管理系统。它可以有效地利用现有交通设施,减少交通负荷和环境污染,保证交通安全,提高运输效率,日益受到各国的重视。

2. 汽车智能交通系统的特点

汽车智能交通系统具有两个特点:一是着眼于交通信息的广泛应用与服务;二是着眼于提高既有交通设施的运行效率。

与一般技术系统相比,智能交通系统在建设过程中的整体性要求更加严格。这种整体性体现在:

(1) 跨行业特点。智能交通系统建设涉及众多行业领域,是社会广泛参与的复杂巨型系统工程,从而造成复杂的行业间协调问题。

(2) 技术领域特点。智能交通系统综合了交通工程、信息工程、控制工程、通信技术、计算机技术等众多科学领域的成果,需要众多领域的技术人员共同协作。

(3) 政府、企业、科研单位及高等院校共同参与,恰当的角色定位和任务分担是系统有效展开的重要前提条件。

(4) 智能交通系统将主要由移动通信、宽带网、RFID、传感器、云计算等新一代信息

技术作支撑,更符合人的应用需求,可信任程度提高并变得无处不在。

3. 汽车智能交通系统的组成

1)车辆控制系统

车辆控制系统是指辅助驾驶员驾驶汽车或替代驾驶员自动驾驶汽车的系统。该系统通过安装在汽车前部和旁侧的雷达或红外探测仪,可以准确地判断车与障碍物之间的距离,遇紧急情况,车载计算机能及时发出警报或自动刹车避让,并根据路况自己调节行车速度,人称"智能汽车"。美国已有3 000多家公司从事高智能汽车的研制,已推出自动恒速控制器、红外智能导驶仪等高科技产品。

2)智能交通监控系统

智能交通监控系统类似于机场的航空控制器,它将在道路、车辆和驾驶员之间建立快速通信联系。哪里发生了交通事故、哪里交通拥挤、哪条路最为畅通,该系统会以最快的速度提供给驾驶员和交通管理人员。

3)智能交通车辆管理系统

智能交通车辆管理系统是通过汽车的车载计算机、高度管理中心计算机与全球定位系统卫星联网,实现驾驶员与调度管理中心之间的双向通信,来提供商业车辆、公共汽车和出租汽车的运营效率。该系统通信能力极强,可以对全国乃至更大范围内的车辆实施控制。行驶在法国巴黎大街上的20辆公共汽车和英国伦敦的约2 500辆出租汽车已经在接受卫星的指挥。

4)智能交通旅行信息系统

智能交通旅行信息系统是专为外出旅行人员及时提供各种交通信息的系统。该系统提供信息的媒介是多种多样的,如计算机、电视、电话、路标、无线电、车内显示屏等,任何一种方式都可以。无论你是在办公室、家中,还是汽车上,只要采用其中任何一种方式,都能从信息系统中获得所需要的信息。有了该系统,外出旅行者就可以"眼观六路、耳听八方"了。

10.6.2 汽车智能交通系统的现状与发展趋势

面对当今世界全球化、信息化的发展趋势,传统的交通技术和手段已不适应经济社会发展的要求。智能交通系统是交通事业发展的必然选择,是交通事业的一场革命。通过先进的信息技术、通信技术、控制技术、传感技术、计算机技术和系统综合技术有效地集成和应用,使人、车、路之间的相互作用关系以新的方式呈现,从而实现实时、准确、高效、安全、节能的目标。

交通安全、交通堵塞及环境污染是困扰当今国际交通领域的三大难题,尤其以交通安全问题最为严重。采用智能交通系统提高道路管理水平后,每年仅交通事故死亡人数就可减少30%以上,并能提高交通工具的使用效率50%以上。为此,世界各发达国家竞相投入大量的资金和人力,进行大规模的智能交通技术研究试验。很多发达国家已从对该系统的研究与测试转入全面部署阶段。智能交通系统将是21世纪交通发展的主流,这一系统可使现有公路使用率提高15%~30%。

美国、德国、日本是世界上智能交通系统开发应用最好的国家,从它们发展情况看,智能交通系统的发展,已不限于解决交通拥堵、交通事故、交通污染等问题。经 30 余年的发展,智能交通系统的开发应用已取得巨大成就。美国、德国、日本等发达国家基本上完成了智能交通系统体系框架,在重点发展领域大规模地应用。可以说,科学技术的进步极大地推动了交通的发展,而智能交通系统的提出并实施,又为高新技术发展提供了广阔的发展空间。

随着传感器技术、通信技术、"3S"技术(遥感技术、地理信息系统技术、全球定位系统技术)和计算机技术的不断发展,交通信息的采集经历了从人工采集到单一的磁性检测器交通信息采集,再到多源的多种采集方式组合的交通信息采集的历史发展过程。同时,随着国内外对交通信息处理研究的逐步深入,统计分析技术、人工智能技术、数据融合技术、并行计算技术等逐步被应用于交通信息的处理中,使交通信息的处理得到不断的发展和革新,更加满足智能交通系统各子系统的管理者和用户的需求。

未来,智能交通系统的发展将更加关注公众出行、交通安全等民生需求,更加适合我国的国情、地域和行业特点,更需要企业和社会力量的参与,并将自主创新与集成创新结合起来。从我国战略性新兴产业发展形势来看,截至 2016 年,我国活跃的智能手机达 23.3 亿部,其中手机上网码号数量达 12.47 亿部,手机超过计算机成为第一大上网终端。移动互联网的迅速发展也为智能交通系统提供了新的手段和发展机遇。这些新形势提出了中国智能交通系统发展的方向:在支撑交通运输管理的同时,更加注重为公众出行和现代物流服务;在为小汽车出行服务的同时,更加注重为公共交通和慢行交通出行服务;在关注提高效率的同时,更加注重安全发展和绿色发展;在借鉴国外技术跟踪的基础上,更多面向国内需求等。

本章小结

本章主要介绍了汽车驾驶执照培训及报考条件、考试内容和合格标准;汽车租赁的定义及业务流程;汽车俱乐部的发展及提供的服务;汽车广告和展览的策划过程;汽车救援的含义及体系建设;汽车智能交通系统的概念及现况与发展趋势。

了解汽车驾驶培训的流程;了解汽车租赁的发展;调查身边汽车俱乐部提供的服务;参加一个汽车展览,了解汽车救援的过程;观察身边的汽车智能交通系统。

思考与练习

一、术语解释

1. 汽车租赁。
2. 汽车智能交通系统。

二、简答题
1. 汽车驾驶培训的内容有哪些？
2. 汽车租赁的经营模式及流程是什么？
3. 汽车俱乐部的类型有哪些？
4. 汽车救援的服务有哪几种？
5. 列举国际上著名的汽车展览会。
6. 列举智能交通系统涉及的技术。

参 考 文 献

[1] 鲁植雄. 汽车服务工程 [M]. 第 2 版. 北京：北京大学出版社，2014.
[2] 谭德荣，董恩国. 汽车服务工程 [M]. 北京：北京理工大学出版社，2007.
[3] 刘树伟，郑利民. 汽车服务工程 [M]. 北京：北京理工大学出版社，2015.
[4] 杨金兰. 汽车服务工程 [M]. 北京：人民交通出版社，2007.
[5] 张国方. 汽车服务工程 [M]. 北京：电子工业出版社，2004.
[6] 刘纯志，龚建春，李晓雪. 汽车服务工程概论 [M]. 长沙：中南大学出版社，2016.
[7] 刘仲国，何效平. 汽车服务工程 [M]. 第 2 版. 北京：人民交通出版社，2016.
[8] 葛慧敏，余伟. 汽车营销学 [M]. 北京：国防工业出版社，2011.
[9] 田晟，杨卓. 汽车营销 [M]. 广州：华南大学出版社，2012.
[10] 李杰. 汽车营销 [M]. 北京：北京理工大学出版社，2011.
[11] 杨亚莉. 汽车营销 [M]. 北京：清华大学出版社，2015.
[12] 李磊. 汽车营销 [M]. 北京：人民交通出版社，2013.
[13] 刘凯，鞠鲁粤. 汽车营销 [M]. 北京：清华大学出版社，2014.
[14] 刘亚杰. 汽车销售实务 [M]. 第 2 版. 北京：清华大学出版社，2017.
[15] 张添纲，孙凤英. 汽车金融 [M]. 北京：人民交通出版社，2014.
[16] 苏斌. 汽车金融 [M]. 广州：华南理工大学出版社，2007.
[17] 王再祥，贾永轩. 汽车消费信贷 [M]. 北京：机械工业出版社，2006.
[18] 张晓华. 汽车信贷与保险 [M]. 北京：机械工业出版社，2016.
[19] 宓亚光. 汽车售后服务管理 [M]. 北京：机械工业出版社，2009.
[20] 姚美红. 汽车售后服务与管理 [M]. 北京：机械工业出版社，2011.
[21] 戚叔林，刘焰. 汽车维修服务 [M]. 北京：人民交通出版社，2010.
[22] 赵晓宛. 汽车售后服务管理 [M]. 北京：北京理工大学出版社，2015.
[23] 张学利，蔡凤田.《汽车维修业开业条件》(GB/T 16739—2014) 宣贯读本 [M]. 北京：人民交通出版社，2015.
[24] 冉黎涛，薛川. 汽车美容教程 [M]. 北京：机械工业出版社，2008.
[25] 李永力. 汽车美容装饰培训教程 [M]. 北京：化学工业出版社，2008.
[26] 韩超，张健. 汽车维护与保养 [M]. 合肥：中国科学技术大学出版社，2015.
[27] 崔选盟. 汽车故障诊断技术 [M]. 北京：人民交通出版社，2014.
[28] 乔文山，艾锋. 二手车鉴定与评估 [M]. 北京：清华大学出版社，2013.

[29] 刘仲国. 二手车交易与评估 [M]. 第2版. 北京：机械工业出版社，2013.
[30] 刘军. 二手车置换全程通 [M]. 北京：化学工业出版社，2015.
[31] 储江伟. 汽车再生工程 [M]. 第2版. 北京：人民交通出版社，2013.
[32] 贝绍轶. 汽车报废拆解与材料回收利用 [M]. 北京：化学工业出版社，2009.
[33] 中国汽车工业协会. 旧机动车鉴定评估与回收估价计算方法及拆解工艺标准应用手册 [M]. 北京：人民交通出版社，2008.
[34] 张春和. 汽车常耗零部件的识别与检测 [M]. 北京：化学工业出版社，2006.
[35] 刘坚民. 报废汽车回收拆解技术 [M]. 北京：化学工业出版社，2008.
[36] 夏训峰，席北斗. 报废汽车回收拆解与利用 [M]. 北京：国防工业出版社，2008.
[37] 赵由才，牛冬杰. 固体废物处理与资源化 [M]. 北京：化学工业出版社，2006.
[38] 代应，李海燕. 废旧汽车资源化 [M]. 成都：西南交通大学出版社，2011.
[39] 刘军，阎芳，杨玺. 物流工程 [M]. 北京：清华大学出版社，2014.
[40] 刘军. 汽车后市场电商模式与运营 [M]. 北京：化学工业出版社，2015.
[41] 叶芳，邓长勇，曹建国. 汽车服务理念与技巧 [M]. 重庆：重庆大学出版社，2011.
[42] 周兴建，冯燕，傅维新. 物流案例分析与方案设计 [M]. 北京：电子工业出版社，2013.
[43] 陆薇，宋秀丽，高深. 汽车企业物流与供应链管理及经典案例分析 [M]. 北京：机械工业出版社，2009.
[44] 丁树雄. 汽车产业链营销全攻略 [M]. 北京：机械工业出版社，2011.
[45] 王萍，胡祥卫. 汽车物流管理 [M]. 北京：北京理工大学出版社，2015.
[46] 朱军，张潇月. 汽车商务与服务管理实务 [M]. 北京：机械工业出版社，2014.
[47] 山东省公安厅交通管理局. 汽车驾驶人考试常识 [M]. 济南：黄河出版社，2007.
[48] 李卫平. 智能交通技术与应用 [M]. 北京：人民交通出版社，2008.
[49] 沈国江，张伟. 城市道路智能交通控制技术 [M]. 北京：科学出版社，2015.
[50] 汪晓霞. 城市智能交通系统技术与案例 [M]. 北京：北京交通大学出版社，2014.